夢と欲望のオリンピック

その多様な姿

高峰 修[編著]

成文堂

はしがき

　オリンピックは「地球上のブラックホール」だと思う。かつては出場者が男性に限られていたり労働者階級が排除されていた時期もあったが、現在では性別や階級に片寄りなく開かれている。国民国家という枠組みをうまく取り入れ、二つの世界大戦を経て、現代の国際社会において開催都市（開催国）の威信やステイタスを示す場でもある。キリスト教以外の宗教を排除するわけでもなく、資本主義、民主主義国家に加えて共産主義、社会主義、さらには全体主義国家も呑み込んでいる。またグローバルなビジネスやメディアは、オリンピックムーブメントを突き動かす原動力として組み込まれており、いまや向かうところ敵なし、といっても過言ではないだろう。

　スポーツの文脈に照らし合わせてみると、オリンピックの競争志向な方向性からは距離をとったり、正統文化に対する対抗文化の模索であったり、あるいは自然への強い志向をその理念として誕生し普及・発展してきたサーフィンやスケートボード、スノーボードといったボード系スポーツ、そしてクライミングなども、今や自ら望んでオリンピック・ムーブメントの流れに合流しているように見える。身体に障がいをもつアスリートたちの競技の場は主にパラリンピックの枠組みで発展・拡大してきたが、現在ではパラリンピックはオリンピックと同一都市において同時期に開催することになっており、オリンピックと一体化する過程にあるといえる。このようにオリンピックはアスリートを含んだ多くの人々の夢だけではなく、国家、都市、企業、メディアなどの欲望も強烈に引きつけて呑み込み、「もはやオリンピックの外側に空間は存在しない」状態にあるように思う。

　1896年に14ヵ国241人の競技者によって始まった近代オリンピックは、その後5回の中止と1回の延期を経験し、2021年には第32回大会の開催が予定されている。ほとんどの競技において最高位の位置づけの大会となっており、世界中のアスリートの最大の目標だといえるだろう。そうしたアスリートの人間としての限界を超えるパフォーマンスに、あるいは人種や国籍を超

えたアスリート同士のコミュニケーションに、私たちの心は揺り動かされてきた。全力をかけた、人生をかけた競争でありながら、そこに敬意や尊重があることに、世界の多くの人たちが希望を見出してもきた。

　他方では、国家間の政治闘争や莫大な経済的負担、汚職、自然環境破壊、社会的弱者の排除等の社会問題を開催地に巻き起こしてきたこともオリンピックの確かな一面である。しかし「4年毎の開催」「開催地が移り変わる」といったオリンピックの開催システムにより、開催地にもたらされるそうした問題は開催地にとって一時的なものになり継続的に問い続けることが難しくなる。その間にも、テレビ放映権料の高騰に象徴されるようにオリンピックの肥大化は続き、国際オリンピック委員会の権力は拡大する一方である。こうしたオリンピックの姿は「流浪する植民地化」（roving colonization）（例えば Heather Sykes, Megumi Seki and Satoko Itani "Homonationalism and Sport Mega-Events：Olympics from Vancouver 2010 to Tokyo 2020" スポーツとジェンダー研究16, 2018年，89-111頁）と表現されてさえいる。

　2020年の開催地が東京都に決まった2011年9月以降、身の回りはオリンピック開催歓迎ムード一色に染まった。それは、物事や事象を客観的、批判的に分析し考察することを第一義とする大学の内部においても例外ではなかった。そうした中で、体育・スポーツ科目を担当する教員の身として東京で開かれるオリンピック大会にどのように向き合うべきか、考えさせられることになる。幸い、筆者が所属する政治経済学部には政治学、経済学、行政学、文化論等を専門にする教員が揃っていたこともあり、オリンピック称賛論でもなく、反オリンピック論でもない、世界最大の複合競技大会としてのオリンピック開催の是非からは少し距離をおき、多様な専門分野からオリンピックにアプローチする試みが可能であった。「それまでオリンピックやスポーツを研究テーマにしてこなかった社会科学を専攻する専門家たちに、目の前で開かれるオリンピックについて各専門分野から眺めるとどのように見えるか解説してもらう」。このコンセプトの実現に向けて、まずは数人の教員による勉強会を始めた。2014年初夏、今から6年前のことである。

　こうした試みは、2015年10月20日に明治大学にて開催されたキックオフシンポジウム「オリンピックの政治経済学　序章」、さらには2016年度からは

毎年度半期、政治経済学部3・4年生を対象としたオムニバス講義「オリンピックの政治経済学」へと発展した。本書はその成果の蓄積をまとめたものである。4年間にわたる講義の中には、残念ながら諸々の事情により本書に納めることができなかった興味深い講義もある。それらの講師の方々には、改めてお礼を申し上げる次第である。

　本書の内容は、今やイベント化、エンターテインメント化したオリンピックを語るには少し真面目すぎるのかもしれない。しかしこの点は、大学というアカデミックな場で学生に提供する内容としては譲れないものでもある。また大会が始まればメダル獲得数やアスリートのドラマに熱狂するであろう私たちが、オリンピックを冷静に見つめ、それを相対化するために必要な内容を揃えたつもりである。もしかしたらそうした営みは、今から数十年が経ち、東京が3度目の開催に挑戦することになった時にようやく実現するのかもしれない。そのことも見据えると本書には、2020年大会をめぐる世の中の諸相を後世に伝えるという意義も見出せるだろう。

　1年前には誰も予想していなかったであろう新型コロナウイルスの感染拡大を受けて、2020年7月22日から東京で開催される予定であった第32回オリンピック大会は開催が1年間延期され(2020年8月3日現在)、果たして1年後に開催できるのかどうかも不透明な状況にある。しかし、本書の内容はこうした大会開催の延期によってその意義を失うものではまったくない。編集スケジュールの関係で本書の各章で開催延期の影響について言及することはできなかったが、例えば開催延期や中止の決定権はだれが持つべきなのか、開催延期は経済にどう影響するのか等を議論する際の土台は提供できたと考えている。こうした点も含め、読者の方々の発展的なご批判をいただければ幸いである。

　本書の出版は、成文堂編集部の篠崎雄彦氏のご理解とご協力がなければ実現しなかった。執筆陣を代表して、心よりお礼を申し上げる次第である。

　　2020年8月

　　　　　　　　　　　　　　　　　　　　　　　編　者
　　　　　　　　　　　　　　　　　　　　　高　峰　　修

初出一覧

第1章　書き下ろし

第2章　後藤光将「オリンピック文化教育プログラムの効果的な展開に関する基礎的研究」（『明治大学人文科学研究所紀要』第84冊，2019年，36-45頁）を加筆修正したもの。

第3章　書き下ろし

第4章　書き下ろし

第5章　書き下ろし

第6章　西村弥「東京オリンピック開催準備における政府間関係・組織間関係に関する考察」（『政経論叢』86（3・4），明治大学政治経済研究所，2018年，283-314頁）を加筆修正したもの。

第7章　書き下ろし

第8章　書き下ろし

第9章　書き下ろし

第10章　石山徳子「オリンピックと持続可能性――都市空間の変遷と社会的弱者の生活環境問題を考える」（『明治大学人文科学研究所紀要』第84冊，2019年，15-24頁）を加筆修正したもの。

第11章　兼子歩「オリンピック・ジェンダー・セクシュアリティ」（『明治大学人文科学研究所紀要』第84冊，2019年，25-35頁）を加筆修正したもの。

第12章　書き下ろし

第13章　書き下ろし

第14章　書き下ろし

目　次

第Ⅰ部　オリンピック概論

第1章　オリンピズム──レガシーなき時代に──

第2章　オリンピック・パラリンピック教育

第3章　ドーピングの社会学

第2部
オリンピックと政治

第4章　1936年、ナチス期のオリンピック

第3部
オリンピックと経済

第7章　1984年ロサンゼルス大会
──アマチュアリズムからビジネスへ──

第4部
オリンピックと社会

オリンピック概論

第 1 章

オリンピズム
──レガシーなき時代に──

一　はじめに

　「オリンピズム」とはオリンピックの理想・理念を意味する言葉であり、近代オリンピックの創設者・ピエール・ドゥ・クーベルタン男爵による造語である。

　この言葉は日本では余りなじみがなく殆ど使われていない。戦後の国会議事録によるとオリンピズムという言葉の初出は2009年3月18日の参議院本会議であり、以降、今日まで32回しか登場していない[1]。初出以来の年平均では約3回である。反対に「オリンピック」の初出は1947年7月31日の衆議院文教委員会であり、今日まで23,072回も登場し、初出以来、年平均で320回となる。国会でオリンピズムという言葉の認知度はオリンピックの100分の1以下である。単なる言葉の頻度の比較にすぎないとはいえ東京大会（1964年）、札幌大会（1972年）、長野大会（1998年）と3回のオリンピック大会開催を経てもなおオリンピックの根本精神を示す言葉、オリンピズムは殆ど使われることがなかった。もっとも、諸外国においてもオリンピズムという言葉の意味が浸透しているとは言えないだろう。

　本稿ではこのあまりなじみのない言葉、オリンピズムの出自について、近代オリンピックが生誕した第一回オリンピック・コングレスの前後の最初期に限定して、クーベルタンの思想や当時の歴史背景からオリンピズムとは何かを考えてみることにしたい。

1　国会議事検索システム調べ（2019年12月28日現在）。戦後の国会とは日本国憲法施行の1947年5月3日以降のことである。

二　オリンピズムの謎、オリンピックという罠

　オリンピズムの概念が「謎」となってしまうのは次のような理由からである。

　自ら国際オリンピック委員会（IOC）会長を1925年まで務めたクーベルタンにとってオリンピックとは彼の作品であり、彼の「生き方の哲学」そのものであった。だからオリンピズムを問うとはクーベルタンの生き方を検証することにならざるを得ない。ところがクーベルタン自身は自らの造語について定義を余りしなかった。このことについて「敢えて定義しなかったのは、人々がいつの時代にあっても、その時代のオリンピズムを問い続けていくことを求めたから」[2]という好意的な見方があり、その他方では「クーベルタンは近代オリンピック誕生時から一貫して、オリンピズムは人々に理解されなかったと認識していた」[3]という指摘がある。後者の指摘からクーベルタンは自分のオリンピックという作品に納得していなかったことがわかる。これが分かりにくさの原因となっている。

　またクーベルタンのオリンピックに関わる資料の多くはIOCの書庫に久しく非公開で保管されてきた。90年代以降、この資料の公開性に変化が出てきたが、彼の活動が多岐に及び、その全貌の解明には相当な時間がかかる[4]。現在のオリンピック憲章では「オリンピズムの根本原則」という規定が明記されているが、これが憲章に登場したのは1991年以降のことであった[5]。さらに近代オリンピックの創始者という言葉でしばしばクーベルタンは語られるが、そこには誤解が含まれている。そもそも、古代オリンピック再興を最初に思いついたのはクーベルタンではない。模擬オリンピック競技

　2　田原淳子「オリンピックと教育──オリンピック競技大会誕生の背景とその今日的意義──」、『体育・スポーツ科学研究』8号（国士舘大学体育・スポーツ科学学会、2008年）11頁。
　3　和田浩一「クーベルタンが考えたオリンピズム」、『体育史研究』第33号（2016年）34頁。
　4　オリンピック国際委員会は同アーカイブスにある膨大な資料に基づき『国際オリンピック委員会の百年』と題した歴代会長の活動や思想について通史を1994年から発表している。現在のところこれが最も詳細な資料に基づくIOCの歴史記述である。
　5　和田、前掲論文、34頁。

大会[6]は中世以降数多くの事例を認めることができるからである。古い歴史を持ち今日も続いている代表的なものとしてイギリスのコッツウォルド・オリンピック（ドーヴァー・オリンピック・ゲーム）とマッチウェンロック・オリンピックをあげることができる。前者は1612年に始まり、中断を繰り返しながらも2020年は5月末開催予定であり、後者は1850年に始められたものである。ともにイギリスで現在も続いている地域の伝統行事である。模擬オリンピックは1800年代になると開催事例が増えるがその多くは一回限りのもので万国博覧会の付属イベントとして開催される事例があった。19世紀のヨーロッパではオリンピック再興の気運が高まった時代であった。こうした点も、オリンピズムやクーベルタンの理解を難しくしてしまっている要因である。

　さらにオリンピック大会の在り方がオリンピズム理解を阻む要因になってしまっている。近代オリンピックはすでに125年もの歴史を歩み、夏季・冬季を合わせれば54回も大会を開催してきたのである。この間、オリンピズムの意味や定義について何か理解の拡大・定着があったのだろうか。また大会の在り方について批判や議論があったとしてもひとたび開催されれば、「平和の祭典」、「より速く、より高く、より強く」、「参加することに意義がある」といった美辞麗句が先行し、素晴らしい選手たちの感動物語を伝える数々の報道はオリンピック礼賛の渦を世につくり出し、印象的な閉会式とともに輝かしい記憶だけが残されていくのである。クーベルタンが生み出したオリンピック大会が人々を魅了してやまなかったことは間違いないが、この巨大化した国際的な共同幻想のなかでオリンピズムとは何かという問題を持続的に認識するのは困難である。4年に一度の開催であるということ、その都度、当事者となる開催国が交代することから「オリンピズムとは何か」という問題意識は開催当事国の社会や人々にとって巨大な一過性の祭典になってしまうのである。まるで巨大な罠の中にいるようである。

　6　模擬オリンピックについては、内海和雄「オリンピックと資本主義　第2部　オリンピックはなぜ、いかに復興されたか」、『人文・自然研究』第1号（一橋大学、2007年）69〜90頁・117〜126頁。イブ・ピエール・ブーロンニュ著（穂積八洲雄訳）『国際オリンピック委員会の百年』第1巻（国際オリンピック委員会編、1994年）、33〜37頁。同書はNPO法人日本オリンピック・アカデミー公式サイトデジタル・ライブラリーにて閲覧できる。

三　オリンピズム、その言葉の起源

　オリンピズムという言葉の初出は和田浩一の研究によると1894年 6 月15日発行の『レビュー・ド・パリ』に寄せられたクーベルタンの一文に登場する[7]。この記事でクーベルタンは第 1 回オリンピック大会の開催を1900年のパリ大会として行うことも提案していた[8]。この日から 8 日後の1894年 6 月23日がオリンピック・デーと称される近代オリンピック生誕の日である。この日、パリ・ソルボンヌ大学の講堂で開かれた会議の最終日にクーベルタンが提案したオリンピック競技大会の復興、 2 年後の1896年にギリシア・アテネで第一回大会を開催すること、大会は 4 年ごとの開催とすること、オリンピック国際委員会の設立などが満場一致で決議された。また、この時の決議でオリンピックの精神について次のことが確認された。

　「オリンピックの文化的、歴史的基礎に触れ、大会が人間と人間性の偉大さを教育的に、道徳的に示すものであるので、人類にとって、社会にとって、平和にとって明らかに必要なものである」[9]。

　この言葉は単にクーベルタン個人の思想ではなく集まった諸代表により議論・合意されたものであり、オリンピズム概念（オリンピックの理想）として最初に組織的に国際的に確認された定義として重要である。古代「オリンピックの文化的、歴史的基礎」を重んじ、スポーツではなく「人間と人間性の偉大さ」を、人類・社会・平和に欠くことができないものであることを教育として、道徳として示そうというものであった。

　この会議は通称「パリ国際アスリート会議」とも呼ばれるが後に国際オリンピック委員会により最初の「オリンピック・コングレス」と称されることになった[10]。実はこの会議名称の変更は 2 回目であった。当初、この会議は「アマチュアリズム原理の研究と普及のためのパリ国際会議」という名称で

　7　和田浩一「オリンピズムという思想 -- 新しいオリンピズムの構想への序章」、『現代スポーツ評論』23号（2010年）65頁。
　8　イブ・ピエール・ブーロンニュ、前掲著、52頁。
　9　イブ・ピエール・ブーロンニュ、前掲著、51〜52頁。

参加が呼びかけられたのである。ところが6月16日の開会を前に「オリンピック復興会議」と名称が変更された。こうなるとオリンピズムという言葉の初出は会議開催の前日になる。オリンピズムとオリンピック、両者の概念形成はほぼ同時進行なのであった。

四　クーベルタンの回状

　この会議を招集したのはほかならぬクーベルタンその人であった。この年の1月15日付けで「クーベルタンの回状」と呼ばれる会議の招待状が各国のスポーツ団体や関係者に送られていた[11]。この回状では会議の目的として全部で8件の議題が示されていた。第1項から第7項までがアマチュアの規定に関することで、最後の第8項のみでオリンピック大会復活の是非を問うているに過ぎなかった[12]。

　この回状にはクーベルタンの前文が添えられている。これはクーベルタンのオリンピズム概念の起源を考える手掛かりとして重要なので確認しておく。

　「教育においては、過去の競技でもっとも特徴のあった高貴と騎士道的な性格とを保持することがもっとも重要で欠くことのできないものである。そのために古代ギリシアで成功したように、近代教育でも競技は教育に対する一つの役割をしなければならない。人間が完成しないと、いつもオリンピック選手をプロフェッショナル選手に転籍させがちである。アマチュアとプロフェッショナルは両立するものではない。私たちはいずれかを選ばなければならない。金の誘惑にプロフェッショナル選手に巻き込まれるおそれのある

10　現オリンピック憲章によると「オリンピック・コングレスは、IOCが定める間隔を置いて開催され、オリンピック・ムーブメントの構成員の代表が集う。コングレスはIOC会長により招集され、その役割は諮問である」（第1章、第4項）。なお、「IOCが定める間隔」とあるが、実質、不規則な間隔により開催される諮問会議である。

11　井上春雄『アマチュアリズム　新体育学体系』大石三四郎編、第8巻、（逍遥書院、1980年）39頁。

12　第8項には二つの付則があり、付則の1で参加者の条件、競技、競技大会運営の組織について、付則の2でオリンピック復興を担当する国際委員会についての議題が提示されていた。付則を別勘定にして10議題と数えることもできる。

者を保護するために、世界中のアマチュアは妥協と矛盾に満ちた面倒くさい規約を起草した。そして、その解釈は規定の精神をくむよりは条文にとらわれ勝ちであった。それを改革する必要があるかどうかを実施する前にまず議論すべきである。会議の日程にあげられた疑義はアマチュア規定の矛盾と妥協についてである」[13]。

　この前文にオリンピズムの重要なキーワードが多く表れている。それは「教育」、「競技」、「騎士道」、「古代ギリシア」、「人間の完成」、「アマチュア」である。

■ 1　教育と競技

　前文の特徴の第一は「教育」の重視と「競技」というスポーツ観である。クーベルタンにとってスポーツとは教育であり、オリンピック・ムーブメントとは教育運動であった。クーベルタンの生涯は教育改革に注げられており、オリンピックはその一つであった。近代スポーツのモデルは19世紀の西欧社会で形成された。イギリス、ドイツ、フランスがその中心であり、教育におけるスポーツの在り方が熱心に議論されるようになった時代であった。イギリスはその先進モデルであった。とくにクーベルタンに影響を与えたのがイギリスのパブリック・スクールにおけるスポーツと教育の在り方であり、ラグビー校の校長をつとめた英国国教会牧師トーマス・アーノルドの教育思想であった。スポーツ競技を通じて敬虔なキリスト教徒として人格形成を行うアーノルドの思想は「筋肉的キリスト教」と称された。クーベルタンはそのラグビー校の見聞を求め1883年、20歳のときにイギリスへ渡航していた。「筋肉的」と称されたがそれは肉体と心と知性のバランスや相互補完的な発達を教育で重視する考えである。このような教育観の台頭は近代化、産業化、工業化の伴う都市文明社会の形成期には多くの国や文化で普遍的に認めることができる傾向ではないだろうか。

　クーベルタンの教育改革の主題はスポーツの教育への導入であったが、それは「競技」であることにより高い価値が見出されていた。非競技としての

13　井上、前掲書、40頁。

スポーツの価値に否定的な考えを持っていたとは思えないが、競技性は有名な「より速く、より高く、より強く」という標語に表されていた。この標語はクーベルタンが尊敬したディドン神父の言葉であり[14]、第1回オリンピック・コングレスが終了するや数日後に発行された「オリンピック大会のための国際委員会　会報」第1号の表紙に掲げられた言葉でもあった[15]。

　この競技の担い手となる競技者像を示したのが「騎士道」である。古代オリンピックの復興を通じて中近世の欧州で形成された騎士道の精神を教育の規範にしようとした。封建的、キリスト教的規範ではあったが、相手に勝つということではなく、己に克つという求道的な姿勢を重視したのである。

■ 2　ヘレニズム回帰

　第二の特徴は、古代ギリシアの理想化である。これはヘレニズム回帰と称されたヨーロッパ文明の起源をギリシア文明に見出そうとする傾向である。そこには後にも触れるが理想化ゆえの誤解も含まれていたが、オリンピック大会再開は古代ヨーロッパ文明の栄光の復興と理解されていた。このヘレニズム回帰の背景には当時のヨーロッパ文明のアイデンティティや優位性に対する喪失の危機感があった[16]。欧州は帝国主義の時代に互いに覇を競い合い戦争となり、アフリカ分割や東方問題[17]をめぐり今に世界大戦に陥るのではないかという懸念であった。このためオリンピック・コングレスの「名誉委員の少なくとも3分の1は1890年代の平和運動の活動家であった」[18]。さらに帝国主義競争によるヨーロッパ分裂に加え資本主義発達に伴う国内における階級分裂、ロシア・トルコ・アメリカといったヨーロッパ文明への新たな脅威の台頭などがあった。ヨーロッパは自らの文明の優位性と同一性の確認を欲していたのである。

14　早川武彦「オリンピックの象徴・概念：より早く、より高く、より強く：Citirus, Altius, Fortius」、『研究年報』（一橋大学、2002年）21〜29頁。

15　イブ・ピエール・ブーロンニュ、前掲書、60頁。

16　オスヴァルト・シュペングラー『西洋の没落』（1918）はこうした危機感を表明した代表的なものである。

17　オスマン＝トルコ帝国の支配地域（北アフリカ・中東アジア・バルカン半島）の争奪をめぐる欧州列強間での外交軍事問題。

18　イブ・ピエール・ブーロンニュ、前掲書、53頁。

　このような時代に古代ギリシア文明の考古学研究は画期的な成果を次々と掘り当てることに成功した。1776年のイギリス人チャンドラーによるオリンピア遺跡等に関する報告を端緒にギリシア考古学が注目されるようになった。それはオスマントルコ帝国支配下のギリシアでのことであり、考古学的発見はヨーロッパの人々にとって精神的な故郷回復の気運を拡げることになった。ギリシアが対トルコ独立戦争により1829年独立を果たしたことでこの気運はさらに高まることになった。その背中を強く押したのがドイツである。有名なのは1873年のドイツ人シュリーマンによるトロイア遺跡の発見である。これにより神話世界の伝説と思われていた都市トロイア、ホメロスの叙事詩『イーリアス』の世界が史実であることが確認された。ドイツ政府はギリシア政府から発掘権を得て、これにより考古学者クルティウスが1875年から1881年にかけてオリンピア遺跡の発掘調査を行ったが、このギリシア政府からの発掘権取得をめぐり欧州の列強各国は争奪戦の様相を示していた。

■ 3　人間の完成とアマチュア問題

　第三の特徴は「人間の完成」である。これは第一の教育と重なるがスポーツ至上主義ではなく、人間の完成が第一なのである。教育に比重をおくオリンピズムでは「人間の完成」を通じて「世界の完成」を目指すという方向性を持っていた。ほぼすべての政治哲学は国家や世界の改造や改善のためには人間の改造が必要であるとの考えから教育を論じるものであるが、クーベルタンやオリンピック運動がとった方向性はその逆であり、人間の改善が世界の改善と平和の達成につながると考えた。競技も人間の完成という究極目標のための手段であり、ただ速さ、高さ、強さの記録をよくするということではなく、「より速く」の「より」とは、誰よりもというよりは今の自分自身よりも、という点を重視していた。

　第四番目がアマチュアという理想である。当時は国内での競技大会だけではなく、国際間での試合も実施されるようになってきた。この競技大会において異なる団体間、あるいは国家間で選手の参加資格をめぐるアマチュア問題は大きな争点となっていた。19世紀末はこのアマチュア議論が加熱した時期でもあった。回状の前文ではアマチュアの「精神をくむよりは条文にとら

われ勝ち」な論争に批判的なクーベルタンの姿勢が示されており、この点が
注目される。

　今日のスポーツやオリンピックではアマチュアリズムそのものが終焉した
観があり[19]、若い世代にはアマチュアリズムの説明が必要であろう[20]。この
近代のアマチュアリズムの起源はブルジョアジーや上流階級の社会文化とし
てスポーツが発展した19世紀のイギリスに始まる。当時のアマチュアリズム
ではスポーツを賞金など金銭獲得の目的にすること、生計手段としておこな
うこと、労働者階級が行うことを禁止する点に特徴があった。スポーツは余
暇活動・人格陶冶など教養の一環であり、ブルジョアや紳士階級のすること
というスポーツ観があった。この階級排他的なスポーツ観の他方で、この時
代にスポーツは大衆文化の一つとして拡大をしていった。乗馬、ボクシン
グ、自転車競技、ボート競技などが競馬、競輪、競艇といった賭博と関わる
ことで大衆的な人気を拡大した時代でもあった。しかし、それに伴う堕落や
不道徳の拡大を批判する考えがあった。このためにアマチュアとプロを区別
して参加資格をアマチュアだけに制限しようと様々な議論が行われていた。
回状で示されたアマチュア規定に関する7つの争点について議論は紛糾し
た。議事録によるとアマチュア選手は「本来純粋なものであり、世俗的に誘
惑から守らなければならない。プロ選手とのいかなる接触も許されない。汚
染からアマチュア選手を隔てるために全てのことがなされねばならない。金
は汚いものである」[21]と厳しい批判が言われ、その他方、労働者の排除に
「民主主義に対する挑戦」という応酬があった。しかし、回状で示された議
題は競技大会の優勝者に対する賞品の扱いやその評価、競技場などの入場料
の使途の是非など、一概にスポーツ全般から営利性を排除してアマチュア主
義に徹することの困難や矛盾を暗に示すものであった。その後のクーベルタ
ンは厳格な「アマチュア規定」制定にこだわってはいなかったようである。

19　内海和雄『アマチュアリズム論──差別なきスポーツ理念の探求へ』（創文企画、2007）。内
　海和雄「アマチュアリズムの終焉－個人主義の崩壊から公共性の復権へ」、『一橋大学研究年
　報、人文科学研究』26号（1987年）123～173頁。
20　当時のアマチュア観については、井上、前掲書、永井康宏「スポーツにおけるアマチュアリ
　ズムの問題」、『島根大学論集. 教育科学』14号（1965）41～54頁。
21　イブ・ピエール・ブーロンニュ、前掲書、49頁。

それは些細なことや（例えば、プロの選手と試合をしたことがあるとか）、「きわめて僅少な金銭をとったという理由の下に」選手資格を剥奪してしまうようなことになりかねず「いささか子供らしいように思われる」、さらに「プロレタリヤ階級に対する宣戦であり、また特殊階級のひとりよがり」と批判し、この問題に「まったく興味を失ってしまった」のであった[22]。

　アマチュアリズムそのものは70年代まではオリンピック大会の重要な精神となるが、競技スポーツの大衆化・アマチュアのセミプロ化・スポーツの在り方の多様化等の現象によりアマチュア規定は1974年からオリンピック憲章から削除された。その後、オリンピック大会の商業化・ビジネス化、各競技のオープン化と呼ばれる参加資格の規制緩和により、今日、アマチュア主義は終焉した。クーベルタンがこのアマチュア規定問題に関心を失ったのは彼にとってアマチュア問題の本質とは「条文」にではなく、その「精神」や問題意識の在り方、つまり、「人間の完成」を第一に考えたからである。もちろん、アマチュア問題はその後も大会参加資格の問題としてクーベルタンを悩まし続けるが、それは彼の問題というよりはスポーツ界の、あるいは競技団体の問題であり、彼にとって「人間の完成」が重大な問題であった。

五　オリンピック・コングレスの舞台裏

　クーベルタンはアマチュア問題について「オリンピック大会を復活するため、初の会議を招集する口実を作るのに役立っただけ」であり、「私はかつて一度もこの問題に熱中したことはない」と回想していた[23]。アマチュア問題は人寄せの口実であった。こうなったのはこの2年前に苦い失敗の経験があったからである。

　クーベルタンは1883年イギリスの視察から帰国後、その知見を『イギリスの教育』として刊行し、1886年頃からフランスの中等教育改革の活動に取り

22　井上、前掲書「クーベルタン男爵のアマチュア観」、前掲大石55〜56頁。1909年、ベルリンIOC総会についての発言。
23　ピエール・ドゥ・クーベルタン『オリンピックの回想』大島兼吉訳（ベースボールマガジン社、1976年）102頁。

組んでいた。1887年8月には体育教育同盟を組織し、翌年の5月にはさらに元文相のジュール・シモンを委員長とした「教育における身体訓練普及のための委員会」を設置し、自らはその事務局長となった。当時、フランスの中学校で行われていた「軍隊教練の下手な模倣は若者たちにとって耐え難いもの」となっており、「毎週のように若者の体に加えられる虐待」はこの時代の多くの知識階層から非難の的となっていた[24]。軍事教練を体育教育に変えるという切実な課題があった。翌1889年1月にはパリの博覧会に際し身体運動についての会議を行い、これを契機にフランス競技スポーツ協会連合の事務総長に着任した。クーベルタンは1892年11月25日、この団体の創立記念日の講演会を入念に準備した。フランス共和国大統領に後援者となってもらい、そしてロシア帝国ウラジミール大公に閉会セッションの司会を勤めてもらうこととした。講演会のゲストには富裕層や社会に影響力をもつ人々を招いていたのである。この講演会でクーベルタンは聴衆に「現代社会の条件に合った基礎の上に、この偉大な、有益な事業、オリンピック復興という仕事を継続し、完成することを望んでいます」と訴えたのである。しかし、この訴えは完全に失敗に終わった。聴衆からは何の反応もなく、「反対？、異議、皮肉？、無関心？　全く何もなかった」[25]。それはクーベルタンにとって「完全で絶対的な無理解であり、これは久しく解けないものとなった」[26]。

　この最初の失敗が次なる機会の設定のための大きな教訓となった。「否定的な世論に正面から立ち向かってはならない。出し抜いて勝利をおさめねばならない」というものであった。クーベルタンは次の計画を1893年8月1日に完成させた[27]。これはフランス競技スポーツ協会連合のなかでアマチュアリズムを解決するための国際会議の提案があり、これを採用したのである。今度も招待者は入念に選ぶこととし各国の主だったスポーツ団体、国王、皇太子、侯爵といった貴族や政治家に送られていた。協会連合はもはや一つの外交機関のようなものであり、IOCの原型もここにあるのだろう。クーベ

24　イブ・ピエール・ブーロンニュ、前掲書、25頁。
25　イブ・ピエール・ブーロンニュ、前掲書、47頁。
26　イブ・ピエール・ブーロンニュ、前掲書、35頁。
27　イブ・ピエール・ブーロンニュ、前掲書、49頁。

ルタンは比較的、早期の段階からアマチュア規定の名目で人々を集めてか
ら、会議名称をオリンピック・コングレスにふさわしいものに変えてしまお
うと考えていたと思われる。それを示すのが「アポロン賛歌」の準備であ
る[28]。この賛歌の譜面は前年の1892年にギリシアのデルフォイ神殿の碑文か
ら発見されたものであった。これを古代史の専門家などにより解読しなおし
て近代の五線譜を作成し、歌詞を翻訳したのであった。そして、当時有名な
作曲家ガブリエル・フォーレがこれを合唱用に編曲し、オペラ座の歌手が歌
えるように準備した。8日間にわたる会議でこの素晴らしいアトラクション
をクーベルタンは最後のレセプションとしてではなく、開会式のオープニン
グで用いることとした。この歌と演奏はソルボンヌ大学の講堂で響き渡り、
会議参加者は古代の調べに自らもまた古代ギリシア文明につながることに想
いを馳せることになっただろう。「ヘレニズムが巨大なホール全体を満た
し、この瞬間にコングレスの成功は確定した」のであった[29]。

　会議の手順、全体を振り返れば手順の良さが際立つ。会議開始の前日に刊
行の『レビュー・ド・パリ』誌での記事、開会式での古代歌曲の演奏と歌
唱、会議名称の変更、閉会後ただちに刊行されたIOC会報。クーベルタン
は筋書きを入念に準備した。この手際の良さを「熱狂的な会議の興奮の中で
一気に成立へと導いたクーベルタンの手腕は、魔術師的とさえ言える」[30]と
も、「出し抜いて勝利を収め」た、とも評し得る。会議名称が入れ替えられ
たりしたことなどは、一歩間違えれば参加者から批判されかねない。クーベ
ルタンにとって大きな賭けだったはずだ。そして、彼は輝かしい勝利を収め
ることができたのだ。

六　レガシーの創造

　オリンピック・コングレス、成功の祝福から間もなく新たな困難がクーベ

28　アポロン賛歌については桜井万里子・橋場弦編『古代オリンピック』（岩波新書、2004）199
　〜207頁。
29　イブ・ピエール・ブーロンニュ、前掲書、50頁。
30　橋場弦「エピローグ──古代から現代へ──」、桜井万里子・橋場弦編『古代オリンピック』
　（岩波書店、2004）200頁。

ルタンを待ち受けていた。当時、財政危機に陥っていたギリシア政府はオリンピック・コングレスの決議後、「かなりの出費をともなうことが分かり切ったイベントの準備に、世界の人々を招くことはとてもできない」[31]と開催不能を回答してきたからである。この事態はクーベルタンにとって必ずしも意外なことではなかった。というのは先行事例としてギリシアのザッパス・オリンピア大会の経緯があったからである。これはギリシア独立後の1837年、国王がアテネで貿易博覧会を農業・工業・スポーツの3部門で定期的に行うよう勅令で命じたものであった。博覧会は実施されたがスポーツ大会は財政難のために勅令後も延期されていた。これに在外ギリシア人の富豪ザッパスが寄付を行い1859年に漸く第一回大会を開催することができた。ザッパスの死後も不定期に4回、実施されたが1892年にザッパスの息子が死亡したために財政的には実施が困難となった。この時、クーベルタンは既に予定されていたアテネ大会開催の1896年に、同じく建国千年の記念祝賀会を準備していたハンガリーと「アテネが辞退をすれば、ブダペストが立候補することに同意していた」[32]。このような代替案を用意しながらもクーベルタンはギリシアが正式に辞退してしまう前にと1894年10月末からアテネに赴き対策をとった。ギリシアの皇太子に拝謁し皇太子が大会実現に向けて行動するように働きかけた。そして、自身もギリシアの富裕層ら上流社会の人々にオリンピックの意義を説くことを行った。これにより国内外より多額の寄付が寄せられアテネ大会は予算問題を克服することができたのである。

　第1回オリンピック・コングレスの経緯を検証してきたが、オリンピック再興に向けた道程は際どい話の連続と言える。オリンピズムとは「レガシーの創造」なくして成立しえなかった。クーベルタンはアマチュアに関する会議をオリンピック・コングレスへ乗り換えるのにヘレニズムというレガシーを「アポロン賛歌」を通じて利用したと言えるだろう。近代オリンピック自体が古代オリンピックという過去のレガシーから新しい現在を創造しているのである。

31　ピエール・ドゥ・クーベルタン「一八九六年のオリンピック競技会」（和田浩一訳）、『研究紀要　人文科学・自然科学編』（神戸松蔭女子大学、2007）91～92頁。

32　イブ・ピエール・ブーロンニュ、前掲書、62頁。

　マラソン競技はこのレガシーの創造の典型であった。マラソンが古代オリンピック大会の時からあった競技と誤解している人もいるのではないだろうか。古代オリンピックの競技種目には今日の長距離走（5000メートル以上）に該当する種目はなかった。またマラソン競技の由縁にしても、次の有名な挿話は事実とは異なるようである。すなわち、紀元前490年、マラトンに上陸侵攻してきたペルシア軍をギリシア軍が撃破、これを伝令がアテネまでの40キロを短時間で走破、「わが軍勝てり」と伝えると絶命したという挿話である。

　現代においてさえ広く流布し信じられているこの話だが、史実はこれよりも驚くべきものであった。この時の伝令は実際には援軍要請のためスパルタに派遣され、命令の翌日には約250キロかなたのスパルタに到着していた。スパルタの援軍は直ちに派遣され2日後にはマラトンに到着したが闘いはすでに終わっていた。この他方、アテネからマラトンの約40キロを驚異的な速度で移動したのはマラトンで闘ったアテネの戦士たちであった。マラトンでの戦闘終了後、ペルシア軍がアテネの港に揚陸作戦を企図しているとの報を受けると、これを邀撃すべく移動し、当日の午後遅くには上陸予定地に部隊の配置をしたのである。ペルシア軍は船上からこれを確認すると上陸作戦を断念、撤収した。戦闘直後に装備をしたままアテネの戦士たちは移動したのである。

　これらの事実関係はすべてヘロドトス『歴史』によったものであり、当時においても確認することはできたはずである[33]。しかし、当時は誤解から無意識のうちに過去の挿話というレガシーをつくってしまったようだ。この誤った挿話の流布にその責務を負うべきものは誰かと批判をするつもりはない。それどころかマラソン競技は新たなレガシーをアテネで作り上げた。第1回アテネ大会ではマラソン競技でギリシアの選手が1位から3位を独占するという快挙をなしとげ、ギリシアのみならず参加国のすべてが大いに感銘を受けたのである。このマラソン競技の成功はオリンピック再興を彩るものとなった。

33　ヘロドトス『歴史』第6巻105章、106章。Tom Holland, *Persian Fire: The First World Empire and the Battle for the West*, Abacus, 2006, p. 198.

　誤った挿話からマラソン競技というレガシーが創られ、マラソン競技の成功はオリンピック再興の成功というレガシーをさらに紡ぎだしたのである。こうした「レガシーの創造」の多くはクーベルタンや彼の周辺の協力者によって生み出されたものであるが、クーベルタンのバイタリティ、機知、幸運によるものがとても大きい。オリンピックも、オリンピズムもクーベルタンという人格なくしては興りえず、クーベルタンその人が近代オリンピックの最大のレガシーである。

七　レガシーなき時代に

　本稿で度々、引用してきたイブ・ピエール・ブーロンニュは近代オリンピックの歴史について「史実を検証するよりも、起源を『神話化』する誘惑に駆られてしまうのではなかろうか」、「オリンピズムは、とかく人類を救う福音であるかのように自らを装う傾向がある」と危惧を表明している[34]。筆者もこれに同感である。クーベルタンを誇大に、過大に評価してはならない。例えばオリンピックと言えば平和の祭典とよく言われるが、クーベルタンは「オリンピックはおそらく全世界の平和を確保する、間接的ではあるが有力な一要因となるだろう」[35]と平和については積極的・直接的ではなく、間接的な貢献を前提に考えていた。現オリンピック憲章のなかでも根本原則の第2項と高い優先順位で「平和な社会の推進」と「人類の調和のとれた発展」にスポーツを役立てることが謳われているが、憲章全体のなかで「平和」という言葉はわずか3回しか登場しない。

　もっともオリンピズムが「人類を救う福音であるかのように自らを装う傾向」についてはオリンピズムにそこまで心酔する者は殆どいないだろう。むしろ、そのような懸念などまったくないことの方が余程、憂慮すべき事態ではないだろうか。クーベルタンは「金儲け主義に陥り腐敗の泥沼に沈むのを防ぐことのできる、道徳的なカウンターバランス」が必要であり、近代は古代と比べると「哲学が少なく、高揚された目的と青年の祝典を取り巻く全体

34　イブ・ピエール・ブーロンニュ、前掲書、31頁。
35　ピエール・ドゥ・クーベルタン、前掲書、107頁。

的な政治的宗教的枠組みを欠いている」と考えていた[36]。しかし、今日の社会ではかつてクーベルタンが危惧した「筋肉を精神よりも重要視して、己の適切な均衡状態を破壊してしまう」[37]ことへの歯止めは愈々なくなってしまった。

　東京オリンピック・パラリンピック大会を前にIOCはアジェンダ2020と呼ばれるオリンピック大会に関する包括的な改革案を発表した。選手村や競技施設の整備を名目とした過大な都市開発、メダル至上主義により歪んだスポーツ競技界、招致運動をめぐる不正・金権体質、肥大化する競技大会の規模などからオリンピック大会の持続可能性が問われるようになったからである。晩年のクーベルタンは、オリンピック大会の評価ついて「最初は微笑み迎えられたが、それは次に皮肉に変わり、やがて不満と敵意になってしまった」ときわめて否定的となっていた[38]。それは現実のオリンピック大会は彼が追い求めたオリンピズムとは異なる方向へ進んでいってしまったからである。

　近代社会におけるスポーツの大衆化と興隆はスポーツと「金儲け主義」の問題を引き起し、その論争の中から生れたレガシーこそオリンピズムであった。しかし、今日、オリンピック大会は「道徳的なカウンターバランス」ではなく「金儲け主義」と「腐敗」の下にあり、真善美である「かのように自らを装う」ことをしても説得力さえ失いつつある。近代オリンピックのレガシーとは、スポーツ競技を通じた人間の完成を目指す教育にあったはずである。レガシーの再興を願ってやまない。

（川島高峰／政治学）

36　イブ・ピエール・ブーロンニュ、前掲書、63頁。
37　ピエール・ドゥ・クーベルタン、前掲書、106頁。
38　和田、前掲書、35頁。

オリンピック・パラリンピック教育

一　はじめに

　国際オリンピック委員会（International Olympic Committee、IOC）は、オリンピック・ムーブメントにおける中心的な活動としてオリンピック教育を位置付けている。その理由は、「オリンピック憲章」の根本原則[1]で確認できる。オリンピック憲章には、オリンピック・ムーブメントの組織体制や活動指針、オリンピック競技大会の開催条件などがまとめられている。

　「オリンピズム」は、近代オリンピックの復興者であるピエール・ド・クーベルタンが構想した教育的、平和的な理念であるが、その解釈は時代背景の影響を受けながら今日に至っている。オリンピック憲章では、「オリンピズムは肉体と意志と精神のすべての資質を高め、バランスよく結合させる生き方の哲学である」（根本原則1）とされていることから、オリンピズムは哲学的な意味合いを持ち、多様な解釈ができる側面もある。しかしながら、「オリンピズムはスポーツを文化、教育と融合させ、生き方の創造を探求するものである。その生き方は努力する喜び、良い模範であることの教育的価値、社会的な責任、さらに普遍的で根本的な倫理規範の尊重を基盤とする」（根本原則1）、「オリンピズムの目的は、人間の尊厳の保持に重きを置く平和な社会の推進を目指すために、人類の調和のとれた発展にスポーツを役立てることである」（根本原則2）とあるように、その普遍的で根本的な倫理規範の尊重を基盤として、スポーツを文化・教育と融合させ、人々を成長させることを重視し、スポーツを役立てながら、平和なよりよい社会の構築を目指

1　（公財）日本オリンピック委員会（編）『オリンピック憲章』（JOC、2019）p. 10-11.

していることが読み取れる。また、「人種、肌の色、性別、性的指向、言語、宗教、政治的またはその他の意見、国あるいは社会的な出身、財産、出自やその他の身分などの理由による、いかなる種類の差別も受けることなく」（根本原則6）とあるように、いかなる差別にも断固反対する強い意図が感じられ、「ダイバーシティ」や「インクルージョン」という現代社会の重要なテーマにも順応できる内容を備えているといえる。

　IOCがオリンピック教育を推進する理由は、上記のような脈絡のためである。各国のオリンピック委員会（National Olympic Committee、NOC）や、各国のオリンピック・アカデミー（National Olympic Academy、NOA）に対して、若者を対象とした活動に働きかけることを重視する動機ともなっている。

　IOCは、オリンピック教育をさらに推進していくために、2000年にオリンピック教育委員会（Olympic Education Commission）を設立し、関連機関との連携を強化してきた。オリンピック教育委員会は、オリンピックの価値に基づいた教育の推進について、IOC総会、IOC理事会、およびIOC会長に助言し、スポーツを通じた若者の教育に関連するIOCの戦略的な活動の方向性を示す役割を担っている。

　オリンピック教育は、オリンピズムの理念を実現していくために、「フェアプレーの精神」「差別の撤廃」「アンチ・ドーピング活動」「スポーツと文化・教育の融合」などに取り組む活動である「オリンピック・ムーブメント」の推進の一環でもある。国際パラリンピック委員会（International Paralympic Committee、IPC）においても、パラリンピックスポーツを通して発信される価値やその意義を通して人々に気づきを与え、より良い社会をつくるための社会変革を起こそうとする活動である「パラリンピック・ムーブメント」を進めている。オリンピック、パラリンピック共にその理念は相通ずるものであり、「教育」という観点でも親和性がある。

　本章では、オリンピック・パラリンピック教育の現状を明らかにすることに狙いを定める。IOCの定めるオリンピック教育（パラリンピック教育）を概観したうえで、我が国のオリンピック・パラリンピック教育の現状に注目する。東京大会（1964年）、札幌冬季大会（1972年）、長野冬季大会（1998年）、そ

して2020年に開催予定であった東京大会という豊富な開催経験のある日本において、オリンピック・パラリンピック教育はどのように展開されてきたのであろうか。

二　国際オリンピック委員会（IOC）が定めるオリンピック教育

1　オリンピックの理念と3つのコアバリュー

オリンピズムとは、近代オリンピックの創始者であるピエール・ド・クーベルタン男爵が唱えたオリンピックの基本的な精神である。それは、スポーツによって心身ともに調和のとれた人間を育て、そのような選手たちが4年に一度世界中から集まり、フェアに競技し、異文化を理解しながら友情を育むことによって、平和な社会を実現しようという考え方である。

IOC は、オリンピックのコアバリューとして、卓越（Excellence）、友情（Friendship）、敬意／尊重（Respect）の3つを強調している。

2　Olympic Values Education Program（OVEP）

上記のようなオリンピック・バリューを学ぶために、IOC は教育プログラムである Olympic Values Education Program（OVEP）を開発した。OVEP には、価値に基づく指導と学習の機会を推進するための情報および資料が含まれ、事実に基づく固定的な学習ではなく、オリンピズムの教育テーマをどのように教え、学ぶかに重点が置かれている。

IOC は OVEP により、若者を対象とした教育プログラムの充実を図り、オリンピック・バリューをさらにグローバルなものとして展開していくことを意図しており、5つの教育的価値「努力する喜び（Joy of effort）」、「フェアプレイ（Fair play）」、「他者への尊重（Respect for others）」、「卓越さの追求（Pursuit of excellence）」、「身体、意志、心の調和（Balance between body, will and mind）」が示されている。対象年齢は、8歳から18歳としているが、目的に応じて多種多様に活用できる具体的な内容が詰め込まれたツールキットとなっている。オリンピズムの教育的価値をどのように教え、学習するかという視点から、教師やリーダーのための指導書としてもわかりやすくまとめら

れており、オリンピック教育の実際についての知識を養うことができる。

　肥満が大きな問題となっている場合や、貧しい地域社会に生きる子どもたちが希望と達成感を必要としている場合などでも、身体活動とスポーツは貢献できる可能性を持っている。OVEPで用いられる教育手法は、多文化、異文化、総合情報的なアプローチで学習および指導に取り組む現在の教育理論に基づいている。これらの手法は、以下のような学習の原則を土台としている。

「①　学習とは、能動的な活動であり、受動的な活動ではない。学習者の関わりが深いほど、学習体験は効果的で楽しいものになる。
　②　学習を助ける様々な方法がある。学習活動には、話すこと、聞くこと、演じること、作文、議論、ディベート、創造活動（芸術、演劇、音楽など）、スポーツ活動を通じた身体運動、ダンス、体育などがある。本書（OVEP、引用者注）には、学習への多様な取り組み方を可能にする様々な活動が収録されている。
　③　学習とは、個人的な活動であると同時に、協力して行う活動でもある。中には、独力で最大限の力を発揮する者もいる。しかし、協力を学び、実践するために人は協働する必要もある。この理由から、本書（OVEP、引用者注）には参加者同士が共同作業するように設計された多数の活動が収録されている。」[2]

　OVEPでは、学習者の想像力を刺激するという教育方法も取り入れている。アスリートは皆、目標を達成する上で想像力がいかに自分の力になるかある程度理解している。想像力を積極的かつ創造的に用いることは、若者の行動を変え、自分自身と他者に関する新たな考え方を引き出し、様々な行動パターンの探究を促す一助にもなる。

2　（特非）日本オリンピック・アカデミー・筑波大学オリンピック教育プラットフォーム（監修）『オリンピック価値教育の基礎』（JOC、2018）p. 14.

三　我が国のオリンピック教育の歩み

■ 1　オリンピック東京大会（1964年）
■（1）オリンピック国民運動

　日本においても、オリンピック教育を学校教育の場で展開する試みは、オリンピック大会の開催のたびに取り組まれてきた。最初に組織的に広範囲で取り組んだのは、初めての日本での開催であった東京大会（1964年）であった[3]。その内容は、オリンピックを目前に控えて、東京の街を改善しようという動き、美化しようという動きとともに、日本人のマナー・行動を統制し、改善しようとする「オリンピック国民運動」と関連したものであった。当時の日本人のマナーは、ごみやタバコの吸い殻のポイ捨て、立ち小便、行列しないなど、現在と比較すると問題が大変多かった。政府、行政はこのような状況を改善するために、官主導で、オリンピックの理解、国際理解を進展させると共に、公衆道徳、商業道徳、交通道徳を向上させ、国土美化と健康増進を目指す「オリンピック国民運動」を展開した。

　中心となったのは、総理府オリンピック国民運動推進連絡会議であり、4つの部会が設置された。公衆道徳高揚運動部会は、親切、秩序、清潔を共通目標とした。健康増進運動部会は、国民の健康増進を企図して毎月7日を「健康の日」と定めた。商業道徳高揚運動部会は、親善店の指定、サービス向上月間設置を進めた。交通道徳高揚部会は、「高い交通道徳でオリンピックをかざろう」をスローガンに掲げ、各種キャンペーンを行った[4]。

　「オリンピック国民運動」の中で特に強調されたのが公衆道徳の向上であった。その核となるキャンペーンである「国土美化運動」は、1962年、1963年に全国的に展開された。オリンピック開催都市である東京都は、同じような目的で「首都美化運動」を推進した。1962年には首都美化運動推進本

3　真田久「オリンピック・ムーブメントとオリンピック教育」スポーツ教育学研究34巻2号（2015）p. 30.

4　斗鬼正一「東京オリンピックと日本人のアイデンティティー――1964年東京大会と首都美化運動・マナーキャンペーン――」江戸川大学紀要28号（2018）p. 343.

部が設置され、「首都美化は五輪の一種目」をスローガンに、河川浄化、ご
み対策、吸い殻対策、道路不正使用占拠、街路樹、公衆便所、列車便所改良
などを進めた。1962年12月には、毎月10日を「首都美化デー」と決定した。
第2回の1963年1月10日には目抜き通りで清掃パレードが行われ、銀座4丁
目を大掃除した。以後、このような重点的な清掃活動は、1963年7月には池
袋駅東口一帯、8月には「清掃機動隊」を投入して、上野、渋谷駅周辺を大
掃除、9月は隅田川など、10月は新橋駅付近、11月は都内の幹線道路、1964
年5月には専用ごみ袋が配布され、重点地区が指定され各地で大掃除が行わ
れた。1962年12月10日の第1回は「反応さっぱり　たたった PR 不足」と報
道されていたが、参加者数も徐々に増加していった。1964年1月には「百万
人の清掃作戦」として実施されたが、都庁前では知事自らも箒を手に参加
し、陸上自衛隊、小中学校、新生活運動競技会、ラジオ体操連盟、各町会、
民間約200団体も協力した甲斐があり、都内各所で総参加者200万人規模の一
大イベントとなった。1963年3月には「首都美化協調旬間」も設定され、
1963年10月1日には「都民の日」の行事として「一千万人の大掃除　都民総
出でゴミ追放」運動が行われた。また1963年1月には都は「清掃110番」を
設置し、道路、空き地、川などにごみの山が出来ている場合は「機動処理
班」が出動する態勢を取った。オリンピック開幕直前の9月27日から10月3
日の1週間は「首都美化総点検週間」と位置づけられ、「私の家の前の道路
は、掃除がゆきとどいている」など○×形式による数十項目のチェックシー
トが印刷され都民に配布された。

（2）学校教育におけるオリンピック教育

　1964年4月には文部省が、学校生活を通じて生徒のオリンピックに対する
意識と道徳的な自覚を高めるよう積極的な指導を通達し、小学生向け、中高
生向けと2種類の副読本「オリンピック読本」が制作され、都内の学校に配
布された。中高生向けの読本ではオリンピックの歴史やスポーツマンシップ
の大切さも取り上げられているが、小学生向け読本では、「自分の家や学
校、道路などを清潔に」、「姿勢や歩き方を正しく」、「交通規則を守る」な
ど、公衆道徳を高めることが強調された。さらに「日常生活も（外国に）報
道されることでしょう。わたしたち、ひとりひとりの責任はひじょうに重大

です」と外国人の目を意識したマナー教育が推進された。このような都民の公衆道徳意識を高める教育活動は、その後の国際観光都市・東京として発展する基盤となったといえる[5]。

　文部省は、児童生徒にオリンピック精神を培い、日本人としての自覚に立ちながら国際親善と世界平和への態度を養うことを目的として、次の3つの内容を通達し、これと連動して都内の学校でオリンピック教育が展開された。(a) オリンピックの起源、意義等を理解し、スポーツマンシップを養うとともにスポーツに対する興味や関心を高める。(b) 日本人としての自覚と誇りを身につけさせるとともに国際理解につとめ、国際親善につくす心情を養う。(c) 開催国の一員として社会の相互連帯の関係を認識し、お互いに助け合い、意義のある行為をする習慣をつけさせるとともに、公共心、公徳心を養う。

（3）社会教育におけるオリンピック教育

　また、社会教育の場でもオリンピック教育が各地で展開された。オリンピック競技会やオリンピック・ムーブメントについて紹介したフィルム、スライドなどが各県の視聴覚ライブラリーに配置され、それらの視聴覚教材を使用して、講義やディスカッション、共同研究や展示物作成などを行うことが奨励された。この社会教育の特徴は、オリンピックへの関心を高め、理解を深めるとともに、多くの外国人の来訪に対して、日本人として彼らを受け入れるための基本的な態度や知識を身につけることを目指した点である。東京オリンピックを契機にインフラ整備を行って戦後復興と発展を内外に示すとともに、平和を愛し、国際的にも通用する態度を備えた日本人であることをアピールするために、社会教育が行われたといえる。

　特に、日本人の品位の向上、外国人客に親切に接すること、ユーモアを解する気持ちのゆとりを持つことなどのように、マナー教育が行われたことは、特徴的なことである。学校教育や社会教育での展開を考えると、国民に対する一大教育運動であったといえる[6]。

5　斗鬼正一、前掲書、p. 343-345.
6　真田久、前掲書、p. 30-31.

▌2　オリンピック札幌冬季大会 (1972年)
▌(1) 札幌冬季大会 (1972年) に向けたオリンピック教育

　1966年 4 月、ローマで開催された第64次 IOC 総会において、1972年冬季大会の開催地に札幌が選出された。1966年 8 月、文部省は「冬季オリンピック等準備室」を設置し、札幌冬季大会 (1972年) に向け、広く国民の間にオリンピック精神を高揚し、冬季スポーツの振興を目的とした取り組みを推進した「オリンピック教育推進についての実施要領」を各学校あてに通達した。1967年から 5 年間、オリンピック精神普及資料作成協力会を開催し、毎年オリンピック冬季大会に関する事項や資料をまとめ、オリンピック精神普及資料として作成し、各都道府県教育委員会等に配布した。また、1971年には北海道をはじめ各都道府県 8 地区19会場で「札幌オリンピック巡回展示会」を開催した[7]。

　札幌市では、政府からの通達の趣旨に基づき、オリンピック教育と国際理解の教育を進めるための必要な資料として、「オリンピック学習の手引き」を作成し、市内の各学校に配布した。なお、各学校では、こうした学習を平常の授業の中に取り入れるほか、運動会、文化祭等さまざまな行事でもその趣旨を活かすこととした。

(2) オリンピック学習のために作成された教材・資料

　「オリンピック学習の手引き」は、この大会の機会を通じて札幌市の児童・生徒に「オリンピックの意義と狙いを理解させ、あわせて、札幌市民としての自覚と誇りを高めるとともに、国際協調の精神と態度を養うことを願い」として配布された。

　「展示用学習ポスター」は、これまでに冬季オリンピックが開催された国や、札幌冬季大会 (1972年) に参加する国々、およびその国旗を示す地図、競技種目とその内容を示すポスターなどであり、市内の各学校に配布された。

　札幌市教育委員会が作成した「オリンピック施設紹介のスライド」も複数作成され、必要に応じて各学校に貸し出された。

7　福田佳太「1972年札幌大会に関連して実施されたオリンピック教育」オリンピック教育 5 号 (2017) p. 39.

　地元のラジオ放送と提携して、生徒の英語学習に役立たせるための副読本として、「オリンピック英会話」が作成され、各学校に配布された[8]。

（3）オリンピックを迎える学校の動き

　運動会、体育大会および文化祭は、学校と地域の結びつきが強い行事であることから、これらの行事にオリンピックを迎える喜びや、意義の理解を内容とする種目を加えることは、国際理解、オリンピック教育に役立つだけでなく、これらの行事そのものの内容を豊かにするものと認識された。

　各学校では、オリンピックを自らの学習の場に取り入れ、日常的な活動の中で国際理解を深めようとして、オリンピックコーナーを設置し、世界地図や各種オリンピック学習資料、札幌大会パノラマ、子供達の作文や標語、習字などを展示した。

　これらの教育活動は、1970年12月から約2年にわたって推進され、プレオリンピック期間と1972年札幌大会期間においては、冬休みを2期に分けて、開閉会式をはじめ多くの大会関連の行事に児童・生徒を参加させた。また、「オリンピック学習の手引き」をもとに、各教科（社会科・体育・外国語）、道徳、特別活動、学校行事でオリンピック教育を展開し、姉妹校の拡大や世界子ども美術展及び書道展を開催など、児童・生徒の国際交流の機会を多く与えた[9]。

　しかしながら、札幌市教育委員会主導で実施されたこのオリンピック教育は、大会終了後も組織的に実施されることはなかった。総じて、札幌冬季大会（1972年）を成功させるための時限的教育イベントという傾向が強いものであったと考えられる。

■ 3　オリンピック長野冬季大会（1998年）

　1991年6月、バーミンガムで開催された第97次 IOC 総会において、1998年冬季大会に長野市が選出された。1994年10月に開催された広島アジア大会において、地区公民館単位で特定の国・地域を応援する「一館一国運動」が

8　札幌市総務局オリンピック整理室（編）『第11回オリンピック冬季大会札幌市報告書』（札幌市総務局、1972）p. 215-216.
9　同上、p. 216.

展開された。この事例を参考にして、1994年12月、長野市でも国際交流活動を実施することを決定し、長野国際親善クラブの声掛けにより、長野市の小・中・特殊教育学校による「一校一国交流活動」が検討された。1995年6月、長野市の校長会で「自国の国際化教育推進の為に、オリンピック・パラリンピックを軸にして一校が一国と交流活動を自主的に行う」ことが決定された。1995年10月、長野市国際化教育推進補助金を用いて、参加予定国の国旗等を購入し始めた。1995年11月、前回冬季五輪参加国を参考に市内各校の希望交流国のアンケート調査を実施して、1996年1月には、各校の交流相手国が決定され、取り組みが開始された。1996年4月には、「一校一国交流活動」を校務分掌（学校内における運営上必要な業務分担）と定め、児童会・生徒会に位置付け取り組み始め、学校内で相手国について本格的な調査が開始された。長野オリンピック冬季競技大会組織委員会（NAOC）の協力により、プレ大会、オリンピック関連イベントへの児童・生徒の参加、選手団との交流等も可能になった。1998年2月、選手村への入村式への参加、オリンピック・パラリンピック大会が開催されると、競技会場での応援や競技終了後の交流などが行われ、双方向的な交流が行われた。オリンピック・パラリンピック大会後においても、各学校において交流相手国の学校、団体との交流が継続された。2001年4月、「国際交流基金」「一校一国活動補助金」が創設され、14校で訪問、招待による交流を実施した。このような補助金等の公的サポートもあり、長野市内小・中学校・特殊教育学校75校が交流を継続した[10]。

　一校一国運動という特徴的なオリンピック教育のかたちを実践した長野市は、オリンピック・パラリンピック大会閉幕後も規模を縮小しながらも、継続的な活動へと発展した。

10　長野国際親善クラブホームページ（http://www.nifc.info/）より（2020年3月閲覧）

四　2020年東京オリンピック・パラリンピック大会に 向けた取り組み

■ 1　スポーツ庁（文部科学省）におけるオリンピック・パラリンピック教育 の推進

東京2020に向けて、スポーツ庁（文部科学省）では、オリンピック・パラリンピック教育の充実や全国展開に必要な方策等を検討することを目的として、2015年2月、丹羽秀樹文部科学副大臣のもとに「オリンピック・パラリンピック教育に関する有識者会議」を設置した。同有識者会議では、2015年2月27日から7月9日までに計6回会議を開催し、関係者からのヒアリングや検討が重ねられた。それらの検討結果として「オリンピック・パラリンピック教育の推進に向けて（中間まとめ）」[11]が策定され、2015年7月17日に発表された。その後3回の会議を経て、「オリンピック・パラリンピック教育の推進に向けて（最終報告）」[12]が取りまとめられ、2016年7月21日に発表された。

　この有識者会議設置についてスポーツ庁は、「2020年オリンピック・パラリンピック東京大会を成功させるために、日本全国各地にオリンピック・パラリンピック・ムーブメントを普及させる必要がある。このため、学校教育や社会教育の現場で、①オリンピック・パラリンピックに関する知識・理解・関心の向上やオリンピック精神の普及、②異文化理解や国際理解、多様性尊重の促進、③『おもてなし』やボランティア精神の醸成、マナーの向上、④スポーツ実施率の向上、等のための取組を進めていく必要があるとした。オリンピック・パラリンピック教育の実施を通じた無形のレガシーの創出という観点も踏まえ、上記取り組みの推進のための基本的な考え方や具体的な内容・手法について検討を行うため、スポーツ庁長官の下に有識者会議を設置する」[13]とその設置理由を述べている。最終報告の冒頭では「オリン

11　オリンピック・パラリンピック教育に関する有識者会議「オリンピック・パラリンピック教育の推進に向けて（中間まとめ）」（文部科学省、2015）
12　オリンピック・パラリンピック教育に関する有識者会議「オリンピック・パラリンピック教育の推進に向けて（最終報告）」（文部科学省、2016）

ピック・パラリンピック教育を通じて、子どもから大人まで、国民一人一人がスポーツの価値ならびにオリンピック・パラリンピックの意義に触れることは、2020年東京オリンピック競技大会・パラリンピック競技大会に向けた全国的な機運の醸成のみならず、それ以降の東京大会の有形・無形のレガシー創出に向けてきわめて重要な取組となる」とし、オリンピック・パラリンピック教育の全国展開に向けた取り組みを進めることを示した。中間まとめでは「オリンピック・パラリンピック教育を通じて目指すべきもの」が、最終報告では「スポーツの価値とオリンピック・パラリンピック教育の意義」とされて、スポーツの価値やオリンピック・パラリンピックの理念が具体的に示された内容となった。

■ 2　東京都におけるオリンピック・パラリンピック教育の推進

■東京都は、2016年度より都内全ての公立学校において、「東京都オリンピック・パラリンピック教育」実施方針[14]に基づき、「オリンピック・パラリンピックの精神」「スポーツ」「文化」「環境」の4つのテーマと、「学ぶ」

表1　重点的に育成すべき5つの資質

育成すべき資質	内　　容
①ボランティアマインド	支える活動を通して、社会に貢献しようとする意欲や、他者を思いやる心を醸成し、自尊感情を高める
②障害者理解	多様性を尊重し、障害を理解する心のバリアフリーを浸透させる
③スポーツ志向	フェアプレーやチームワークの精神を育み、心身ともに健全な人間へと成長させる
④日本人としての自覚と誇り	日本や東京の良さを理解し、規範意識や公共の精神等を学び身につける
⑤豊かな国際感覚	世界の人々との積極的なコミュニケーションを図ろうとする態度を育成し、世界の多様性を受け入れる力を育てる

13　「オリンピック・パラリンピック教育に関する有識者会議設置要綱」スポーツ庁ホームページ（http://www.mext.go.jp/sports/）より（2020年3月閲覧）
14　東京都教育委員会「東京都オリンピック・パラリンピック教育実施方針」（東京都、2016）

表 2　　5 つの資質を伸ばすための 4 つのプロジェクト

プロジェクト	取組例	育成する資質
東京ユースボランティア	・地域清掃 ・地域行事やスポーツ大会 ・障害者・高齢者福祉施設等でのボランティア活動	①ボランティアマインド ②障害者理解
スマイルプロジェクト	・障害者スポーツの観戦、体験 ・スポーツを通じた特別支援学校と地域の学校との交流	①ボランティアマインド ②障害者理解 ③スポーツ志向
夢・未来プロジェクト	・オリンピアンやパラリンピアン等との直接交流	①ボランティアマインド ②障害者理解 ③スポーツ志向 ④日本人としての自覚と誇り ⑤豊かな国際感覚
世界ともだちプロジェクト	・調べ学習を主とする国際理解教育 ・大使館や留学生との交流 ・海外の学校との相互交流	④日本人としての自覚と誇り ⑤豊かな国際感覚

「観る」「する」「支える」の 4 つのアクションとを組み合わせた多彩な教育プログラム（4 × 4 の取組）を推進している。

　その中でもとりわけ重点的に育成すべき資質として、「ボランティアマインド」「障害者理解」「スポーツ志向」「日本人としての自覚と誇り」「豊かな国際感覚」の 5 つを掲げ、子供たちに身に付けさせていくこととしている。この 5 つの資質を伸ばすため、「東京ユースボランティア」「スマイルプロジェクト」「夢・未来プロジェクト」「世界ともだちプロジェクト」の 4 つのプロジェクトを推進している。

　具体的には、各学校の特色を生かし、教育活動全体を通して年間指導計画を作成し、年間35時間程度を目安に、学校全体で組織的・計画的に展開している。さらに、特定の教科等に偏ることなく全ての教育活動で展開するとともに、学びを深めるため、体験や活動を重視し、発達段階に応じて系統的に実施していくこととしている。

　また、全校展開を進めるため、区市町村や学校を支えるための多様な支援策を講じており、「オリンピック・パラリンピック学習読本」や映像教材を

作成し、全校へ配布し、活用を図っているほか、教員向けの指導書や実践事例集等の作成・配布を進めている。さらに、教員の指導力向上を図るための教員研修の拡充、各学校の取組をサポートするオリンピック・パラリンピック教育専用ウェブサイトの構築やコーディネート事業を実施して、充実させていく予定としている。

■3　東京オリンピック・パラリンピック競技大会組織委員会におけるオリンピック・パラリンピック教育の推進

東京オリンピック・パラリンピック競技大会組織委員会（組織委員会）においては、多くの若者が自らの目標を持って、自らのベストを目指す意欲を持ち、多様性を理解し、豊かな国際感覚を備えるようになることを目標として、政府、東京都、全国の地方公共団体、スポンサー企業、教育機関等と連携し、教育プログラム（愛称「よういドン！」）を展開していくこととしている。

　具体的には、オリンピックの3つの価値、パラリンピックの4つの価値、東京2020大会ビジョン（「全員が自己ベスト」、「多様性と調和」、「未来への継承」）に基づいた各関係者の取組を、組織委員会が審査して認証する制度を構築し、リオデジャネイロ大会（2016年）後から開始された。その教育プログラムの体系は、以下のとおりである。

（1）東京2020オリンピック・パラリンピック教育実施校の認証

オリンピック・パラリンピック教育を体系的に推進する学校を組織委員会が認証する。認証校には、大会エンブレムの入ったマークが付与される。

（2）スポンサー企業による教育プログラム

アクション＆レガシープランの5本の柱に合致し、スポンサー企業の特徴を生かしたプログラムを、教育実施校や地域住民等に提供する。

（3）大学等による教育プログラム

大学等が学生を巻き込んで企画した事業や、各々の専門性を活かした授業・研究を組織委員会が認証する。

（4）地域の非営利団体による教育プログラム

地域の特徴を生かしたプログラムを学校等と連携しながら実施すること

で、世代を超えた交流や地域に根付いた取組を展開する。

　この教育プログラムの実施にあたっては、スポーツ庁や東京都における先行的な取組の成果と課題を検証し、今後の学校認証の展開に活かしていくとともに、スポーツ庁、都道府県教育委員会等と密接に連携しながら、オリンピック・パラリンピック教育の取組を全国に拡大していくこととしている。

五　おわりに――オリンピック教育、今後の展望――

　学習指導要領は、文部科学省が学校教育法に基づき、小学校、中学校、高等学校ごとに、それぞれの教科等の目標や大まかな教育内容を定めたものである。これまでの学習指導要領には保健体育科目の体育領域を中心に「オリンピック」が取り上げられてきた。

　2013年に東京2020開催決定した後のはじめての学習指導要領の改訂である、2018年の改訂において、オリンピックに関しては次のような点が主に加えられた。小学校社会において、「オリンピックの開催などの歴史的事象を取り上げ、これらを具体的に調べること」、中学校保健体育において、「オリンピックや国際的なスポーツ大会などは、国際親善や世界平和に大きな役割を果たしていること」、高等学校保健体育において、「国際親善や世界平和に貢献する運動にオリンピックムーブメントなどがあること」を学習するとされ、オリンピックを学ぶこと、オリンピック通して学ぶことが様々な教科で定められることになった。日本におけるオリンピック・パラリンピック教育の実践は、東京大会（1964年）から長い歴史を有し、数多くの蓄積がある。オリンピック・パラリンピック教育は、体育分野に限定されず、特別活動や課外活動も含む学校教育、あるいはその延線上にある生涯学習という分野にも親和性があると考えられる。諸外国と比較しても、日本にはオリンピズムと同様な理念をもった内容が題材として数多く扱われてきた経緯もある。これら既存の教育内容をオリンピック・パラリンピック教育という観点で見直すことも、今後の展開には必要になってくるであろう。これは、日本における教育の理念や体育の意義、スポーツの価値について再考することにも繋がると思われる。

　オリンピックは、国際平和、男女平等など社会的な大きな課題に取り組んでおり、パラリンピックは、障害を持つ選手が公平に競い合えるための様々な工夫を通して、「インクルーシブな社会を創出する」ことを実現することを目指している。このようなオリンピック、パラリンピックの理念や取り組みは、教育の教材として適しており、今後も様々な教科で用いられることであろう。東京2020以後にも引き続き展開されるオリンピック・パラリンピック教育をさらに発展させることは、わが国の未来にとって有益なことであると考えられる。

　　　　　　　　　　　　　　　　　　　（後藤光将／体育・スポーツ史）

第3章

ドーピングの社会学

一　ドーピングに揺れるオリンピック

　「ドーピングは、スポーツのフェアプレイ精神に反し、競技者の健康を損ね、薬物の習慣性から社会的な害を及ぼすばかりか、人々に夢や感動を与えるスポーツそのものの意義を失わせ、国民の健康的な生活や未来を担う青少年に対して悪影響を及ぼすものです。」(スポーツ庁 HP：「スポーツ界の透明性、公平・公正性の向上 ドーピング防止活動の取組」)[1]

　オリンピックはドーピング問題で揺れつづけてきた。とりわけ2014年のソチオリンピックでのロシアの国ぐるみのドーピング隠蔽、そしてそれが暴露されたことによるリオデジャネイロオリンピックへのロシアの国としての参加禁止は記憶に新しい[2]。このドーピング隠蔽については元選手だけでなく、ロシアアンチドーピング機構 (RUSADA) モスクワ研究所元所長 (ソチオリンピック当時の所長) グレゴリー・ロドチェンコフによる告発があった。

　一方、日本はドーピングに関して非常にクリーンな国として知られている。そのため、冒頭の引用にあるスポーツの「フェアプレイ精神」に則り、「人々に夢や感動を与える」スポーツのよさをオリンピックをつうじてアピールするにふさわしい国かもしれない。実際たとえば、ステロイドをはじめとする薬物を用いて身体増強を行うボディビルダーには、心臓肥大などの理由で早死にする人が多い。また、世界的なドーピング規制のきっかけの一つとなった自転車競技では、1967年にすでに、ツール・ド・フランスの上り坂でトム・シンプソンが興奮剤などの過剰摂取がもとで死亡している。

1　http://www.mext.go.jp/sports/b_menu/sports/mcatetop10/list/1372215.htm
2　後述のとおり2019年には、20年東京大会、22年北京冬季大会への国としての参加を禁止された。

　国家ぐるみのドーピングの負の歴史としていつも引き合いに出されるのが、東ドイツのドーピングである。1990年に国がなくなるまで、陸上、水泳、体操など、同国がメダルを獲った競技選手のほぼ全員が、ジュニア時代から強制的なドーピングをさせられていたことが明るみに出た。これについてはロシア・東欧圏のものだけでなく、たとえば1998年に38歳の若さで急死した、アメリカのフローレンス・ジョイナーによる100メートル10秒49の記録（1988年）は、ドーピングなしには達成不能だとされている。現在までジョイナーの記録に近い選手は一人も出ていない。次に出てきたら、当然ながらその選手には、いまだ検出不能な技術か検査不正によるドーピング疑惑がかけられることになるだろう。

二　ドーピング問題の微妙さ

　ここまでの雑多な例示だけでも、すでにオリンピックの見方が少し変わったのではないだろうか。私は近ごろ、陸上や水泳の大会、スピードスケート、自転車競技、そしてヨーロッパサッカーの試合を見ているといつも、どのくらいの選手がドーピングしているのだろうと考えてしまう。表彰台でメダルを手に微笑む選手の笑顔にも、また長距離種目での後半の加速にも、以前のように「スポーツに秀でた者の卓越した徳」を見出して無邪気に感動することができない。それはたしかに心を打たれるドラマで、だからこそオリンピック放映権があんなにも高く売れるのだ。しかし同時に、ステロイドやEPO（後述）、血液ドーピング、ヒト成長ホルモンの投与、果ては遺伝子ドーピングの可能性すら想像してしまう。

　これはしらけた、あるいは失礼な見方なのだろうか。オリンピックをはじめとするスポーツ界のドーピングについて調べてみると、全くそうではないことが分かる。

　トップアスリートの世界は、観客や視聴者が本気でそのドラマに感動してくれなくては成り立たない。スポーツ界、そして国際競技に関わる運営者とそれに群がるメディア関係者にとっては、顧客をドラマと感動によって引き寄せ、競技という舞台に熱狂させて金を動かすことが仕事なのだ。資本主義

がグローバル化し、きわまって行くところもない現在、結局は金なのかと批判してもはじまらない。選手たちはそうしたゲームの枠の中で、人生をかけて競技している。

　しかしドーピングに関しては、少し違った見方が必要だろう。それは、スポーツの「フェアプレイ精神」に反するからという理由でドーピングを全面的に禁止することが、おそらく物理的に不可能なことに関わる。これは選手たちに対して性悪説を取ることを意味しない。ドーピングにおいては、そもそもなにが違反に当たるのかが明確ではないのだ。また日々発展する医療や生物学的な技術に対して、ドーピングの定義や検査、長くなる一方の「禁止薬物リスト」によって的確な網をかけつづけることは、現実には不可能だ。

　もう少し視点を広げるなら、健康と医療をめぐるライフスタイルはこの50年で急激に変化してきた。とりわけ身体の治療と増強とをめぐる人々の実践や倫理的感度の変化には、目を見はるものがある。道徳規範や行動様式のこうした変化のなかで「ドーピング的ふるまい」を理解しなければならない[3]。つまり、技術の発展の目まぐるしさと、それが利用可能となることで生じる行動様式と規範の変容を同時に視野に入れるとき、なにがドーピングでなぜそれがよくないかがどんどん相対化され、許可と禁止の線引きが不分明になるということだ。つまり「ドーピングは悪だ」という命題のうち、「ドーピング」と「悪」のいずれも、定義や運用が難しくよくわからない概念だということである。

　そうしたなかで、世界アンチドーピング機構（WADA）を筆頭とするドーピング禁止機関のやり方には、どこか既視感がある。ドーピングは認めない。アンチ・ドーピング機関は敢然と悪に立ち向かう。どんな隠蔽工作も政治的圧力も許さずドーピングへの制裁を行う。こう聞くとかっこいい。だが

3　「ドーピング的ふるまい les conduits dopantes/doping behavior」ということばは、1997年にパトリック・ロールが提起し、2000年以降、さまざまな報告書や文書で用いられるようになっているという（Patrick Laure, *Les gélules de la performance*, Ellipses Marketing, 1997, Patrick Laure, 'La prevention deu dopage et des conduites dopantes: Le rocher de Sisyphe,' in *Philosophie du dopage*, Presses Universitaires de France, 2011（「ドーピングおよび諸々のドーピング的振舞いの防止」橋本一径訳『ドーピングの哲学——タブー視からの脱却』）、新曜社、2017、p. 161、訳181-183頁）。

それは、たとえば「ドラッグ戦争」でのアメリカ政府の建前と似ていないだろうか。ドラッグをゼロにすることなど、禁酒法と同じくできるはずはない。だからその建前を掲げることで多くの新たな矛盾が生じ、問題が政治的に隠蔽されることになる。それで人気取りをしたアメリカの政治家と、おかげで国全体をめちゃくちゃにされたボリビアやメキシコのような国を思い出してみるとよい。

　もちろんWADAはレーガンやブッシュと異なり、人気取りのために犯罪の温床を新たに生み出しながら、それに断固として対峙するふりをしたりはしない。スポーツ界をクリーンにするために真摯に取り組んでいる。だがやはり、WADAの建前には偽善のにおいが漂う。少なくとも、「イタチごっこ」と評されるドーピングの巧妙化と取締りの厳格化という善悪二元論とは異なるやり方で、検討すべき事柄がたくさんある。

　だだし私は、WADAを悪者にするつもりもない。WADAは現状のドーピング禁止というスポーツの道徳的枠組みのなかでの「正義の回復」という、ほかのどの組織も果たせなかった役割を果たしている。あとで見る自転車競技のランス・アームストロングの事件では、彼は自身のドーピングを証言した元チームメイトの妻、元チームのマッサージ師、彼に対する報奨金の返還を求めた保険会社、そしてドーピング疑惑を報じた新聞社を名誉毀損で提訴し、和解も含めて全ての裁判で勝利した。一連の裁判の過程で、元チームメイトの妻とマッサージ師の女性を侮蔑的なことばで罵り、自分を疑った記者を孤立させ、新聞社をばかにした。その後も、当時次々にドーピングを摘発していたFDA（アメリカ食品医薬品局）による捜査がなんらかの圧力で終結直前に突然打ち切りになった。アームストロングに不利な証言をした多くの元チームメイトや関係者が戦慄するなか、最後に責任を引き受けたのはWADAの下部組織である合衆国アンチドーピング機構（USADA）であった。USADAはアームストロングのツール7連覇全ての記録を剥奪し、サイクリング競技から永久追放した。対照的なことに、アームストロングとの内通を疑われた国際自転車競技連合（USI）の元会長（ヴェルブリュッヘン）と当時の会長（マクウェイド）は収賄や「忖度」を否定し、個人的にも組織としても現在まで自らの責任を認めていない。

　また、ロドチェンコフや元選手の告発をもとに独立した捜査チームを立ち
上げ、ロシアの圧力に屈せずソチオリンピックで国家ぐるみのドーピングが
あったことを暴いたのも WADA であった。捜査結果をもとに、WADA は
ロシアのリオオリンピック出場禁止を国際オリンピック委員会（IOC）に勧
告したが、競技ごとに国際組織の判断に委ねることで IOC は自らの責任を
回避した。また、クロ認定されていない個人としてのロシア選手の参加は認
めるという中途半端な結論となったため、ロシア選手は出場予定389人中271
人が参加して金メダル19個を獲得した。プーチンは、「スポーツに政治を持
ち込んでいる」として WADA を批判している。WADA は2019年のロシア
による改ざん証拠提出の際にも同じ姿勢を貫き、東京オリンピックを含む主
要大会からの 4 年間の除外を決定した。これらの例を見るだけでも、
WADA は「どの口が言う」と思わされるさまざまな独善的人物や組織を相
手に、敢然と戦い、妥協なき情報公開と処分を行ってきた。

　そこでこの論考では、善悪二元論の図式は脇に置いて、ドーピングをめぐ
るとりわけ微妙なテーマを選んで取り上げる。ドーピングの現在を見ていく
ことで、トップスポーツ界がたどってきた道程を、ある角度から俯瞰的に捉
えられるだけではない。身体とそれをどう用い管理するかの決定のあり方、
つまりは「身体をめぐる政治」の現状について、トップアスリートの世界に
限定されず、より広く社会全般の動向を理解できるようになるはずだ。私た
ちの身体への介入は、一方に営利追求と商業化（資本主義）、他方に個人の身
体の国家管理（ナショナリズムと社会主義）という二方向への展開、そして両者
を支えそれに役立つ不可欠のエンジンとしての、医療技術とバイオテクノロ
ジーの進展によって、この50年の間に来るところまで来てしまっている。

　ここからどのような方向を選ぶのか。地球の気温とともに熱くなり情念に
身を任せることしかできなくなっているこの世界で、人々がまだ冷静さを失
わずに別の方向に舵を切る気になるのかどうか。その選択次第で、人間と身
体との関係は変化し、身体をめぐる政治のあり方は異なった道をたどること
になるだろう。

三　ドーピング基本情報[4]

　ドーピングの歴史は古い。古代エジプトの壁画にレスリングが描かれているように、現在の陸上競技に当たるものは、古代文明時代にはすでに行われていた。そもそも狩猟や採集によって生を営んでいた先史時代には、運動することと生きることは一体であった。一定の社会的ヒエラルヒーが生まれた古代文明において、競技としてのスポーツが分化してくるのは当然のことだろう。

　そして、古代ギリシア・ローマにおいて、すでに興奮剤摂取などある種のドーピングが行われていたようだが、どこまで正確な資料上の裏づけがあるかは定かでない。ここでは一つの論考だけを引用する。

　　「『ドーピング』という語の起源について、いくつかの興味深い指摘がなされている。一説では、18世紀南アフリカの祝祭の踊りにおける刺激剤として用いられたアルコール飲料『dop』から来ている。他には、オランダ語の『doop』（ドロッとしたディップソース）からアメリカのスラングに入った、タバコを datura stramonium（朝鮮朝顔）の種子と混ぜたもので泥棒が犠牲者を昏睡させる方法を示す語から来たともされる。朝鮮朝顔の種子は多種類のトロパンアルカロイドを含み、鎮痛、意識混濁、幻覚などの作用がある。幻視のためにデルフォイの神託で用いられたトランス作用のある煙は、この植物が原料の香であったらしい。1889年までには、『dope』は吸引用アヘンのネバネバした調合剤を指して用いられ、1890年代に、この用例が意識を混濁させる麻薬全般へと広がった。1900年になると、『dope』は「競走馬の走りに影響を与える目的の調合薬」を指すようになった。人間は歴史を通じて運動能力増強物質を用いてきた。力を増し、戦いでのチャンスを増やし、交尾し、狩猟するためである。紀元前800年には、古代ギリシア人がスポーツを生活の中に取り入れたが、これはもとをただせば兵士を戦闘に備えさせるためであった。紀元前400年には、スポーツは巨大な観客を抱えるイベントとなり、著名アスリートという英雄階級を生み出すきわめて重要な事柄となっていた[5]。」

4　ドーピングの歴史についての簡潔な一覧表は、ニュートン別冊 2018『ニュートン別冊　筋肉と技の科学知識－トップアスリートの肉体と技術の秘密にせまる！』ニュートンプレス、2018、94頁にある。

というわけで、人類史と薬物使用は切り離せないものである。引用した論考は競争馬のドーピングを主題としたものだが、この事実は興味深い。というのは、「早くも18世紀には、生き物の「生物学的な物質性」の改変と介入のための技術が、種を改良しようという試みの主な条件やモデルとなってきた」[6]からである。増強＝エンハンスメントは、農業生産性増大や種畜の品質改良の近代史と切り離すことができない。人間の身体改造と増強のテクノロジーは、畜産学において最初に実践された技術の転用である。競走馬を速く走らせ、牛の肉を美味しくし、豚を早く成長させるための技術は、そのまま人間に生かされた。「ある意味で今日そして明日のチャンピオンは、ロバート・ベイクウェルが18世紀末に産み出したディシュレー羊の立派な子孫」[7]なのだ。

そして20世紀以降、興奮剤（覚醒剤）であるアンフェタミンやメタンフェタミン[8]、痛み止めとしてのカフェイン、アルコールなどが用いられた。生化学者のクリス・クーパーは、サッカーチームのアーセナルが1903年の試合で興奮剤を用いていたとする[9]。1930年代には医師たちによって危険が指摘されはじめた。しかし検査技術の開発は遅れており、オリンピックではじめてドーピング検査が行われたのは、1968年のグルノーブルとメキシコ（当時

5　A. J. Higgins, 'From ancient Greece to modern Athens: 3000 years of doping in competition horses,' in *Journal of Veterinary Pharmacology and Therapeutics*, 2006, 29-1（August 2006）, p. 5-6.

6　Doron, Claide Olivier, 'Introduction', in Jean-Noël Missa, Pascal Nouvel, *Philosophie du dopage*.（「序論」橋本訳『ドーピングの哲学』）p.8, 訳14頁。「生物学的な物質性」はミシェル・フーコーの生権力論を連想させることば遣いである。生物学によって発見された遺伝子特性や「かけあわせ」による種の改良条件などを指す。これらは生物学の誕生によってはじめて見出されたもので、それ以前には存在せず、したがってそこに介入することは不可能であった。

7　同上、p.9-10, 訳15頁。Robert Bakewell（1725-1795）はイギリスの農業家で、羊や牛の品種改良で知られる。ベイクウェルの品種改良は優良個体のかけあわせによるが、個体の選別のために統計的手法を用い、当時は珍しかった血統書を整備した。ダーウィン以前の話である。

8　はじめてアンフェタミンの合成に成功したのは、ルーマニアの化学者エデレアーヌで、1887年のことである。
　メタンフェタミンの合成は1888年、日本の薬学者長井長義による。日本では戦中戦後に「ヒロポン」として蔓延し、それが覚醒剤へとつながっている。取締りに至る歴史は、西川伸一『覚せい剤取締法の政治学——覚せい剤が合法的だった時代があった』ロゴス、2018を参照。

9　Chris Cooper, *Run, Swim, Throw, Cheat: The science behind drugs in sport*, Oxford University Press, 2012（西勝英訳『走る、泳ぐ、ダマす——アスリートがハマるドーピングの知られざる科学』金芳堂、2018）訳20頁。

は夏冬同年開催）であった。興奮剤（覚醒剤）の使用に厳しい目が向けられるようになった1970年代以降、アナボリックステロイド（とりわけ男性ホルモンであるテストステロン）がしばしば用いられるようになる[10]。ステロイドは体内の蛋白質を増やす効果があり、これが筋肉増強をもたらすため、重量挙げ、砲丸投げ、円盤投げ、またレスリングなどの格闘技において、パフォーマンスを飛躍的に改善する。もちろん、筋力があらゆるスポーツにとって有用であることは言うまでもない。オリンピックでのステロイド検査は1976年のモントリオール大会が最初である。また、ステロイドはヒト成長ホルモンとともに摂取することで効果を発揮するとされる。

　なお、ステロイドによるパフォーマンス向上効果は、トップアスリートでは男子より女子に顕著に表れる。このことは、旧東欧圏での国家を挙げての組織的ドーピングで、女子選手が出した記録がその後なかなか破られないことによって例証される[11]。また、とりわけ2009年の世界選手権後の陸上選手キャスター・セメンヤに対する性別判定テストや、男性ホルモン値を下げることを条件とする競技復帰の提示などにも、テストステロンの働きが関係している[12]。

　他に代表的なのは、EPO の名で知られるエリスロポエチン[13]で、これは自転車競技のドーピングですっかり有名になった。EPO の効果は、血液中の赤血球の数を増やすことで、最大酸素摂取量を高め筋肉への酸素供給量を増加させることである。これは持久力を必要とする競技できわめて有効だが、瞬発系の選手が手を出す意味はあまりない。そのため自転車競技でもツー

10　20世紀初期には、数十キロの雄牛の精巣や1万数千リットルの男性の尿からステロイド抽出が試みられた。1930年代後半には去勢された犬で精製したテストステロン注射に蛋白同化（アナボリック）作用が認められた（同上、第6章）。

11　同上、序章。

12　セメンヤ選手をめぐる問題を、テストステロン値だけに焦点化するのは誤りだろう。そこには、人種問題、性別に関する無自覚な二分法と差別や偏見、人間の特性（生まれつきの遺伝特性など）をドーピングと同じ技術を用いて改変することの正当性など、多くの問題が関わっている。この点については、本書第12章を参照。

13　EPO の全合成は2012年にようやく可能となったが、人の腎臓から分泌されるペプチドホルモンの一種である。当初は貧血やガン、エイズ患者の治療薬として用いられ、それがドーピングに転用された。はじめは人の死体から、次に遺伝子組み換えによってバクテリアから産生された（同上、第4章）。

ル・ド・フランスのような耐久レース、また長距離走や長距離スケート、スキーのクロスカントリーなどの種目で検出されることが多い。

　EPO と同じ効果を期待して行われるのが「血液ドーピング」である。血液ドーピングは血液型同型のドナーからの場合と、冷凍保存した自己血で行われる場合とがあるが、いずれも大量の輸血を行うことで血液内の赤血球の数を増やす。この方法はなんとも原始的に思われるが、EPO がドーピングで検出されるようになった1990年代末以降[14]、ドーピング認定がグレーゾーンになりやすい（赤血球の数の測定であるため）血液ドーピングの併用にメリットが出てきたとも考えられる。

　1999年には、ドーピングの検出精度を上げるためにアスリートの全遺伝子情報をあらかじめ登録する「生体パスポート」の手法が提唱された。ツール・ド・フランスは2008年、国際陸連は2009年、日本アンチドーピング機構（JADA）は2013年に導入している。これは選手の遺伝情報を保管することで、なんらかの身体増強技術を用いた場合に生じる、生理学的には考えられない体質の変化を把握できるようにするための手法である。したがって、血液検査や尿検査による禁止物質の検出といったこれまでのやり方とは全く異なる経路でのドーピング検査を可能にする。これによって、遺伝子ドーピングと呼ばれる新しいドーピングをも検出できるようになることが望まれている。

　遺伝子ドーピングは、遺伝子解析技術の発展によって出てきた新しいドーピング技術である。遺伝子解析はそれぞれの遺伝子の働きの特定を目指してきた。それと並行して、これまで取り上げてきたような蛋白同化作用や赤血球を増加させる仕組みを、遺伝子改変によって生み出す技術の探求も進められた。ここでもまた、技術の進展を担ったのは治療である。「遺伝子ドーピングは遺伝子治療の私生児であって、その結果が違っているだけである」[15]。遺伝子治療では、導入したい遺伝子の断片をウイルスに組み込み、

14　EPO 検査が初めてオリンピックに導入されたのは、2000年のシドニー大会である。EPO のなかでも、1990年代はじめに開発された遺伝子組み換え EPO は、ドーピング検査での検出が困難であった。これについては、日本の三菱化学メディエンス社が、精度の高い検出法を開発したことを2012年に学会で発表している。（https://www.medience.co.jp/doping/topics/20130415.pdf）
15　同上、訳284頁。

ミオスタシンの遺伝子変異をもつ牛
ベルジャン・ブルー

Photo by FaceMePLS（Flickr cc）

遺伝子操作によって筋肉
を通常の2-3倍に発達
させたマウス

Se-Jin Lee, 'Quadrupling Muscle Mass in Mice by Targeting TGF-ß Signaling Pathways,' in *ProS ONE* 2(8): e789

それを組織に注入してウイルスに運ばせるというやり方をとる。遺伝子ドーピングでも、これと同じ技術が用いられる。たとえば、筋肉増強のために改変した遺伝子断片を組み込んだウイルスを筋に注入した場合、通常の尿検査や血液検査では検出が困難である。かといって、競技中のアスリートの筋組織の採取はパフォーマンスに深刻な影響を与える懸念がある。さらに、運び屋としてウイルスより安全なリポソームを用いる研究が進んでおり、それによって検出のハードルはさらに上がる。

　遺伝子改変による筋肉増強技術の実現は「ベルジャン・ブルー」という牛の研究が大きなきっかけとなった。この牛は写真のとおり、筋肉が発達しつづけるムキムキ牛の品種である。筋肉の成長を止めるミオスタチンという遺伝子の変異によって、発達に歯止めがかからなくなっていることがわかっている。また、アメリカではIGF-1（インシュリン様成長因子1）の遺伝子導入を行ったムキムキマウスの実験がなされた。これらの遺伝子を導入することで、人間にも同じ効果が得られる。もとは医療用途で、筋肉形成不全などの疾患の治療のために開発された技術だが、そのままドーピングにも転用できる。検査技術のない現在では、アスリートの間でどのくらい広まっているかは不明である。

四　ドーピング事件の映画から(1)
──ドーピングとジェンダ──

　このように、ドーピングの歴史と最新技術について見ると、人間がテクノロジーの進展に翻弄される歴史をそのまま見ているようだ。畜産学や競走馬の血統研究という、動物にはじまる生命と遺伝子への介入は、人間と動物との境目を失わせ、また治療と増強の境界も曖昧にしつつある。

　しかし一方で、科学技術と人間の身体改造は、特定の文化的・社会的環境のなかで起こる。そのため、その技術が求められた社会に特有のやり方で問題が生じ、そのなかで人々が苦悩することになる。純粋な新技術なるものがあってそれが社会や人間を振り回すということは決してなく、技術の誕生もそれへの需要も用いられ方も、全体として技術を生む社会に依存している。

　したがって、生命をめぐる科学技術の発展に空恐ろしいものを感じれば感じるほど、それを社会から切り離された科学の発展の問題として捉えるのではなく、社会的政治的文脈に目を向けなければならない。つまり、身体改造と身体増強が置かれる歴史文化的な条件を知る必要があるのだ。ここではそうした観点への取っかかりとして、ドーピングをめぐる三つの事例についての四本の映画を取り上げたい。

　一つ目は、自転車競技のランス・アームストロングのドーピングについての２作品である。アームストロングについてはさまざまな記事や証言や著作が存在するが、2013年のドキュメンタリー「ランス・アームストロング　ツール・ド・フランス７冠の真実 The Armstrong：Lie」と、2015年の「疑惑のチャンピオン The Program」を中心に取り上げる。もう一つは、カナダの女子自転車選手ジュヌヴィエーヴ・ジャンソンの実話に基づく、2014年の「レーサー／光と影 La Petite Reine」である。最後に、ロシアのドーピング疑惑を取り上げた2018年のドキュメンタリー「イカロス Icarus」を取り上げる。

　アームストロングの２本の映画は、１本は俳優が演じ、１本はドキュメンタリーなのだが、いずれも似た印象を受ける。その理由は次のように考えられる。まずアームストロングという人物のキャクターがあまりに力強く、映

像の中で俳優以上に際立った存在感を示す点。もう一つは、フィクションの方の俳優が、主演のベン・フォスターをはじめかなり元の人物と外見からして似ている点。最後に、フィクションの方の映画が、ガン生還後の復活、7連覇のはじまりのアームストロングの走りを見て、すぐにドーピングを疑ったスポーツジャーナリストで、後にアームストロングに名誉毀損で訴えられたデイヴィッド・ウォルシュのノンフィクション原作本に拠っている点。こうしたことからこの2作は相補的作品とも言え、フィクションの方はドキュメンタリーに近く、ドキュメンタリーの方は名優が演じているような迫力を持っている。

　2作品のいずれにおいても、アームストロングは勝利への飽くなき野心を秘め、燃えるような闘志でレースに向かっていく。彼はドーピングに協力してくれそうなベルギーの元選手ヨハン・ブリュイネールをチームコーチに招聘し、また、イタリアでのチームぐるみのドーピング医師としてすでに悪名高かったミケーレ・フェラーリを訪ね、指示を仰ぐ。アームストロングはチームの若い選手たちをドーピングに引き込み、検査逃れ、陽性もみ消しのための圧力や献金、疑いを告発しようとする者への容赦ない攻撃を行った。

　彼のドーピングは、おそらく精巣ガンが脳にまで転移して生死の境をさまよった1996年以前に遡る[16]。そして、7連覇を達成し一度引退した後の復活レースである2009年のツール・ド・フランスでも、血液ドーピングの可能性が濃厚とUSADAの報告書で指摘された。アームストロングは長年にわたってドーピングを否定し、敵の攻撃をつづけていたが、USADAの裁定が下りツール7連覇が全て取り消された後の2013年になって、アメリカのトーク番組「オプラ・ウィンフリー・ショー」で、広範囲にドーピングの事実を認めた[17]。つまり彼は、現役期間のほぼ全ての時期に、さまざまな種類のドーピングに手を染め、チーム全体をそこに巻き込んだ張本人ということになる。

　告白動画の一部はいまもネット上に存在し、また映画の予告編を見るだけでも、アームストロングが周囲を巻き込んで大きなことを実現する力を持っ

16　アームストロング自身はこれを公式には認めていない。
17　このときも1996年以前と2009年については否定している。

た類い稀なキャラクターであることがわかる。彼は良くも悪くも影響力が強く、場を支配し、「なにがなんでも勝ちたい」という思いの実現のためならどんなことでもやってのける人物である。

　このように、映画のなかでも証言でも、アームストロングはいつも話題の中心で、まさに王様である。これに対して、「レーサー」の主人公ジュリーはどうだろう。映画の冒頭、彼女の部屋にドーピング検査官がやってくる。すでにドーピング漬けの設定である。いま注射を打ったばかりのジュリーは怯え、パニックに陥る。一緒にいたコーチが彼女をなだめ、まずは自転車を漕がせる。その間に赤血球濃度を下げるための点滴を冷蔵庫から出し、自分で刺して点滴するように命じるが、焦って血管に針が刺さらない。コーチがかわりに刺してやる。部屋の外からの度重なるノックに、コーチはマンションの下でトレーニング中だと嘘をつき、時間稼ぎをする。次にノックした時にはシャワー中ということにし、シャワー室で点滴を続けるのだが、焦って点滴部分から出血し、血だらけになって泣き崩れてしまう。

　アームストロングの映画でも、チームのバスに抜き打ち検査官が来るシーンがあるが、彼はコーチに時間稼ぎをさせて自分で点滴を取り出してものすごい勢いで中身を体内に取り込む。二人の描かれ方のこの差はなんだろう。「レーサー」の途中で明らかになるのは、ジュリーが既婚者であるコーチと侮辱的な性関係にあり、また暴力を受けていることだ。そのくせドーピングをやめてコーチのもとを去ろうとすると、この男は「そんなことしたら自殺する」と彼女を脅す。

　この典型的な DV コーチの「指導」のもとで、彼女はドーピングをやめられず、チームメイトからも引き離されていつもコーチと行動をともにしている。アームストロングの描かれ方、あるいは彼の生き方の強靭さと、ジュリーのひ弱で男性にコントロールされる、暗い表情ばかりの描写との対称性はなんなのだろうか。

　カナダのテレビでの告白によると、「レーサー」のモデルとなったジュヌヴィエーヴ・ジャンソンは実際にコーチから暴力と性被害を受けていた。16歳で EPO を打ちはじめてからオリンピック出場やワールドカップ優勝に至るまで、彼女は薬を処方してくれる「整形外科医」と関わり、コーチの支配

下でドーピングを続けていたのである[18]。もちろん、自らの意思でドーピングを「プログラム」したアームストロングがいいというわけではない。王様であった彼は周囲の多くのサイクリストを支配下に置き、逆らう者には容赦しなかった。だが、この描かれ方と人物や体験の違いのうちに、スポーツ界のトップに立つ男性と女性が置かれている立場の違いが示されているように見えるのだ。

　このように、ドーピングの実践においても、スポーツ界における権力の関係、支配する者とされる者、強者と弱者、選手の能力を搾取する人たちと苦しむ若い選手たちといった対比が現れる。ドーピングは選手が「自己決定の下に」「自己責任で」ただひとりで行うものではない。そこには必ずドーピングの「プログラム」を手助けし、薬を違法に調達し、検査のすり抜けを手伝い、富や名声を得る人たちがいる。そしてそうした組織ぐるみのドーピング体制に知らずに飛び込んで、悪い習慣に染まって抜け出せなくなる新参者が次々と現れるのである。

　一般的にいって、女子選手と指導者とのあいだにはしばしばハラスメント的な力関係が生じる。そこにはことばや物理的な暴力による支配だけでなく、性暴力が介在するケースが後を絶たない[19]。「レーサー」はドーピングというスポーツ界の闇が、闇であるが故に人格支配を含む深刻な性虐待と結びつきうることを示している。

五　ドーピング事件の映画から(2)
──勝利至上主義と商業主義──

　一方でアームストロングの事件については、どう捉えたらいいのか判断に迷う部分がある。それは、彼のドーピングを善悪二元論で捉えて、極悪人アームストロング対ドーピング取締官や真実を話そうとした人たちという図式で理解することへのためらいといってよい。彼の発言からは、「なにがなんでも勝ちたかった」という勝利至上主義への強い執念がうかがえる。これ

18　https://www.youtube.com/watch?v=gvK 1 HbygLP 8
19　たとえば、高峰修「ハラスメントの受容──なぜスポーツの場でハラスメントが起こるのか」『現代思想』41-15, 2013, p. 157-165を参照。

は全く特異なものではなく、近代スポーツが競技者に対してつねに強いてきた価値観である。アマチュアリズムを掲げたクーベルタンの精神はどこかに吹っ飛んでしまい、スポーツのプロ化と商業化によって、金メダルは高価でどんな犠牲を払っても追求すべきものとなった。

　オリンピックにおいては、この問題はしばしばロサンゼルス大会（1984年）を起点に語られる。そこが自治体主体のアマチュアリズムから企業スポンサーのコマーシャリズムへと資金の担い手が変わる分岐点であったとされる。たしかに、世界の商業主義の源であるアメリカは、それまで誰も気づかなかった「コンテンツ」を金銭的価値に変えてきた。だがここにも複雑な構図があり、一都市や一国の事情だけで商業主義がはじまったわけではない。IOCはオリンピックを巨大産業として作り上げ維持することに大きな関心を払っており、テレビ放映権や商標権から招致をめぐる賄賂に至るさまざまな問題が起こりつづけている。そしてそれは、サッカー、テニス、自転車など、国際的プロスポーツの世界が選手を商品とする巨大市場へと転換していく時代と軌を一にしていた[20]。

　映画のなかでも描かれるとおり、アームストロングの周りには莫大な金が動いていた。レースの賞金だけでなく、優勝による報奨金、スポンサーからの金銭的サポート、CM収入、またレース招聘の出場料など、一部のトップアスリートにだけ集中して金が回ってくるのが、スポーツ界の現状である[21]。とりわけ、サッカーやテニスなどと比べて自転車競技の賞金額は低く、一握りのトップ選手以外は富とは縁遠い生活を送っている。

　つまり現代のスポーツにおいて、勝利至上主義は商業主義と不可分に結び

20　この点については、本書第7章を参照。

21　「疑惑のチャンピオン」でダスティン・ホフマンがエージェントを演じていた保険会社SCAプロモーションズは2014年、アームストロングに報奨金約1000万ドルの返還を求める調停を起こした。2015年に裁判所命令で満額が支払われた（ロイター2015年2月17日。https://jp.reuters.com/article/armstrong-idJPKBN0LL07I20150217）。また、同年にアームストロングのかつての所属チームUSポスタルとドーピングを証言したフロイド・ランディスは共同で、賠償金1億ドルの訴訟を起こした。これについては2018年に和解が成立し、500万ドルの賠償金と165万ドルの訴訟費用負担で決着した（AFP通信2018年4月20日。https://www.afpbb.com/articles/-/3171838）。アームストロングはほかにも、元スポンサー企業からの報奨金返還訴訟、ドーピングを否定したアームストロングによる回顧録の読者からの訴訟を起こされている。

ついている。一人のスターを誕生させることが一般競技者を含めたそのスポーツの息の長い発展より優先される、スポーツビジネスが強い影響力を持つかぎり、どんな手段を使ってでも勝ちたいという選手やチームの欲望は肥大化するばかりだろう。身体の限界に挑むスポーツ界においては、トップ選手であっても稼げる期間は短く、人間の身体能力の限界や老化という生物学的特性が、彼らをドーピングの誘惑へと駆り立てるのである。

　もう一つアームストロングについて言えるのは、彼がガンのサバイバーだということだ。精巣ガンが発見されたときには全身に転移し、脳まで冒されていたため開頭手術をしている。見つかったときのガンは最重度のステージIII で、生存確率50％ と言われて化学療法を受けた[22]。彼は治療のなかで手術や内服薬、点滴、注射など、多種の医療的介入を受けたはずである。こうした介入は生命を守る治療として正当化されているのに、なぜドーピングによる身体増強は否定されるのだろう。

　映画には、ドーピングの指南をしたとされるフェラーリ医師の印象深いコメントが出てくる。彼はガンになる前のアームストロングに一度会っているが、そのときは筋肉のつき方が悪い（上半身につきすぎている）ので、そこそこ優れた選手にはなれても、トップアスリートは無理だと突き放している。ガンになって体重が落ちたアームストロングは、再びフェラーリ医師に連絡をとる。そのときには、軽量化した体を生かしてドーピングの効果を得られるかもしれないというのが医師の見立てであった。軽いものを運ぶなら、赤血球増加の効果は高まるというわけだ。ガンによって変わってしまった身体的特徴を活かせるやり方で医療の介入を行う。これがなぜいけないのかという疑問が、アームストロングの道徳的閾を下げた可能性はあるだろう。

　また、テストステロンの使用についても、精巣ガンで男性ホルモンが減少してしまったから、それを補充することは治療のようなものだという主張もしている。こうした状況から、がんサバイバーであるアームストロングは、ドーピングによる身体増強を命の危険に対する医療的介入と地続きに捉えていたのかもしれない[23]。

22　一般的には精巣ガンの生存率は高いが（予後の区別なしのステージ III で75％）、彼の場合は転移が進んでおり（IIIC の最重度）、化学療法に加えて脳の腫瘍切除手術を要した。

　アームストロングは1997年に、ガン患者の支援団体「LIVESTRONG」を立ち上げた。2004年にはナイキとタイアップして黄色のリストバンドをチャリティで売り、この団体の資金とした。リストバンドによるチャリティという手法自体、世界初の試みだった。一つ1ドルのリストバンド売り上げは2012年までに財団に1億ドルをもたらした[24]。アームストロングはドーピングへの非難が高まった同年、財団の理事を辞任し、ナイキも2013年に提携を解消した。財団はアームストロングを前面に出すのをやめたが、現在も運営をつづけている。

　ガン患者支援におけるアームストロングの活動そのものを否定する人はいない。スポンサーを集め支援金を取ってくるだけでなく、小児ガン患者を訪問し、闘病者やサバイバーの支援を行う彼の姿勢は、人々の心を動かした。だからこそ、クリーンな善意を信じて裏切られたと憤る人も多いのだが。

　では、アームストロングのドーピングは「ずる」なのだろうか。「疑惑のチャンピオン」に出てくる、ツール・ド・フランスのレース中にチームバスのなかで選手たちが横たわって一斉に血液ドーピングしている映像にはかなり衝撃を受ける。彼は多くの人を巻き込み、敵対者をどん底に落として他者の人生を振り回した。アームストロングのチームでドーピングを覚えたために資格を剥奪され、その後自転車競技に復帰できなかった選手もいる。スポーツ選手の短い活躍期間を考えると、巻き込まれた人は気の毒というほかない。

　他方で勝利至上主義と商業主義は、アームストロングがそのなかに生きざるをえなかった社会的条件でもあった。とりわけツール・ド・フランスのような過酷なレースをショーにすることのリスクについて、競技関係者や責任者たちは考えたことがあるのだろうか。行程3300キロ、2000メートルの高低差があるコースを21のステージに分けて競い合うというのは人間のやることだろうか。そこにはタイムトライアルと山登りという異なる資質を要する

23　ただし繰り返しになるが、証言によるならアームストロングはガンになる前から、ステロイド、ヒト成長ホルモン、EPOなど多種の薬剤を用いていた。

24　Darren Rovell, 'In numbers: Lance Armstrong Foundation,' 2012年8月24日 ESPN記事。https://www.espn.com/blog/playbook/dollars/post/_/id/1206/in-numbers-lance-armstrong-foundation

レースが含まれる。自転車耐久レースにここまでドーピングが多いのは、人間の能力を超えたことをさせられているからではないか。ドーピングが起こるたびに選手やチームのモラルが問われ断罪されるが、自転車耐久レースという競技そのものにドーピングが頻発する以上、競技のあり方が選手たちにドーピングを強いている可能性を考えるべきだろう。

アームストロングが優勝しはじめる前年の1998年、ツール・ド・フランスはそれまで明るみに出たなかで最大規模の組織的ドーピング「フェスティナ事件」に揺れた。これはレース期間中の第7ステージで、元スペインの時計メーカーがスポンサーのチーム「フェスティナ」の「ソワニョール」（選手のケアをする人）の車から大量のドーピング薬物が発見された事件である。これによりチームはツアーから途中撤退し、エースのリーシャル・ヴィランクはのちの裁判でドーピングを認めた。アームストロングは翌年からツールを7連覇しており、それははじめからドーピングによるものだった。フェスティナ事件の1998年に総合優勝したマルコ・パンターニは、ドーピング疑惑に巻き込まれて2004年に自殺した（コカイン過剰摂取とされる）。2006年には血液ドーピングを指南していたエウファミアノ・フエンテス医師ら数人が摘発され（捜査名は「オペラシオン・プエルト」）、優勝候補だったドイツのヤン・ウルリッヒやイタリアのイヴァン・バッソが疑惑によりツール欠場に追い込まれた。この年優勝した「アスタナ」のフロイド・ランディスは、のちに元チームメイトであるアームストロングのドーピングを証言し、転落の最後の引き金を引いたとされる人物である。彼はこの年のツール優勝をドーピングで取り消され、のちにアームストロングの新チームへの合流を希望したが、「ドーピング陽性」の前歴を理由に断られた。アームストロング復帰の2009年に同じアスタナチームで優勝したアルベルト・コンタドールは、生死をさまよう疾患から蘇った選手としてとりわけ祖国スペインで人気を誇るが、のちにドーピング違反で2010年のツール優勝が取り消された（2009年は認められている）。

第一級の競技者たちは進んでドーピングに手を染めたのだろうか。USIはアームストロング事件では自らの責任を認めていないばかりか、オペラシオン・プエルトでは中途半端な捜査当局からの情報で選手の出場を慌てて取り

消した。問題を先送りしてばかりの国際組織もまた、大きな責任を負っているのではないか。これと同じ無責任さは、WADA による勧告をかわしてイメージだけ「クリーン」を売り込もうとする IOC にも見出せる。

六　ドーピング事件の映画から⑶
──「国家ぐるみのドーピング」という描き方──

　WADA との関係ということでは、映画「イカロス」も考えさせられる。この映画は2014年のソチオリンピックでのロシアの国ぐるみのドーピング隠蔽工作が暴かれる過程を、偶然記録することになった不思議な作りになっている。監督のブライアン・フォーゲルはアマチュアの自転車レースに出場するレーサーで、ロードレースでドーピングをしたらどの程度順位が上がるか試そうとする。彼ははじめ、UCLA オリンピック研究所の創始者、ドン・カトリンに協力を仰ぐ。

　後で問題になることを恐れて関わりを避けたカトリンに紹介されたのが、RUSADA モスクワ研究所の所長、ロドチェンコフであった。フォーゲルとロドチェンコフはスカイプ通話で連絡を取り合い、やがて友人関係となった。協力してドーピングプログラムに取り組む過程で、ロドチェンコフがドーピングに相当詳しいことが分かってくる。だが、フォーゲルのレース結果はクリーンの前年より落ちてしまい、実験は失敗に終わる。

　ところが、ここから話が急展開する。2014年12月にドイツのテレビ局 ARD がロシアの陸上選手ユリア・ステパノワと RUSADA 元職員ビタリー・ステパノフの夫婦による告発を受け、国ぐるみのドーピング疑惑を報道する。国際的な捜査が入り、モスクワに調査団がやってくるころに、重要人物が謎の死を遂げる。2015年2月、RUSADA の最高責任者ニキータ・カマエフが心臓発作で死去した（52歳）。彼は暴露本執筆を周囲に語り、アームストロングの映画原作となったノンフィクションを書いたウォルシュに、2014年11月にメールを送っていた（ウォルシュはロシアのドーピング疑惑を長年追及していた）。同じ2月には、RUSADA 元会長のビャチェスラフ・シニョフが死去した。当局の監視下に置かれ命の危険を察したロドチェンコフは、フォーゲルに依頼してロス行きの航空券を手に入れ、単身アメリカに脱出する。

　その際ロドチェンコフは自身のパソコン内の資料すべてを持ち出し、それをもとに WADA の捜査に全面協力する。彼の証言によるなら、ロシアのドーピング隠蔽工作は非常にアナログで、70年代の国家陰謀映画のようだ。それは、ソチの選手たちの検体が集められた RUSADA モスクワ研究所に、WADA や他国からの派遣スタッフがいなくなった真夜中に、別に保管してあった検体を運び入れ、競技前後にロシア選手から採ったものと入れ替えるというやり方だ。小学生でも思いつきそうな方法だが、のちに入れ替えを示す証拠も発見された。

　「イカロス」は衝撃的でドラマティックな展開によって、アカデミー賞長編ドキュメンタリー賞を受賞した。この映画には、アメリカをはじめ日本でも典型的なロシアの国家像が嫌というほど出てくる。最高指導者ウラジミール・プーチンと、腹心のスポーツ大臣ヴィタリー・ムトコ（2017年、ソチでのドーピング関与で IOC から永久追放）による命令、KGB の後継組織である FSC がモスクワ研究所の向かいの建物に入っており、そこから検体の搬入が行われたこと。国家機密を知った責任者の相次ぐ変死。ロシアに残されたロドチェンコフの家族への迫害。そしてロドチェンコフの過去へのロシアによる非難と、アメリカの証人プログラムによる保護下で身を隠さざるをえない脅威などである。

　これらは実際に起きたことなのだが、1980年代の東ドイツも顔負けの国家ぐるみのドーピングを、21世紀の今どきまだやっていることに驚きと戸惑いを覚える。しかしその反面、この映画には「自由な国家」アメリカに広がるドーピング、商業主義と個人の自由の価値を信じて疑わないアメリカが、世界に広がるドーピング問題に対して持つ重い責任を一時忘れさせる効果がある。ドーピングは恐ろしいというメッセージを、社会主義国家は恐ろしい、とりわけロシアは恐ろしいというメッセージに直結させてしまうからだ。だが、国の威信を賭けたロシアの汚いやり口が、商業主義やプロスポーツのショー化、そのなかでの不審な金の動き、スポーツをめぐる権力と既得権の独占、勝利至上主義の強まりなど、新自由主義的といえる世界的動向の一部であるということを忘れてはならない。

　遺伝子ドーピングのような最先端のドーピングは、おそらく明るみに出て

いる以上にすでに研究が進み実践されているだろう。かつての秘密警察がワゴンに載せた血液のボトルをガラガラ運んできて、ラボの壁に開けた秘密の穴を通して一つ一つ入れ替えるなどという方法で、危険を冒してアナログなドーピングをする時代は過去のものとなりつつある。だが、ドーピングは不可視になってもなくなってはいない。「科学」の管理の下、選手を身体の極限へと追い込むトップスポーツ界のあり方が、それを必要としているからだ。

七　ボディビルと「健康な身体」

　以上で最近の映画をめぐる考察はおわりにする。これらを念頭に置きながら視野を少し広げて、私たちにとって「健康な身体」とドーピングとの関係はどのようなものかを考えたい。そのために、ボディビルの世界について簡単に見ていくことにする。

　隆々たる筋肉に力や美を見出すのは今にはじまったことではない。筋肉を鍛えることは戦闘にとって重要で、戦士たちは有史以来これを行ってきた。近代ボディビルの誕生は、19世紀末のドイツであると言われる。ボディビルの父ユーゲン・サンドウ Eugen Sandow（1867-1925）は、スプリングを備えたダンベルやプーリー（チェストウェイトマシーン）などを用いた筋力トレーニングを提唱した。彼はトレーニング器具を発明・販売し、またスポーツジムの原型に当たるヘルスクラブを創設した。古代ギリシアの肉体美に憧れたサンドウの美学には、ロマン主義からナチスに至るドイツ文化の薫りがするが、彼のボディビルを積極的に受け入れコンテストを開いたのはイギリスだった。コナン・ドイルはサンドウと親しく、ロンドンでのボディビルコンテストで審査員を務めた。

　ボディビルの歴史において最も有名なのは、アーノルド・シュワルツェネッガーだろう。シュワルツェネッガー自身、「ヘラクレス」や「闘将スパルタカス」で古代のムキムキ男を演じたスティーヴ・リーヴスの影響でボディビルを志したという。シュワルツェネッガーがボディビル界を超えて有名になることで、世界中で筋肉美に関心を持つ人が増えた。ボディビルのド

キュメンタリー「鋼鉄の男 Pumping Iron」(1977) のなかでステロイド使用を明言しているように、シュワルツェネッガーが活躍した1970年代には、ボディビル界でステロイド使用は当然と見なされていた。プロスポーツ界全体にステロイドが広まったのと同じころである。

　シュワルツェネッガーは、ボディビルの最高峰とされる「ミスターオリンピア」で連続6回の優勝を飾り、本格的に俳優業に進出した。「コナン・ザ・グレート」「ターミネーター」「トータル・リコール」などの作品で世界中にファンを獲得したことはよく知られている。

　その後のボディビル界は、プロスポーツとしての認知とステロイド使用の間で揺れつづけ、現在に至っている。ドーピングがスポーツ界で問題になると、ボディビルからもドーピングを排除してスポーツの大会としての認知度を高めようという主張と、筋肉美を競うボディビルにステロイドは不可避という主張とが対立した。国際ボディビルダーズ連盟 (IFBB) はドーピング問題への対応から、2005年にアマチュアとプロの二つの組織に分かれた。そして、IFBB アマチュアは、ボディビルからのドーピング排除とスポーツとしての認知のために積極的に活動してきた。これに対して、ボディビル界の最高峰とされる「ミスターオリンピア」は IFBB プロリーグが運営している。この大会にはドーピング検査がなく、事実上ステロイドを容認している。

　こうした分裂や二つの組織の存在は、ボディビルにおいてなにが重要かについての二つの価値観を表している。一つは、サンドウが憧れた古代の戦士たちの「自然の偉大さ」で、健康と鍛錬と美を、無駄のない鍛え上げられた肉体が表現するという価値観である。日本のボディビル界では主流の考えで、スポーツ界全体でドーピング文化を忌避する日本のあり方にも適っている。

　これに対して、ボディビルは肉体改造と切り離せないという考えが、ミスターオリンピアを頂点とするプロリーグには存在する。ボディビルには観客に「見せる」ためのショー要素が不可欠で、それこそがプロフェッショナルなのである。もちろん両者は明確に区別できるものではなく、ドーピングだけであの体を維持できるなどというのは全くの誤解である。また、ステロイドに頼らない選手たち（「ナチュラル」と呼ばれる）もプロテインやサプリメン

トをさまざまな形で取り入れており、ドーピングとナチュラルという分け方も曖昧だ。食事、サプリメント、治療薬とドーピングの境界線は実ははっきりしない。これは、風邪や持病の薬、あるいは食べ物由来の意図せざるドーピング物質検出の事例からわかることである。

　それでもなお、次の事実を見逃すことはできない。オーストリアのボディビルダー、アンドレアス・ムンツァーは、ミスターオリンピアなどの国際大会に出場したが、31歳の若さで多臓器不全で死去した。死亡時の心臓は636グラムとされ、通常の成人男性の2倍に当たる。ミスターオリンピアで8連覇したロニー・コールマンは、引退後に歩行困難となり、複数回の手術を受けている。女性ビルダーのテリー・ハリスは、心臓発作で49歳で死去した。1997年のオリンピアで2位に入り、プロ競技歴の長かったネッサー・ソンバティは、47歳で心不全で死去した。

　ボディビルの世界に近づいたことがない人には、一度でいいからネッサー・ソンバティや、46歳で死去しインスリンその他の薬物の過剰摂取が死因とされるリッチ・ピアーナの動画を見てほしい。彼らの肉体は普通ではない。ピアーナは「シントール」という筋肉に注射して外科的に膨らませるオイルも用いていたとされる。心臓肥大や腹部の突出、肝臓や腎臓をはじめとする内臓疾患、動脈硬化と高血圧と白血病。それにくわえて、女性の場合なら体毛の増加、クリトリス肥大、月経消失。男性の場合なら精巣萎縮と乳房の女性化。これらのリスクを抱えながら、黒光りした身体をコンテストで誇るボディビルダーたちは、とても健康的とは言えない。トレーニングのしすぎによる慢性的な怪我や故障も含めて、彼らの身体は病んでいるように見える。

八　ドーピング的ふるまいと現代

　ではボディビルダーのような生き方は、肉体改造に魅せられた特異な人間だけに見られるのだろうか。ボディビルにおける肉体美の追求は、実は美容整形に似ている。いずれも最新テクノロジーと医療を用いた身体増強である。

　美容整形の事例は身近にいくらでもある。芸能人の整形疑惑はつねにネットをにぎわし、最近ではカミングアウトする人たちも多い。二重手術や脱毛、シミ取りやシワ取りなどの小さな身体改造も含めるなら、関わったことがある人は多いはずだ。こうした身体改造が、なにかのスイッチが入って行きすぎると、求めていたはずの美とは真逆のところに行き着く場合がある。

　ボディビルダーの一部の人たちは、これに似た状況に陥っているのではないか。筋肉美がある限度を超えるとき、普通の人にはないたくましさと力強さと健康を示すはずだった身体は、もはや病気にしか見えなくなる。また、ドーピングがアディクションとなることの怖さは、薬物で自殺した元サイクリストや、アームストロングが引退後に興奮剤の使用を疑われる自動車事故を起こしたことなどから想像される。

　オリンピックの金メダル、ツール・ド・フランス総合優勝者だけが着ることができる黄色いジャージ「マイヨ・ジョーヌ」、そしてミスターオリンピアの称号。これらは本来、強靭な身体と精神力が兼ね備わった、健康のなかの健康が持つ徳と美に対して、つまりプラトンがいうある種の「イデア」に対して贈られるものだったはずだ。

　アームストロングの元チームメイトのタイラー・ハミルトンの告白本[25]によると、当時の自転車業界ではドーピングはどこにでも見られた。高い技術を持った医師や質のいいドーピング薬によって守られていない駆け出しの選手たちのなかには、出所のわからない危険な薬に手を出す者もいた。アームストロングは、自分にとって脅威となったライバルたちをUSIに密告して検査させたようだ。しかし、別チームに移ってアームストロングの影響から離れた後も、新しいチームとコーチの下でハミルトンがドーピングをつづける様子は、業界全体がアディクション化していたことを示している。

　こうしたドーピング文化の浸食は、自転車業界やボディビルに限られた話なのだろうか。医療や薬物を通じた身体改造は現代社会にあふれている。覚醒剤の密輸および使用で2019年に逮捕された経済産業省のキャリア職員は、

25　Taylor Hamilton, Daniel Coyle, *The Secret Race, Inside the Hidden World of the Tour de France: Doping, Cover-ups, and Winning at All Costs*, Bantam, 2012（児島修訳『シークレット・レース——ツール・ド・フランスの知られざる内幕』小学館文庫、2013）

公判で「覚醒剤を使用したのは残業するため」と主張した。彼は月によっては300時間を超える残業で体調を崩しうつ病で休職した後、抗うつ剤「ベタナミン」より効力がある薬として「リタリン」を用いたという。しかしハードな残業に耐えきれず長期休暇を計三度取り、意欲を取り戻すために覚醒剤に行き着いたらしい[26]。

　美容整形、ダイエット、筋トレやジム通い、アンチエイジング、ED治療、脱毛と育毛、そして疲労回復。そのためのサプリメント、外科手術、レーザー照射、薬剤注入、注射、服薬、塗布薬。これらは人間たちが「欠けているもの」を補うためのものなのか、それともより優れた、より美しく力強い身体や外見を求めた、ある種の「優生」的指向なのか。その区別は容易ではない。

　健康と力に溢れる優れた生を求める欲求は、求めていたはずの健康や丈夫さや美しさからどこで遠ざかってしまうのだろう。そもそも健康とはなんだろう。その原イメージとなる若さや自然性は、人工的な身体増強技術の発達によって、輪郭がぼやけてしまっている。ジョルジュ・カンギレムは『正常と病理』で、健康をある種の回復力として捉えようとした。これは、傷や病気に対する治癒力をイメージするとよくわかる。

　ドーピングの身体は、こうした意味での健康をわざわざ傷つけているように見える。だが、アディクションが常態化した現代において、スポーツ界を揺るがすドーピングは、そうした現代文化の一部であるにすぎないともいえる。どんな手段を使ってでも勝ちたいと願うアスリートを病的といえるだろうか。頂点に立つことでしか手に入らない富と権力が度を越した現状で、彼らを非難できるだろうか。そして、「死ぬまでセックス」するためにED薬に頼る高齢者は容認されるのに、なぜアスリートのドーピングには厳しい制裁が課されるのだろう。そこにスポーツ精神が欠けているからだろうか。

　WADAをはじめとするドーピング検査と摘発には、あまりにも人権侵害

26　BLOGOS 阿蘇山大噴火「経産省キャリア官僚が麻薬を密輸　月300時間の残業が壊したエリートの理性」（2019年7月29日）https://blogos.com/article/394297/
　「「覚せい剤を使ってでも仕事に行かなければ」麻薬で逮捕された経産省キャリア官僚の悲壮な叫び」（2019年9月3日）https://blogos.com/outline/401703/

的な要素がある。抜き打ち検査のために、選手たちは居場所情報を四半期ごとに事前に知らせなければならない。12ヶ月の間に 3 回検査官訪問時に不在だと制裁の対象になる[27]。また、生体パスポートは個人の遺伝情報全てを握るという意味で、これ以上ないプライバシーの侵害である。検体は保管され、何年も経ってから後出しジャンケンのようにメダルや資格が剥奪される。WADA の禁止薬物リストは毎年変わり、とりわけそれが検出量によって区切られるため基準の恣意性を免れない。

　私たちは一方で、薬づけの自転車競技やオリンピックを見たいとは思わない。そしてドーピングを容認するボディビルの大会には、これはもはや人間の肉体なのかと疑問を持つ。ではどこまで規制すべきなのか。規制や処罰の根拠はなんで、規制を実効的にするための手続きや体制はどう作られるべきなのか。それらに明確な答えはない。この問いを突きつめていくと、「人間の自己鍛錬はどうあるべきか」に行き着く。そしてこれは、きわめて社会文化的な問いなのである。

（重田園江／現代思想）

第2部

オリンピックと政治

第4章

1936年、ナチス期のオリンピック

一　はじめに

ベルリンのオリンピア・ス
タジアムまで中央駅から市営
鉄道・地下鉄で約25分。1936
年に建てられたこの広大な施
設は、改修工事を重ね、これ
まで1974年・2006年のサッ
カー・ワールドカップ、2009
年の世界陸上などで利用され
てきた。「ナチスの宣伝舞台
がなぜ今も残っているのだろ

新設された地下鉄駅「オリンピア・スタジアム」

（2019年8月筆者撮影、以下同様）

う？」と疑問に思う人もいれば、ナチズムの記憶を呼び起こす場、ナチズム
が二度と繰り返されないよう過去と向き合う場、と考える人もいるのではな
いだろうか。

オリンピックベルリン大会（1936年）をめぐっては、これまでドイツに限
らず世界中で多くの研究が発表されてきた。しかし、なぜ国際オリンピック
委員会（以下、IOC）は開催場所を変更しなかったのか、また、なぜ参加した
52カ国のIOC委員会と政府はボイコットしなかったのか、についてはいま
だ謎に包まれている。ナチズム体制とIOCおよび各国政府との関係は錯綜
しており、そこにはナチスへの協力といった重大な責任問題が絡むがゆえに
実証するのは難しい。

こうした研究状況のなか、本章では先行研究をもとに、近代オリンピック

史上もっとも問題視されてきたベルリン大会の全体像を明らかにする。その際、現代のオリンピックとの連続性と断絶性に目を配りながら、オリンピックと政治の相互関係について、すなわちオリンピックが政治を生み出し、政治がオリンピックを創り出すプロセスについて考察する。さらに、今私たちがベルリン大会を振り返ることの意義についても考えたい。

　以下では、①ベルリン大会開催までのナチスの取り組み、②ナチスの宣伝の場と化したベルリン大会開会式の模様、③ベルリン大会中の「反社会的分子」と「非アーリア人」へのナチスの対応について述べていく。

二　ベルリン大会開催までのプロセス

■　1　ベルリン大会開催の決定

　1916年のオリンピック開催地に決定していたベルリンでは、ドイツ・スポーツ界の名士テオドール・レヴァルト[1]を会長に、ベルリン大会でも組織委員会事務総長を務めるカール・ディームを事務総長に、開催準備が進められた。1913年には競技場が完成したが、1914年の第一次世界大戦開戦によりベルリン大会は中止となり、敗戦国ドイツは戦争責任を問われて1920年、1924年のオリンピック大会参加を禁じられた。しかし1927年にレヴァルトがIOCモナコ総会でベルリン大会開催を申請して以降、1936年のベルリン大会に向けた第一歩が踏み出される。

　ドイツ・ヴァイマル期（1918〜1933年）は、他国と比較しても際立って政治的・経済的に不安定な時代であった。政治面では、1919年からナチスが政権を掌握する1933年1月までの間に内閣が20回も代わり、経済面では、ヴェルサイユ条約[2]の調印後にハイパー・インフレを経験したドイツは、アメリカへの経済依存から1929年の世界大恐慌の影響をもっとも受けることになっ

　1　ナチス期になると、祖母の一人がユダヤ人であることを理由に会長から顧問へと降格されたが、IOCがボイコットを恐れて激しく反発したため復職した。レヴァルトは1924〜1937年、IOCの主力メンバーであった。Robert. G. Weisbord, *Racism and the Olympics*, New Brunswick/ London: Transaction Publishers, 2015, pp. 30, 35.

　2　ドイツは戦前の領土の13%と人口の9％を失ったほか、空軍の保有禁止、陸軍・海軍の大幅縮小、徴兵制廃止、参謀本部解体、賠償金1320億マルクなどを命じられた。

た。開催地に立候補した1927年は比較的安定期であったとはいえ、ベルリン市は財政難に陥っていたため、行政当局から積極的な支持を得られなかった。外務大臣グスタフ・シュトレーゼマンと大統領パウル・フォン・ヒンデンブルクの後押しがあり、立候補へと至ったのである[3]。

その後、ドイツのオリンピック参加がようやく認められた1928年のアムステルダム大会で、ドイツ選手団が31のメダルを獲得し、アメリカに次いで2位という成績を収めたことが開催地立候補の支持層を広げた。そして1931年にIOCは、バルセロナ16票、ベルリン43票により、1936年の夏季オリンピックの開催地をベルリンに決定する。その際、近代オリンピック草創期には稀であった裏の駆け引きが、レヴァルトを中心になされたという。例えば日独間で、日本のIOCメンバー2人がベルリンに投票する代わりに、1940年に日本が開催地に立候補した際にはドイツが東京を支持するといった内容である[4]。もっとも第二次世界大戦開戦により東京大会は実現せず、敗戦国日本は1964年まで自国開催を待たなければならなかった。

1932年のロサンゼルス大会開催は、世界大恐慌の影響により、アメリカをはじめ大会参加国にとって財政的に大変厳しいものとなった。それゆえロサンゼルス大会組織委員会は、オリンピック参加者と役員に船賃2割引き、国内の汽車賃4割引きで対応し、さらに宿泊費を節約するため、男子選手を対象に、多国籍料理を提供する食堂つき「オリンピック村」を建設した。今につながる「オリンピック村」の誕生である。こうした努力の結果、34カ国が参加し、約15万ドルという、唯一収益をあげた最初の近代オリンピックとなった[5]。このときドイツは、翌年に失業者数が約600万人に膨らむほど経済状況が疲弊していたが、国際的な信頼喪失により4年後のベルリン大会が危機にさらされることを懸念して、82人の選手団をロサンゼルス大会に送っている。

3　デイヴィッド・クレイ・ラージ（高儀進訳）『ベルリン・オリンピック1936：ナチの競技』（白水社、2008年）9、77〜78頁。原書：David Clay Large, *Nazi Games: The Olympics of 1936*, New York/ London: W. W. Norton & Company, 2007.
4　ラージ、前掲書、79〜80頁。
5　ラージ、前掲書、83〜85頁。

■ 2　ナチス政権下での大会準備

　ロサンゼルス大会が開幕した翌日の7月31日、ドイツではナチス党（国民社会主義ドイツ労働者党）が608議席のうち過去最高の230議席を獲得し、第一党に躍り出た。1933年1月30日にヒトラー内閣が合法的に成立すると、ナチス政権は出版や集会の制限、政府に立法権を委ねる全権委任法・各種団体や組織をナチス的に再編する強制的同質化法・新党設立禁止法の制定、強制収容所の設立などを通じて一党独裁体制を築いていった。また経済的には、公共や民間の建設および土木や改築工事への大幅な財政支出、企業への租税優遇措置、結婚貸付金制度、自動車税の廃止、アウトバーン（高速道路）公社の設立、鉄道や郵便など公営事業による雇用創出政策が行なわれた。その結果、1936年には失業者数は100万人以下へと急減したが（1937年に完全雇用を実現）、さらにナチスは自給自足を可能とするために生存圏（レーベンスラウム）思想を展開して東欧征服を正当化した[6]。このような特徴をもつナチス政権下で、ベルリン大会の準備が進められていく。

　当初、ヒトラーおよびナチス上層部は、オリンピックはおろかスポーツそのものにほとんど関心を示さなかった。またナチス党員や民族主義に傾倒したドイツ人体操選手は、国力の強化につながる国民の体力向上には熱心であったが、国際的なスポーツ競技を強く批判していた[7]。その主な理由の一つは、ドイツに対しヴェルサイユ条約を強制的に締結させた連合国の選手やスラヴ人・黒人[8]・ユダヤ人のようないわゆる「人種的劣等者」とドイツ人が競うこと、ましてや黒人に競技で負けることが耐え難かった点にある[9]。ヒトラーは、ナチスを批判する多くの外国人がベルリンにやってきて、アメリカ人、しかも黒人が勝利する姿を目にしたくないと述べていた[10]。

6　井上茂子「ナチズム体制」若尾祐司・井上茂子編『近代ドイツの歴史』（ミネルヴァ書房、2005年）229頁。

7　Volker Boch, *Berlin 1936: Die Olympischen Spiele unter Berücksichtigung des jüdischen Sports*, Konstanz: Hartung-Gorre Verlag, 2002, S. 23.

8　現在は多くの場合、アフリカ系アメリカ人と表記されるが、本稿では当時使われていた表記「黒人」で統一する。

9　ラージ、前掲書、88、90〜91頁。

10　Jeremy Schaap, *Triumph. The Untold Story of Jesse Owens and Hitler's Olympics*, Boston/New York: Houghton Mifflin Company, 2007, p. 140.

　他方で、アムステルダム大会でのドイツ人の活躍がナチス党員に感銘を与えたのは確かで、ロサンゼルス大会以降、彼らはベルリン大会開催に徐々に関心を示しはじめた。そして政権掌握後は、宣伝省・帝国内務省・国防軍・親衛隊が総出で積極的にオリンピック運営に携わるようになる。例えば1933年に元突撃隊員で帝国スポーツ指導者（Reichssportführer）を任命され、1934年にレヴァルトの後任としてドイツオリンピック委員会会長に就任したハンス・フォン・チャンマー・ウント・オステンは、①ドイツ人へのスポーツの推奨により国家の威信が高まる、②ナチスのイデオロギーに従い、将来的にユダヤ人と「非アーリア人」はドイツのスポーツ界から強制排除されなければならない、③ベルリン大会を通じて「新たな」ドイツがはっきり示されると述べており、いまやベルリン大会は、選手やスポーツ官僚に委ねておけないほど重要な国事となった[11]。

　宣伝相ヨーゼフ・ゲッベルスは、近代オリンピック史上最大の成功を収めるために政府の準備資金の投入に糸目をつけず、結局ヒトラーは、当初150万マルクと見積もったオリンピック予算を2800万マルクにまで増額することを認めた[12]。ただし、オリンピア・スタジアムそのものは、ロサンゼルス大会のメイン会場と同じ規模にとどまり、隣接する閲兵場「五月広場」の収容人数は25万人と、ヒトラーが望んだ50万人とは程遠かった[13]。

　大会準備には、国家だけでなくドイツの巨大企業が積極的に関わった。スタジアム建設の際に最初に資金援助（55万マルク）を申し出たのは大砲や兵器製造で世界的に有名なクルップ社で、さらに同社は聖火のための

ベルリンのオリンピックスタジアム正門

11　Boch, a. a. O., S. 17, 25-26; ラージ、前掲書、102頁。
12　Schaap, op. cit., p. 78; ラージ、前掲書、341頁。
13　ラージ、前掲書、237頁；ダフ・ハート・デイヴィス（岸本完司訳）『ヒトラーへの聖火：ベルリン・オリンピック』（東京書籍、1988年）82頁。原書：Duff Hart-Davis, *Hitler's Games: The 1936 Olympics*, New York: Harper & Row, 1986.

ステンレススチールのトーチ（60cm、700g）を3100本寄付している[14]。ナチスのプロパガンダ作戦の際には、ルフトハンザ・ドイツ航空が胴体に「XI. OLYMPIADE 1936」と書かれた飛行機1機を提供し、飛行船ツェッペリンは、オリンピックの宣伝メッセージを南米に送り届けた[15]。また帝国鉄道観光中央局は40カ国以上にポスターと宣伝用パンフレットを送り、メルセデスベンツはディーゼル・トラクターをベースに「オリンピック列車」を製造した。そして「展覧会トレーラー」を牽いてドイツ中を移動し、500以上の町村にオリンピック準備の最新情報を届けた[16]。そのほか、ドイツ鉄道公社は外国人旅行者を対象に60％の割引運賃を設定し、ドイツ物理技術研究所、ツァイス・イコーン社、アグファ社は、ピストルと連動して1000分の1秒まで計時できる特製カメラを共同開発した[17]。このように、ベルリン大会は国家ばかりかドイツ企業にも貴重な宣伝の場を提供することになった。

■ 3　ベルリン大会開催に対するボイコット

ベルリン大会の年、ドイツはすでに再軍備化を進め、1935年の一般兵役義務に続き、ヴェルサイユ条約に反してロカルノ条約（安全保障条約）を一方的に破棄し、非武装地帯のラインラントに進駐していた。またヒトラー内閣は反ユダヤ主義的姿勢を強め、成立直後からユダヤ人に対して官僚・公職・自由業・教育からの排除、選挙権剥奪、不買運動、強制断種、ドイツ人との婚姻・性的関係の禁止などを実施し、ユダヤ人選手は、一流の練習施設の使用やコーチにつくこと、さらに「アーリア人」選手との合同練習や競技も認可されなかった[18]。こうしたナチスの強硬なやり方に対し、アメリカ・フランス・イギリスをはじめ諸外国で、ユダヤ人社会や反ナチス団体によるベルリン大会開催に対する抵抗がみられた。

その先駆けとなったのは、ロサンゼルス大会開幕直前に共産党支援のもとシカゴ大学で行われた「資本主義的オリピアード反対」競技会である。その

14　ラージ、前掲書、22頁。
15　ラージ、前掲書、247〜248頁。
16　ラージ、前掲書、250〜251頁。
17　デイヴィス、前掲書、28〜29頁。
18　Weisbord, op. cit., pp. 26-27; ラージ、前掲書、127頁；デイヴィス、前掲書、「はじめに」。

後一流スプリンターに黒人が多いアメリカでは、無宗派人権擁護反ナチス連盟や米国労働総同盟（AFL）のほか、スポーツ記者、市民・宗教・スポーツ団体、40以上の大学の学長によってベルリン大会の不参加が呼びかけられた。全米体育協会（AAU）には開催地の変更を求める抗議の手紙が約10万通届いたという[19]。ただし黒人は人種差別によりAAUから排除されていたため、ナチスに批判的な黒人アスリートには、意思決定に参加する権利ばかりか発言権さえなかった[20]。また各国ユダヤ人選手による個人的なボイコットも生じた。例えばオーストリアの女子水泳選手のユディット・ドイチュは、参加を拒否して2年間の出場停止処分を受けた。しかしその後、彼女のもとには勇気ある行動を称える電報100通以上が届いている[21]。こうしたなか、当時アメリカオリンピック委員会会長で1952～1972年にIOC会長に就任するアヴェリー・ブランデージおよびAAUは、1935年にアメリカ人の43%がボイコットに賛同していたにもかかわらず、ドイツがボイコットを恐れて反ユダヤ主義を緩和したことを理由に、ベルリン大会参加を決定した[22]。

　フランスでは、1936年5月にナチスの脅威に対抗して社会主義者レオン・ブルム率いる人民戦線内閣が誕生した。しかし、ブルムがボイコットを促すことはなかった。とはいえ個人レヴェルでは、ユダヤ人や反体制的な知識人・著名人により、ボイコットが呼びかけられてきた。例えば1933年にフランスに亡命していたハインリヒ・マンは「オリンピックの理念を守る委員会」主催の国際集会の席で、ベルリン大会を支持するフランスはじめ西欧諸国を痛烈に非難した[23]。アムステルダムでは1936年8月1日～9月17日に、ロッテルダムでは同年10月に「独裁者のもとでのオリンピック」と題された展覧会が開催され（ドイツ当局の圧力により同年10月に閉鎖）、写真家のロバート・キャパ、画家のマックス・エルンストやパブロ・ピカソなどの芸術家が、ナチスに対して抗議した[24]。ほかにも、各国で社会主義者、共産主義

19　ラージ、前掲書、85頁；デイヴィス、前掲書、79、86頁。

20　Weisbord, op. cit., p. 38.

21　Reinhard Rürup (Hrsg.), *1936. Die Olympischen Spiele und der Nationalsozialismus*, Berlin: Lüderitz & Bauer, 1906, S. 63; デイヴィス、前掲書、119頁。

22　Weisbord, op. cit., pp. 29, 46. ブランテージはナチス寄りで反ユダヤ主義的な立場にあった。

23　Rürup, a. a. O., S. 60. Vgl. Ebenda, S. 52-63; ラージ、前掲書、233～234頁。

者、労働組合、スポーツ団体によって大会のボイコット運動が試みられたが、結局のところ52カ国がベルリン大会参加を決定したことにより、ヒトラー体制を国際的に非難するための貴重な機会が失われてしまった[25]。

■ 4　反ユダヤ主義政策の緩和

　ベルリン大会の成功に向けて拍車を掛けたのは、政権発足後に決定した1936年ドイツ・バイエルン（ガルミッシュとパルテンキルヒェン）での第 4 回冬季オリンピック開催であった。当初、ヒトラーの関心も政府の準備資金もベルリン大会に集中していたため、財源の確保が厳しい状況にあったが、冬季の失敗が夏季におよぼす悪影響を恐れたベルリン市が準備費用の約半分を負担することで落ち着いた[26]。またベルリン市にとっても、保安・群衆管理・輸送・歓待・広告・報道といった面で「予行演習」できることは大きな利点であり、現に報道に関しては前例のない約500人もの外国の新聞・放送記者が歓迎を受けている[27]。この冬季大会の様子は映像に収められ、のちに宣伝省が出資して制作された、宣伝相ゲッベルスお気に入りのハンス・ヴィーデマン監督の長篇映画『世界の若者』にまとめられた。このとき、レニ・リーフェンシュタール監督は、すでにベルリン大会の映画監督に決まっていることを理由に依頼を断っている（後述）[28]。

　この冬季大会前後、反ユダヤ主義の面で譲歩がみられた。ベルギー人伯爵アンリ・ド・バイエ＝ラトゥール IOC 会長の働きかけもあるが、ベルリン大会のボイコットや、ナチスに対して悪印象をもたれることを懸念して、ナ

24　Rürup, a. a. O., S. 61; ラージ、前掲書、317頁。

25　ラージ、前掲書、163頁。

26　ラージ、前掲書、176頁。

27　ラージ、前掲書、171、214頁。

28　ラージ、前掲書、218頁；Schaap, op. cit., p.139. レニ・リーフェンシュタールはベルリン生まれで、17歳のとき花形ダンサーに、のち俳優・映画監督になった。1934年ニュルンベルク党大会のドキュメンタリー映画『意志の勝利』（1935年）を斬新な撮影技術、大胆な構図、巧みな編集でもって制作した彼女は、その実力とひときわ目立つ美貌からヒトラーお気に入りの映画監督となる。彼女の映画が映し出す党大会の派手な演出、とくに夜の集会での光のパフォーマンスは、今日でもロックコンサートの演出などに用いられている。瀬川祐司『美の魔力：レニ・リーフェンシュタールの真実』（パンドラ、2001年）286〜290頁；田野大輔・柳原伸洋『教養のドイツ現代史』（ミネルヴァ書房、2016年）143頁。1995年には映画『レニ』が日本で公開された。

チスは自発的に表立った反ユダヤ主義的行動を控えた。例えば「ユダヤ人には適用しない」と書かれた速度制限を示す道路標識などの反ユダヤ主義的な掲示とポスターの取り外し、反ユダヤ主義を掲げる週刊紙『シュテュルマー』の無人販売ボックスの撤去があげられる[29]。またナチスは、ドイツにユダヤ人差別が存在しないことをアピールするため、世界水準には達しないユダヤ人アスリート30人を集めて特別に強化訓練を行なったり、海外からユダヤ人アスリートをドイツに呼び戻したりもした[30]。

　さらにナチスは、メダル獲得に向けてドイツ・チームの強化を図るため、数人のユダヤ人がチームに加わることを許可した。例えばユダヤ人とのハーフのアイスホッケー選手ルディ・バルは、前回の冬季レークプラシッド大会でドイツの銅メダル獲得に貢献したことを理由に、急遽亡命先のスイスから呼び戻された[31]。またアムステルダム大会のフェンシングの金メダリストであるヘレーネ・マイヤー選手にもドイツに戻るよう声がかかった。彼女はユダヤ人とのハーフを理由に1933年にドイツ・オッフェンバッハのフェンシング・クラブから除名されてアメリカに移住していた。しかし「アーリア人」の母をもつ彼女は1935年のニュルンベルク法（後述）によりドイツ人とみなされた。マイヤーはのちにベルリン大会で銀メダルを獲得した際、表彰台からナチス流の挨拶「ハイル・ヒトラー！（ヒトラー万歳！）」でもって観衆に応えている[32]。

　これら反ユダヤ主義の緩和は、ヒトラーおよびナチスのベルリン大会への思い入れの強さと共に、IOCおよびオリンピックには、一時とはいえナチズム国家に路線変更を迫れるほどの力があったことを示している。ラトゥール会長が政治・人種・民族・宗教を超えた競技を理念としており、しかも3

29　Weisbord, op. cit., p. 31; Boch, a. a. O., S. 72-73, 86；ラージ、前掲書、185頁；デイヴィス、前掲書、102、122頁。

30　Weisbord, op. cit., p. 34-35, 42. レヴァルトはアメリカのボイコットを回避するため、ヒトラーに働きかけた。Anton Rippon, *Hitler's Olympics: The Story of the 1936 Nazi Games*, South Yorkshire: Pen & Sword Books Ltd., 2012 (first published, 2006), p. 45.

31　ラージ、前掲書、131〜132頁。

32　Weisbord, op. cit., p. 33; Boch, a. a. O., S. 79-83; Armin Fuhrer, *Hitlers Spiele: Olympia 1936 in Berlin*, Berlin: be.bra. Verlag, 2011, S. 119; Rippon, op. cit., p. 200；ラージ、前掲書、130〜131頁。

年以内に戦争がはじまることを予期していたというのであれば、なおさら開
催地の変更も検討できたであろう。しかし夏季オリンピックは予定通りベル
リンで開催されたのである[33]。

三　ベルリン大会「開会式」

■ 1　「聖火リレー」と「オリンピックの鐘」

　ベルリンで開催されたオリンピックの祭典は、ナチスにとって最初の大規
模な国際的なショーとなった。それはまた、ドイツ国民を一体化するための
貴重な機会でもあった。ベルリンには、アメリカ人の訪問者は期待したより
も少なかったとはいえ15万人の外国人、それに地方からの労働者を含むドイ
ツ人の総勢120万人が訪れ、観衆と報道記者の数は史上最大規模に達した
[34]。開会式のチケットは11万枚が完売し、ガイドのための学生ボランティア
として男子700人、女子200人が採用され、そのほか、一般訪問客のための民
宿25万室、スタジアムで使用する60万台の放送用マイクロフォン、1000本の
旗竿などが用意され、最初のテレビ生中継も行われた[35]。

　ベルリン大会の儀式と式典は、近代オリンピックのなかでも際立ってい
た。その代表的なイベントが、古代を含めオリンピック史上はじめて催され
た、今も続く「聖火リレー」である。これは宣伝相ゲッベルスが立案し、
ディームにより具体化された催しで、3075名のランナーが各々1kmを走
り、ギリシアのオリンピアをスタートしてからアテネ、デルフィ、テッサロ
ニキ、ソフィア、ベルグラード、ブタペスト、ウィーン、プラハ、ドレスデ
ンを経由してベルリンのスタジアムへと聖火を運んだ[36]。ラトゥール会長は
過去と現在を結ぶこの聖火リレーは今後のオリンピック理念の存続に貢献す
ると高く評価し、ヒトラーにお礼を述べたという[37]。

33　ラージ、前掲書、186頁；デイヴィス、前掲書、82〜83、216頁。

34　Rippon, op. cit., p. 130；ラージ、前掲書、278頁；デイヴィス、前掲書、140頁。

35　デイヴィス、前掲書、28〜29頁。

36　Propaganda-Ausschuß für die Olympischen Spiele Berlin 1936, Amt für Sportwerbung,
　　Olympia, 1936: eine nationale Aufgabe, Olympia Heft 1, 1935, S. 25; ラージ、前掲書、9頁；デ
　　イヴィス、前掲書、131頁。

　しかしナチスの思惑は別のところにあった。ナチスは第一に、ナチス・ドイツと古代ギリシアとのつながりを強調したかった。ナチスは、古代ギリシア人はドイツ系であり、人種的血縁関係をもつドイツ民族こそが古代ギリシア人の真の後継者であると仕立てあげた。ナチスのこのイメージは、ベルリン大会の内容を収録した1938年3月完成のリーフェンシュタール監督の映画『オリンピア』（第1部『民族の祭典』と第2部『美の祭典』）の冒頭で、ギリシアのオリンピア周辺の遺跡とアテネのアクロポリスの夢幻的映像でもって表現されている[38]。第二に、東方に生存権の拡大政策を進めていたナチスにとって、南東および中部ヨーロッパに神聖ドイツを宣伝するまたとない機会となった[39]。ギリシア人の何人かの村民は聖火が通りすぎる際に「ハイル・ヒトラー！」と叫んだというが、聖火リレーのルートは、のちのドイツの占領地、同盟国、または同盟国の占領地と重なる。

　「オリンピックの鐘」もまた、国家ないし地域の団結を高めることに貢献した。鐘の縁に「Ich rufe die Jugend der Welt（私は世界の若者を呼び寄せる）」

と印されたこの鐘は、1936年1月16日から10日間かけて、ドイツ北西の町ボーフムの鋳造場からベルリンへと運ばれた。その間、何万という見物人が沿道に出て喝采し、地元当局は鐘が自分たちの町や村に到着するのに合わせて、さまざまな祝典を催してオリンピックを盛り上げた[40]。

重さ9,635kg のオリンピックの鐘

37　ラージ、前掲書、304頁。

38　映画の内容はナチスによってテキスト化されている。Walther Günther, Herausgeber im Auftrag der Reichspropagandaleitung der NSDAP, Amtsleitung Film, *Olympia*, Reihe Staatspolitische Filme, Heft 8/9, 1938.（66 Seiten）

39　ラージ、前掲書、304頁。

40　ラージ、前掲書、251～252頁；デイヴィス、前掲書、111頁。

■ 2　ベルリン大会開会式

　ベルリン大会は8月1日から16日にかけて開催された[41]。スタジアムが午後1時に開場すると、7万8054人の一般客、8717人の招待客、3637人の選手とスタッフ、1051人の報道関係者と技術者が入場した。そして開会式がはじまる前、空にはドイツ人が発明した全長246mの飛行船ヒンデンブルク号が旋回し、地上では10〜11万人（最大11万5000人まで収容可）の観衆が見守るなか、ドイツ随一のベルリン・フィルを中心とするオリンピックシンフォニー管弦楽団がドイツ人作曲家ワーグナーの『マイスタージンガー序曲』とドイツとゆかりの深いリストの『レ・プレリュード』を演奏した[42]。

　16時にヒトラー総統が、トランペットのファンファーレ・総統旗・観衆の大歓声に迎えられてスタジアムに入るやいなや、ワーグナーの『忠誠行進曲』が演奏され、貴賓席に到着すると、ドイツ国歌の演奏と参加52カ国の国旗掲揚がはじまり、「オリンピックの鐘」が鳴り響いた。それに続き、ギリシアを先頭にドイツを最後尾とするオリンピック選手団による伝統的な国ごとの行進がはじまった[43]。その際に選手団が行った「オリンピック式挨拶」は――敬礼をしないイギリス選手団やヒトラーの前で国旗を下げなかったアメリカ選手団の姿もみられたが――、まるでナチス式敬礼かのような印象を観衆に与え、ドイツ人選手の敬礼は当然ながら、イタリア人選手による敬礼は盛大な拍手喝采で迎えられた[44]。

　その後もドイツ色の強い開会式が続く。ヒトラーの短い開会宣言「第11回近代オリピアードを祝し、ベルリン・オリンピックの開会を宣言する」ののちに演奏されたのは、IOCが提案したロス大会の「オリンピック賛歌」ではなく、前帝国音楽局総裁を務めたリヒャルト・シュトラウス作曲の賛歌で、彼自らが指揮棒を振った。そしてヘンデルの「ハレルヤ・コーラス」が響きわたるなか、選手は退場した[45]。さらにその日の夜には、カール・

41　ベルリン大会中のドイツの様子については、Oliver Hilmes, *Berlin 1936: Sechzehn Tage im August*, München: Siedler Verlag, 2016に詳しい。

42　Hilmes, a. a. O., S. 21; Günther, a. a. O., S. 41; Rippon, op. cit., p. 120.

43　Hilmes, a. a. O., S. 22.

44　日本からは178人の代表選手が参加している。ラージ、前掲書、256、307頁。

45　Rippon, op. cit., p. 129; ラージ、前掲書、310〜312頁；デイヴィス、前掲書、158頁。

左上：オリンピア・スタ
　　　ジアムの内部
左下：中央が貴賓席
　　　ヒトラーはここで
　　　観戦した。
右上：水泳競技が行われ
　　　たプール

　ディーム書下ろし、メトロポリタン歌劇場前舞台監督ハンス・ニーデッケン
＝ゲプハルト演出、ドイツの巨匠ヴェルナー・エック作曲の野外劇『オリン
ピックの若者』が上映されている。この作品には、ベルリン大会の翌年亡く
なるピエール・ド・クーベルタン男爵の要望に応え、ベートーヴェンの交響
曲第九番「歓喜の歌」が組み込まれた[46]。

　このように開会式では、ドイツが輩出してきた世界的に有名なクラシック
音楽家たちの作品を通じて、ドイツ国家の偉大さが国内外でアピールされ
た。それは国家の偉大さを明日からの競技につなげようとする国家の強い意
気込みを示しているようでもあった。

46　ラージ、前掲書、313～314頁。

四　大会開催中にみる「反社会的分子」と 「非アーリア人」へのナチスの対応

■ 1 　「反社会的分子」への対応

政権掌握直後にナチスは、ドイツ人を生物学的頂点、ユダヤ人をその底辺に位置づける人種的序列をつくりだし、さらにはユダヤ人ばかりか、シンティ・ロマ[47]、エホバの証人、いわゆる障害をもつ者、反ナチス主義者などを迫害してきた。内務大臣ヴィルヘルム・フリック[48]は、1933年に「対遺伝病質子孫予防法」を制定し、ユダヤ人ばかりか「民族」を弱体させる「共同体」内の人種的「劣等分子」は、本人の同意がなくても遺伝健康裁判所の判決によって強制断種されえると発表した。また1935年6月には遺伝病を理由とする中絶も合法化された。さらに1935年9月には、「ドイツ人の血と名誉を守る法」と「ドイツ国公民法」が制定され（のちの「ニュルンベルク法」）、前者では「ユダヤ人とドイツ人の血ないし同種の血をもつ国籍所有者」との婚姻外性交渉が禁止され、後者では、ドイツ民族およびドイツ国家への忠誠を態度で示すことを前提に、ドイツ人の血ないし同種の血をもつ国籍所有者のみがドイツ国の公民と認められた[49]。

ベルリン大会直前にはザクセンハウゼン強制収容所が建設され、アルコール中毒者、麻薬中毒者、公的機関に登録していない売春婦（街娼）、同性愛者、詐欺師、労働忌避者、浮浪者、生計不能者などナチスが「反社会的分子」と称する者がそこに監禁された。1936年にはひと月の逮捕者数は平均約60人にも達し、収容しきれず同年6月に臨時につくられた監獄の留置者は1433人にのぼった[50]。

登録済みの売春婦については、処罰の対象にならないばかりか警察・保健

47　ベルリン大会開催は野外で起居するシンティ・ロマの人々に対する取り締まりを強化する引き金になり、1936年に親衛隊長官ハインリヒ・ヒムラーは、彼らを反社会的分子、労働忌避者として強制収容所に送致することを決定した。田野、前掲書、163頁。

48　フリックは、1935年にゲッベルスとチャンマー・ウント・オステンと共にベルリン大会を紹介する小冊子（全26冊）を発行している。Propaganda-Ausschuß, a. a. O., S. 2.

49　芝健介「第三帝国の編成」成瀬治・山田欣吾・木村靖二『ドイツ史3：1890年〜現在』（山川出版社、1997年）244〜245頁。

50　井上、前掲書、234、239頁；ラージ、前掲書、343頁。

当局の監督下で売春宿の営業が認められ、さらに警察は自ら公認する売春宿や売春街を設立した[51]。例えばゲスターポ（秘密国家警察）は、ベルリン大会開催中に選び出された容姿端麗な若い女性に白人オリンピック選手と性的関係をもたせた。ただし黒人選手はアーリア人種を向上させないとして、その対象外となった。たいていの女性が体操教師かヒトラーが組織する「ドイツ少女団」のメンバーで、彼女たちは選手村の特別通行証をもっていた。女性たちは選手と性的関係をもつ前に、選手と大会役員各々に一つ配られたオリンピック・バッジをくれるよう求めたという。というのは妊娠した場合、このバッジを提示してオリンピック選手の子どもであることを国か赤十字の産院に報告すれば、国が一切の費用を負担したからである。ちなみに1932年のロサンゼルス大会の時も美しくて若い女性が選手村を訪れたが、この時は人種の向上が目的にはならなかった[52]。またドイツ人売春婦もオリンピック村で稼ごうとしたが、当局は、ドイツ人売春婦と「非アーリア人」のオリンピック選手との間の性交渉を避けるために、オリンピック村への入場を認可しなかった[53]。

　他方ベルリン市内では、オリンピック来訪者を愉しませるため、かつ彼らにナチス・ドイツは開放的であるという印象を与えるため、登録した売春婦2万5000人とは別に約7000人の売春婦が呼び戻された。ナチ政権成立直後に市から追放された売春婦たちである[54]。そのほかにもナチス当局は、外国人がドイツに到着する前にナイトクラブを再開するよう命じ、同性愛クラブの営業も黙認した[55]。当時、同性愛行為は刑法175条で禁じられており、同性愛者であったナチス突撃隊幕僚長レームの暗殺事件が起こった1934年以降、有罪判決者数は同年に948人、1935年に2106人、1936年に5321人、1937年に

51　田野、前掲書、169頁。

52　William O. Johnson, Jr., *All That Glitters Is Not Gold: The Olympic Games*, New York: G. P. Putnam's Sons, 1972, pp. 28〜30.

53　Bundesarchiv NS 10/51 fol. 1 Adjutantur des Führers: Geheime Staatspolizei Berlin, Tagesmeldung, 5. 8. 1936. zit. nach Arnd Krüger, *Die Olympischen Spiele 1936 und die Weltmeinung*, Berlin/ München/ Frankfurt am Main: Bartels & Wernitz KG., 1984, S. 194.

54　ラージ、前掲書、282頁。

55　Kaiserliches Statistisches Amt（Hrsg.）, *Statistisches Jahrbuch für das Deutsche Reich*, Berlin, 1937, S. 592; Ebenda, 1938, S. 610; ラージ、前掲書、282頁。

は8270人へと急増した[56]。そうしたなか突然、オリンピック開催を理由に、同性愛クラブの営業が一時的に認可されたのである。またナチスは、アメリカの黒人文化に根差すジャズを音楽のバーバリズムの極みとして公然と非難し、ベルリンでは大会期間中でさえ黒人のジャズを許可しなかった。ただし、おとなしいジャズであれば完全に禁じたりはしなかった[57]。

■ 2　「非アーリア人」への対応：ジェームス（ジョゼ）・クレヴェラント・オーウェンス

　ベルリン大会期間中もユダヤ人に対する迫害は続いていたが、ドイツを訪問したたいていの者は、ユダヤ人弾圧の証拠をほとんど目にすることはなかった。ヒトラー政府はドイツオリンピック委員会と歩調を合わせて、多くの外国メディアが書き立てている人種差別が偽りであることを外国人訪問者に示そうと試みたためである[58]。

　ヒトラーは黒人が競技に参加することを拒まず、また宣伝省はドイツ人ジャーナリストに対し、報道する際に人種を強調しないよう指示を出してきた。とりわけベルリン大会で一躍その名が世界中で知れ渡るオーウェンスに対する批判を固く禁じている[59]。他方でヒトラーは、オーウェンスを含める黒人選手を称賛することはなく、自身が黒人と握手しているシーンを一切撮影させなかった[60]。またゲッベルスは内心、黒人選手がベルリンにいることにさえ強い不快感を抱いており、映画制作の際にリーフェンシュタール監督にオーウェンスの映像を大幅にカットし、彼を称賛しないよう指示を出した[61]。もっとも彼女は――彼女自身、自分の映画の主役が「非アーリア人」になることをおそらく想像さえしなかったのだが――人種主義に忠実であるよりも芸術家としての自身の才能を優先し、ゲッベルスの意向に反してオー

56　Eric Johnson, *Nazi Terror. The Gestapo, Jews, and Ordinary Germans*, New York, 1999, p. 29.

57　ラージ、前掲書、280〜281頁。ナチス政権は、ジャズやスウィングを熱心に好む若者集団を完全に取り締まることはできなかった。田野『教養のドイツ現代史』153頁。

58　ラージ、前掲書、279、342頁。

59　ラージ、前掲書、379頁。2016年にオーウェンスの伝記映画『栄光のランナー／1936ベルリン』がアメリカ・ドイツ・カナダで共同制作された。渋谷哲也・夏目深雪（編）『ナチス映画論：ヒトラー・キッチュ・現代』森話社、2019年、171〜173頁を参照。

60　Weisbord, op. cit., p. 43.

ウェンスの美しいショットを映画に組み込んだ[62]。

　では、オーウェンスとはいったいどのような人物であったのか。彼は1913年9月12日、アラバマ州の分益小作人である父ヘンリーと母メアリー・エマ・オーウェンスの10人の子どもの末っ子として生まれた。父方の祖父はアフリカからの奴隷であった。オーウェンスは貨車の荷積みや靴の修理をして家計を助けながらクリーヴランド東工業高校に通い、その間に陸上競技選手としての頭角を現わした。1931年5月にオハイオ州立大学での競技会で走り幅跳びの新記録を達成し、このとき200m走は2位、100m走は4位の成績を残している[63]。この走り幅跳びの記録を自ら塗り替えた場が、ベルリン大会であった。

　オーウェンスが本大会予選で予想外の苦戦を強いられた際、彼に踏切板の数インチ前で跳ぶようアドヴァイスをした選手がいた。彼に続き2位の成績を収めたドイツ人選手ルッツ・ロングである[64]。彼のアドヴァイスによりオーウェンスは予選を突破し、本戦で世界新記録を達成した。オーウェンスの優勝が決まった瞬間、二人は抱擁し腕を組んでトラックを歩き、共に芝のうえで横たわりながら授賞式を待った[65]。ナチスの人種主義政策とアスリートたちの人種主義意識との齟齬をうかがわせるこの事例は、クーベルタン男爵のオリンピズムを代表する一つの逸話として現在も語り継がれている。彼らの友情はベルリン大会後も続き、ロングが1943年に戦死する直前にオーウェンスに託した「自分の息子に父について語って欲しい」という願いを、オーウェンスは1951年に叶えた[66]。

61　ラージ、前掲書、380頁。宣伝省が出版した映画『オリンピア』の解説書のなかでオーウェンスに関する説明は100m走に関する6行のみ、しかも彼を称賛したのはアメリカ人の観客であったことが強調されている。他方、大衆向けイラスト入り週刊誌『ベルリン画報』にはオーウェンスの写真が3～4枚掲載され、またベルリン大会直後に出版されたチャンマー・ウント・オステンの挨拶入りの文献でもオーウェンスの功績は写真つきで絶賛された。ナチスの高官を含め一般のドイツ人にとっても彼は英雄であったことがわかる。Günther, a. a. O., S. 7; Franz Miller, Peter von Le Fort, Hermann Harster, *So kämpfte und siegte die Jugend der Welt: XI. Olympiade Berlin 1936*, München: Knorr & Hirth, 1936, S. 30-31; *Berliner Illustrierte Zeitung: Die 16 olympischen Tage*, Berlin: Ullstein A. G., 1936, S. 6, 23, 28, 39.

62　Schaap, op. cit., pp. 141, 228, 236；瀬川『美の魔力』224頁。

63　Schaap, op. cit., p. 17；ラージ、前掲書、357頁。

64　Schaap, op. cit., pp. xiv, 201.

65　Schaap, op. cit., p. 208.

　結局オーウェンスは、100m競走で10.3秒、200m競走で20.7秒の世界新記録、走り幅跳びで8.06mの世界新記録、400mリレーでは39.8秒の世界新記録を確立し、四冠に輝いた。400m競走に出場しても優勝したといわれる彼は、チームメイトや外国人アスリートとも親交を深め、まさに英雄と呼ばれるにふさわしいアスリートであった[67]。ドイツの記者たちは、オーウェンスが「非アーリア人」であるにもかかわらず、彼の謙虚さと穏やかなふるまいを絶賛した。しかしヒトラーは、ラトゥール会長がすべての受賞者を同じように祝福するよう求めても、アメリカの黒人選手を祝福することはなく、英雄オーウェンスでさえ自席に招かなかった[68]。こうしたヒトラーあるいはドイツオリンピック委員会の態度をアメリカの黒人系新聞は痛烈に批判した。しかしオーウェンスの反応は違った。白人のチームメイトと同じ食事をとれず、シャワーも共同で使えないアメリカの露骨な人種差別を経験してきた彼にとって、自分に手を振ってくれたヒトラーではなく——彼はそう理解した——、祝福の言葉一つなかったローズヴェルト大統領こそが批判の対象であった[69]。

　オーウェンスの目覚ましい活躍は、祖国アメリカの黒人系・白人系新聞で大きく取り上げられ、黒人の勝利は「アーリア人」が人種的に優れているというナチスのドグマを否定したとも報じられた。しかしオーウェンスの地元を含め黒人差別が激しい南部の新聞は、彼の写真を掲載せず、黒人の勝利を淡々と伝えただけであった[70]。アメリカのほかの黒人選手も、ベルリンのドイツ人の方が友好的であったと述べており、人種差別を肯定するジム・クロウ法（1876〜1964年）の南部における効力、アメリカにおける黒人差別の深刻さを垣間見ることができよう。またドイツの人種主義がアメリカの黒人差別の実態を逆照射したとも解釈可能で、このベルリン大会でのドイツとアメリカの人種主義の交差は、アメリカの黒人選手が自国での黒人差別に対して反

66　Schaap, op. cit., pp. 234-235.
67　Schaap, op. cit., p. 184.
68　ラージ、前掲書、359〜360頁。
69　Schaap, op. cit., pp. 192, 210-211, 229; Weisbord, op. cit., pp. 32, 43; Vgl. Rippon, op. sit., pp. 131-136.
70　ラージ、前掲書、379頁。

発心を強める機会となった[71]。さらにこの彼らの経験が、1950年代以降のアメリカ公民権運動の礎の一つになったといっても過言ではないだろう。

　ベルリン大会を通じてオーウェンスは世界でもっとも有名なアメリカ人の一人となった。しかし帰国の途につくやいなや、アメリカの人種差別という現実と再び向き合うことになる。ニューヨークで再会したオーウェンスと彼の家族は、黒人であることを理由にホテルの予約さえできなかった。その後も白人中心の社会において、オーウェンスが活躍の場・富を得る道は閉ざされ、経済的に厳しい生活が続いた。銀メダリストのマック・ロビンソンもまた、深夜の道路清掃人として生活せざるを得なかったという[72]。しかし戦後になるとオーウェンスの功績は、フォードをはじめ大企業での講演活動を機に高く評価され、1976年にもっとも名誉ある市民に贈られるアメリカオリンピック委員会「自由のメダル賞」を受賞した。さらに亡くなった4年後の1984年には、ベルリンオリンピック・スタジアム沿いに「ジョゼ・オーウェンス通り」が誕生した[73]。

3　ベルリン大会の評価

　ベルリン大会の模様は、59カ国から1800人以上の新聞記者と125人の報道写真家によって伝えられた。近代オリンピック史上最大の規模である。ナチス政権は、ジャーナリストがオリンピック会場のどの観客席も無料で確保できるよう取り計らう一方、彼らの行動を規制し、オリンピックの「警備地帯」を歩く際は、ナチス親衛隊が用意した特別案内人を伴わなければならないとした。大会期間中ドイツの新聞は、否定的な報道内容が数多く見られるなか、大会の効率的な運営や招致国の温かいおもてなしを褒めたたえる外国の新聞記事を抜粋して紹介した[74]。またプロパガンダ戦略としてラジオを最大限活用してきたナチスは、世界28カ国でラジオの実況放送を聴けるよう取り図らった[75]。こうしてドイツの最新技術と技法を駆使して開催されたベル

71　Schaap, op. cit., pp. 73, 217; Weisbord, op. cit., p. 37; ラージ、前掲書、363〜365頁。
72　Schaap, op. cit., pp. 233-234, 236; Weisbord, op. cit., p. 44.
73　Rippon, op. cit., p. 219.
74　ラージ、前掲書、381〜383頁。

リン大会は、ドイツ第三帝国の進歩を世界に示すまたとない機会を提供することになった[76]。

　最終的にドイツは33個の金メダル、26個の銀メダル、30個の銅メダルと、近代オリンピック史上最多メダル数を獲得し、それぞれ24個、20個、12個であったアメリカを制して世界一位の成績を収めた。この成果は、スポーツのおもしろさや競技の技術ではなく、ドイツ人選手の活躍とメダル数へのこだわりからオリンピック会場に頻繁に足を運んだヒトラーを満足させ、この総統の律儀な姿勢は選手とスタジアムの観衆に誇りと一体感をもたらした。閉会式の際に観衆は「ハイル、ヒトラー！」と叫び、そしてオリンピック訪問者は、ナチスは評されるほど悪い体制ではないと思い込んでベルリンを去った[77]。

　しかしこの一国の指導者に向けられた称賛が、クーベルタン男爵が提唱したオリンピック理念、すなわち勝利よりも参加するまでの過程を重視し、「スポーツを通して心身を向上させ、さらには文化・国籍など様々な差異を超え、友情、連帯感、フェアプレーの精神をもって理解し合うことで、平和でよりよい世界の実現に貢献する」[78]という理念に反する行為であったことに疑いの余地はない。それにもかかわらずラトゥール会長は、大会後にベルリン大会を過去最高のオリンピックであったと称賛し、IOCはヒトラー率いるドイツを、オリンピック理念の偉大な守り手と評した[79]。また1937年には大会中にオリンピック精神に貢献したことを理由にナチス歓喜力行団[80]にオリンピック・カップを授与している。

75　ゲッベルスはラジオ放送を宣伝省の管轄下において統制し、値段の安いラジオ受信機の生産と普及に努めた。1943年までに合計430万台の国民受信機と280万台の小型受信機の普及を実現した。これは3人に1人がラジオを持っていたことを意味する。高田裕行『ヒトラー演説：熱狂の真実』（中央公論新社、2014年）153-154頁。

76　ラージ、前掲書、385、388頁。

77　Rippon, op. cit., p. 210；ラージ、前掲書、91、447頁参照；デイヴィス、前掲書、239〜240頁。

78　「クーベルタンとオリンピズム」https://www.joc.or.jp/olympism/coubertin/（2019年12月24日閲覧）

79　ラージ、前掲書、491頁。

80　「歓喜力行団（喜びを通じて力を）」はドイツ労働戦線の一部局の余暇組織で、労働者を階級闘争から引き離し、民族共同体への統合を促進することを目的に、様々なレクリエーションの提供を任務としていた。すでに1934年1月、チャンマー・ウント・オステンは「歓喜力行団」の指導的立場にあった。Karin Stöckel, *Berlin im Olympischen Rausch: Die Organisation der Olympischen Spiele 1936*, Hamburg: Diplomica®, 2009, S. 15；田野、前掲書、152頁。

　さらに1939年の第二次世界大戦勃発の3か月前にIOCは、ナチスの宣伝者との批判の声があがっていたにもかかわらず、映画『オリンピア』を300人を超えるスタッフと18ヶ月間かけて制作したリーフェンシュタール監督に「オリンピック賞状」の授与を決めた[81]。確かに、斬新な映像で選手の肉体美を賛美したこの映画は世界で絶賛された。しかし『オリンピア』は、リーフェンシュタールが宣伝省から依頼され、映画の宣伝価値を認めたゲッベルスがしつこいくらい干渉するなかで、国家による資金提供のもと完成させたものである[82]。具体的には、『オリンピア』のための宣伝省の予算は当時の平均映画製作費の約3倍の150万マルクで、最終決算は総製作費が約283万マルク、利益が約9万マルク、リーフェンシュタールへの報酬は35万マルクにも達する。さらに彼女には1939年3月以降、映画純益の20%が分配された[83]。また彼女は競技についてフェアな報道をおこない、ドイツからの参加選手をひいきしなかった一方[84]、カリスマ的指導者ヒトラーの凛々しい姿が映像に収められていること、映画の公開が1938年4月20日とヒトラー49歳の誕生日であったこと、1939年に約200万マルクかけてリーフェンシュタール専用のスタジオがヒトラーの指示で建設されたことをふまえると、ナチス党員ではなかったとはいえ、彼女がヒトラーおよびナチスと深い関係にあったのは明らかである。

五　おわりに

　1931年のベルリン大会開催決定後、諸外国ではナチス党独裁体制下でのベ

81　ラージ、前掲書、484、491頁。

82　田野、前掲書、151頁；ラージ、前掲書、459、469〜471頁；瀬川、前掲書、205、208、241-243、287頁。1937年の音入れ作業の段階で、現場で録音した音声がまったく使えないという事実が判明し、風の音、応援の声などすべてはスタジオで録音された。映画のなかのこの「架空の実況中継」が、観客の情動シーンにもっとも強い影響を与えているという。瀬川、前掲書、208、212頁。

83　瀬川、前掲書、127頁；スティーヴン・バック（野中郁子訳）『レニ・リーフェンシュタールの嘘と真実』清流出版、2009年、247-249、268、310-311頁。

84　ライナー・ローター（瀬川裕司訳）『レーニ・リーフェンシュタール：美の誘惑者』青土社、2002年、129頁；バック、前掲書、312頁。

ルリン大会開催に対するボイコット活動・運動が頻発するなか、ナチスはドイツ企業の協力を得ながらこの国事に全力で取り組んできた。その目的は、新しい・強いドイツを海外に発信すること、また、国民の一体化や国家の威信を高めることにあり、ベルリン大会成功に向けて、予算の大幅な増額や反ユダヤ主義政策の緩和などがなされた。

　結局 IOC は開催地を変更せず、参加予定国のオリンピック委員会と政府もボイコットせず、ベルリンで夏季オリンピックが開催された。ベルリン大会では、オリンピック史上初めて「聖火リレー」が行われ、古代ギリシアとドイツの深いつながりやドイツの生存権の拡大政策がアピールされた。また開会式では、ナチス式敬礼、国旗掲揚、ドイツ人作曲家の作品演奏などを通じて、ドイツの強さや文化的卓越さが強調された。オリンピック会場は、ナチスの宣伝の場と化したのである。

　大会期間中のナチスの「反社会的分子」および「非アーリア人」への対応については、取締りが強化される一方、選手や外国人来訪者のために登録売春婦が用意され、さらに同性愛クラブの営業やジャズが黙認された。また、オーウェンスをはじめ黒人選手へのナチスの対応に人種差別がみられたが、アメリカの黒人代表選手にとっては、祖国の黒人差別の方が深刻であるかにみえた。

　ベルリン大会は、ドイツが過去最大のメダル数を獲得して無事閉会を迎えた。収益面では、1933年から1938年までのオリンピック委員会の総収入は9,296,945マルク、総支出は7,319,670マルクで、約200万マルクもの利益を創出している[85]。このベルリン大会の成功により拍車が掛かったのか、閉会式のわずか2週間後にヒトラーは「四か年計画」を指示し、4年以内に戦争の準備をするために再軍備体制を進めていった。皮肉にもラトゥール会長の予想通り、1939年9月にドイツ軍がポーランドに侵攻したことにより戦争が勃発し、死者6000万人を超える史上最悪の第二次世界大戦へと至る。また反ユダヤ主義も大会終了後に激化した。1938年11月にはパリのドイツ人官吏がポーランド系ユダヤ人に暗殺されたのを機に、ユダヤ人に対するポグロム

85　Stöckel, a. a. O., S. 204-207.

（「水晶の夜」）が生じ、さらにホロコースト（大量虐殺）により計約600万人の
ユダヤ人が犠牲となった。

　戦後ドイツでは、刑事裁判、賠償・補償、歴史研究・歴史教育、ネオナ
チ・極右政党の取り締まり、政治的指導者の発言などを通じて、ナチスとい
う「過去を克服」[86]するための試みがなされてきた。西ドイツ建国当初コン
ラート・アデナウア首相は、大多数の国民には過去の責任を問わないと明言
したが、1970年代に入ると、ヴィリー・ブラント首相は首相として初めてワ
ルシャワのユダヤ人犠牲者追悼碑の前で跪いて謝罪した。さらに1985年の終
戦40周年記念式典演説では、ヴァイツゼッカー大統領が、罪の有無や老若を
問わず国民全員が戦争責任を引き受けなければならないと発言し、1996〜
1997年の歴史家による「ゴールドハーゲン論争」では、ヒトラーやナチス党
員のみならず「普通のドイツ人」に対してナチズム犯罪の責任が問われた。
現在はその延長線上にあるが、他方で「アウシュヴィッツの嘘」[87]の声も跡
を絶たない。

　IOCがベルリン大会開催決定時または開催中にナチスが構想する最悪の
シナリオを予期することは不可能であっただろう。とはいえ、もしIOCが
ナチス政権下のベルリン大会開催を断念していれば、また、もしドイツ以外
の51カ国がベルリン大会参加をボイコットしていれば、最悪の事態を回避で
きたかもしれない。このように考えをめぐらすと、「過去の克服」はドイツ
の問題であり、IOCやベルリン大会参加国とは無関係であるとは断言でき
ないのではないか。ベルリンの「オリンピア・スタジアム」は、ベルリン大
会という過去の過ちを想起し、その過ちを再び繰り返さないよう心に留め
る、われわれにとっての「記憶の場」であるのだ。

（水戸部由枝／ドイツ近現代史）

86　「過去の克服」は、ホロコーストなどナチス・ドイツの暴力支配がもたらしたおぞましい帰結
　　に対する戦後ドイツの様々な取り組みを総称する言葉である。石田勇治「過去の克服」『近代ド
　　イツの歴史』310頁。
87　アウシュヴィッツにおける大量虐殺とそれを無害化したり、さらには否定しようとする試
　　み。ティル・バスティアン（石田勇治・星乃治彦・芝野由和編訳）『アウシュヴィッツと〈アウ
　　シュヴィッツの嘘〉』白水社、2005年、11頁。

第5章

オリンピックと戦後日本政治
──川島正次郎と東京──

一　東京2020大会と東京

■ 1　環状第二号線

「小池都知事の決断の遅さが、混乱を招いた。」

「専門家の意見や市場関係者の声を聞いて進めた。」

　2019年の東京都議会。自民党東京都議団と小池百合子都知事の激しい応酬が繰り広げられる。2020年に予定されていた東京オリンピック・パラリンピック大会（以下、東京2020大会）を目前に控え、築地市場移転問題は、新たに豊洲市場が開場した後も、東京都政の重要な争点となった。

　2014年6月、東京2020の大会組織委員会の入居が予定されていた「虎ノ門ヒルズ」がオープンした。森ビルの社長を始めスタッフ、そして人気アニメキャラ「ドラえもん」とよく似たマスコット「トラのもん」による華々しいオープニングセレモニーが開かれた。

　虎ノ門ヒルズは、道路の上下の空間に建物を建築することを可能にした立体道路制度を利用によって実現された超高層ビルの建築である。1989年より導入されたこの制度に基づいて、「環状第二号線新橋・虎ノ門地区第二種市街地再開発事業 III 街区」の事業名で展開された当ビルの下部には、「環状第二号線」の築地虎ノ門トンネルが走っている。

　都市計画道路として指定された虎ノ門から新橋に至る全長1.4km の区間は戦後長らく工事の着工が進められなかった。ひとはこれを「マッカーサー通り」と呼び、GHQ による発案であると考えられてきた。しかし、実際には1923年の関東大震災後の帝都復興計画で、この区間と全く同じルートの都市計画道路が計画されていた。この復興計画を紡いだ中心人物はときの東京市

（出典：東京第一建設事務所『東京都市計画道路　環状第二号線 事業概要』2015年3月、4頁）

図1　環状二号線概要（イメージ図）

長・後藤新平である。そして、「環状二号線」として陽の目を浴びることと
なったこの道の先には、旧築地市場跡地が鎮座する。

▌2　築地市場

　舞台は都議会に戻る。自民党東京都議団は、小池都知事が「（豊洲新市場予
定地の）土壌汚染対策に不安が残る」として開場を延期したことに伴い、東
京2020大会に関わる重要な事業に大きな支障をもたらしたと指弾した。その
事業とは、「環状二号線」の晴海・汐留区間の整備である。

　東京2020大会の準備は東京の臨海部の再開発と密接にリンクし、選手村を
はじめとする晴海や有明に関連施設が立ち並ぶことになった。選手輸送を始
め、この有明地区と都心部を結ぶ大動脈とみなされたのが「環状二号線」で
あった。そして、まさに都心部と臨海部を結ぶ「環状二号線」の晴海・汐留
区間の整備は、築地市場跡地を経由する高架道路の建設を含む計画として予
定された。すなわち、築地市場の移転が条件であったのである。

　さらにときは遡る。この築地市場は1935年に開設された。それまで江戸時
代から東京の食品流通を担ってきた日本橋魚河岸、大根河岸、浜町河岸など
の市場群は関東大震災によって壊滅な打撃を受けた。しかし、それ以前か
ら、東京市はこれらの市場群の一元化を構想していたという。ときの東京市
長は後藤新平。そして、その後藤のもと新たに設置された商工課で自ら課長
に就任し、中央卸売市場すなわち築地市場の実現に大きく貢献した人物が、

川島正次郎である[1]。

■ 3　「いだてん」の悪役（ヒール）

　のちにオリンピック東京大会（1964年）（以下、東京1964大会）でのオリンピック担当の国務大臣を務める川島正次郎は、東京2020大会の前年に放映されたNHK大河ドラマ「いだてん」において、とくに東京1964大会の実現に突き進む後半部分で、主人公に立ち塞がる「悪役」として描かれる。しかし、「政界の寝技師」と言われ、中小派閥を率いながら池田・佐藤政権では長く自民党副総裁の座に就くことになる川島正次郎が、当時実際に何を考えていたのかは判然としない。川島は生前「自分のことは自分しかわからないんだから心の中にしまって置くほかはない」と言って日本経済新聞からの「私の履歴書」の執筆依頼を最後まで断り続けたように、回顧録や日記の類を残さず鬼籍に入った[2]。

　一方で、アスリートファーストを掲げる主人公に政治家として立ち塞がるように描かれる川島正次郎であるが、彼の没後に編まれた非売品の川島正次郎先生追想録『川島正次郎』には、木樽正明や坂井勝二といった往年の名プロ野球選手が原稿を寄せ、川島との思い出を語り、日本プロレスリングのコミッショナーを6年4ヶ月務めていたエピソードや好角家であったことなどの思いが様々な人から綴られている。そして、日本学生卓球連盟会長に就任した際に「私は自由民主党の副総裁としてではなく、専修大学の総長としてお引き受けします」と政治とスポーツをあえて分けた発言をしたことも紹介されている[3]。

　オリンピック担当国務大臣・川島正次郎は、本当のところ東京1964大会を前に一体何を思っていたのだろうか。

1　川島正次郎先生追想録編集委員会『川島正次郎』（交友クラブ、1971年）、322頁。
2　岡田臣弘「かくて"業務命令"も遂行できず‼」、川島正次郎先生追想録編集委員会、前掲書、61頁。
3　清水斉「最高の川島旗授与」、川島正次郎先生追想録編集委員会、前掲書、119頁。

二　東京1964大会の政治史

■ 1　オリンピックが東京に

　日本人として最初に金メダルを獲得した人物は一体誰であろうか。ときは1928年のアムステルダム大会。この大会で2人の日本人の金メダリストが誕生している。ひとりは三段跳びの織田幹雄。そしてもうひとりは、200メートル平泳ぎの鶴田義行である。

　水泳と日本のオリンピックとの関係は深い。水泳は、水泳王国として、日本のスポーツが世界に認められる大きな役割を果たした。この当時の日本水泳界の指導者として、のちの東京1964大会開催にも大きな役割を果たした人物が、田畑政治（たばた・まさじ）である。NHK 大河ドラマ「いだてん」の後半の主人公である。田畑は、東京帝国大学出身で朝日新聞政治部記者を勤め、政界・官界に太いパイプを持っていた。日本でオリンピックを開催したいという田畑の夢は1940年東京大会の返上という形で一度絶たれた。しかし、戦後、彼は再びその実現に闘志を燃やす。彼は豊富なネットワークを武器に、1958年東京オリンピック準備委員会の設立にまでこぎつけた。しかし、政府の支援がなければ現実には実現できない。

　一方で、ときの岸信介政権は、国際収支で赤字となり、深刻な外貨不足に見舞われた。困惑する岸信介。そこに現れたのが、田畑である。巨額の財政負担を懸念する岸に、田畑は「海外から選手団もくる。観光客も来る。外貨が獲得できる」と説得。岸首相は「分かった。協力しよう」と最後は折れ、協力を約束した[4]。

　田畑らが目指すは"1964年開催"。その決定は1959年にミュンヘンで行われる IOC 総会。誘致に向けて、明治神宮外苑競技場として、かつて学徒出陣壮行会なども行われた地に国立競技場を整備。また、1958年アジア競技大会を成功させ、国際的なスポーツの祭典が実現可能であることを世界にアピールした。さらに、スポーツ医学の草分けで、日本体育協会会長・日本オ

4　幸田真音『この日のために』（下）（角川書店、2016年）、11-17頁。

リンピック委員会委員長、IOC 委員などを務める東龍太郎が東京都知事に
就任（1959年）。今日の小池百合子都知事は「東京大改革」を唱えているが、
当時の東も「東京大改造」を掲げていた。

　さて、どうなる、"1964年開催"。1959年の IOC 総会での投票の結果は以
下であった。

東　　京	34票
デトロイト	10票
ウィーン	9票
ブリュッセル	5票

「東京」の圧勝である。

　ただちに、田畑らは組織委員会の設立に動き出す。1964年東京大会の前の
オリンピックローマ大会（1960年）は、トトカルチョからの豊富な資金を背
景にスポーツ界出身者を中心とした少数精鋭の組織委員会が置かれていた。
しかし、1964年東京大会は、国や地方など政府からの財政支援が不可避であ
る。

　結局、出来上がった組織委員会は、政府２、国会議員５、都２、学識経験
者３、財界２、報道２、体協５、その他１という、百家争鳴の組織委員会体
制となった。

　組織委員会の会長には、元大蔵官僚で大蔵大臣も務めた津島寿一。事務総
長には田畑が就任した[5]。

　一方で、国内は60年安保の時代へ突入していった。1960年５月、衆院での
強行採決により、激化した学生運動は、６月にいわゆる「ハガチー事件」と
呼ばれる米大統領秘書官の脱出劇を引き起こし、同月、東大生の樺（かんば）
美智子が国会前デモで圧死。世情は騒然となり、６月19日自然成立するも、
岸は６月23日に総辞職を表明した。

　さて、このときの自民党の幹事長が川島正次郎である。

　彼が残した数少ない回想である1967年10月12日付東京新聞「私の人生劇

5　幸田、前掲書、42、47-48頁。

場」に、このときのことが触れられている。

　派閥の領袖でもある岸の政権維持に幹事長として支える立場にあった川島は、デモ隊鎮静のために自衛隊の出動を防衛庁長官赤城宗徳に依頼した。六本木の防衛庁で、陸海空の各幕僚長が長官室に集められ、赤城長官に川島も加わって、自衛隊の出動の是非が議論された。結局、武器を持って一般の国民を殺すことはできない、内乱とならない範囲では自衛隊を使うことはできない、として自衛隊の出動は見送られた。戦後日本の自衛隊の役割を議論する際に、しばしば引用されるこの六〇年安保での自衛隊出動見送りであるが、この時の議論において川島は重要な役割を担っていたのである[6]。

　また、組織委員会立ち上げの時も、少数精鋭を目指した田畑の狙いに反し、人員構成に口を挟み、数多くの政治家を送り込んできたのも、川島幹事長であった[7]。

■ 2　「江戸っ子」政治家の誕生

　川島正次郎は、1890年に生を受けた。出生地は、千葉の市川とするものもあれば東京日本橋とするものもある。川島の生後間も無く生母が死去し、職人であった実父は、東京日本橋で鼈甲屋を営む川島家へ正次郎を里子に出した。川島家の鼈甲屋は、日本髪にさす櫛やこうがいの製造販売を行っており、かつて芸妓の花街として栄えた日本橋・芳町の芸者が主な得意筋であった。美少年であった川島は、芸者たちに大いに可愛がられたという[8]。

　川島の官界とのつながりは証言が少し食い違う。夜間中学・専修学校（入学翌年に専修大学と改称）で同級生であった柿屋忠次郎氏によれば、夜間中学に通っている時点で川島は内務省の雇員となり、専修大学の3年次に後藤新平が内務大臣に就任すると雇員から雇官に抜擢されたと言う[9]。一方で、川島正次郎先生追想録編集委員会では、専修大学卒業後に属官に新たに採用されたことになっている。いずれにせよ、ここで内務大臣・後藤新平の知遇を

6　川島正次郎先生追想録編集委員会、前掲書、363-364頁。
7　幸田、前掲書、129頁。
8　川島正次郎先生追想録編集委員会、前掲書、315-316頁。
9　垣屋忠次郎「役に立った専大卒の肩書」川島正次郎先生追想録編集委員会、前掲書、72頁。

得る。警保局にいた川島は全国の警察網から集まってくる選挙情報を整理する係であり、後藤内相に各地の選挙情報を進講するうちに、強固な信頼関係を勝ち得ていった。

　1918年に後藤新平が内務大臣を辞すると、川島も内務省を辞し、後藤から渡米費用を得て7ヶ月間の在米遊学を経験する。このとき、彼はアメリカの労働運動に関心を持ち、世界産業労働組合（Industrial Workers of the World, IWW）の調査研究を行う。このIWWは1905年に無政府主義者や社会主義者を中心に結成された団体であり、全米各地において勢力を拡大していった。それとともに政府の強い弾圧化に置かれた。そのような団体の調査研究を行っていたせいか、川島は共産主義者として尾行されたこともあったという[10]。

　帰国後は、東京日日新聞（毎日新聞）に入社、政治部の記者として選挙分析などを担当した。その後、1920年に後藤新平が東京市長に就任すると、川島も東京市入りする。東京市の商工課長として中央卸売市場構想に道筋を開いたことは前述のとおりである。このときの田畑は、水泳の指導者ではあったが一介の帝大生に過ぎなかった。田畑が東京を舞台としたオリンピックに向けて動き出すよりずっと前から、川島は東京で生まれ育ち、そして東京の政治・行政の只中に身を置いていたのである。

　その後、川島は養父の出身地である千葉県東葛飾郡の有志より出馬要請を受け、初出馬時は落選したものの、1928年の衆院選で千葉県第一区より初当選。以来、死去するまで、千葉県選出の代議士として活躍した（川島の選挙戦術や集票基盤などは車田忠継『昭和戦前期の選挙システム：千葉県第一区と川島正次郎』（日本経済評論社、2019年））。

　川島は、東京市商工課長の経験を買われ、衆議院では主に商工委員会で活躍した。このとき、商工官僚であった岸信介の知遇を得る。戦後、川島は岸と行動を共にし、鳩山一郎政権の誕生に貢献、1955年3月に発足した第二次内閣で初入閣した。自治庁長官と行政管理庁長官である。

　長らく自民党の副総裁として重鎮の座にあった川島が入閣した機会は実は

10　川島正次郎先生追想録編集委員会、前掲書、319-320頁。

少ない。しかし、川島はその少ない大臣経験にあって、確実に遺産を残すタイプの大臣であった。川島は自治庁長官として小選挙区制の導入に取り組み、「第五次選挙制度調査会」を発足させた。この調査会はその後、定数497の単純小選挙区制で構成される選挙制度を答申している。また、川島も保守合同によって自民党が結党し、それに伴う第三次鳩山政権の発足にあわせて閣外に去ると、自民党の選挙制度調査特別委員会の委員長に就任し、独自の区割り案を伴う改正案を提議した。この改正案自体は非常に歪な区割り案であったため「ハトマンダー」と呼ばれ、世間からの評価を得られず廃案に至る[11]。ここで興味深いことは、彼が経験した唯一の落選は初出馬時の小選挙区制度によるものであり、以降の当選は中選挙区制度で積み重ねられてきたものだということである。それでも川島は、熱心な小選挙区論者として党内での地位を確立していく。

　また、行政改革も川島のライフワークとなっていく。行政管理庁長官を退任した直後に設置された「第三次行政審議会」は、中央政府の行政簡素化の一環として省庁の統廃合が議論され、自治庁と建設省、それに農林省と経済企画庁の一部を併せた「内政省」構想が持ち上がった。この構想に誰よりも熱心だったのが川島であったという[12]。

　川島が自治庁長官を勤めていたときの次長（事務次官）が鈴木俊一である。鈴木は、自治庁・自治省で実に8年間もの間、次長・次官として8人の大臣に使えたが、川島は特に印象に残る大臣であったという。川島にとっても、その後、官房副長官として時間会議を取り仕切るまでになる鈴木を高く評価していたであろう。1959年、ミュンヘンでのIOC総会で東京開催が決まった直後、「東京都の副知事になって東知事を助けてやれ」とまっさきに鈴木に話を持ちかけたのが川島であった[13]。川島は、自身が五輪担当相に就任するよりも前にオリンピックを口実に東京都政に楔を打ち込んでいたのである。

11　川島正次郎先生追想録編集委員会、前掲書、344頁。
12　鈴木俊一『回想・地方自治五十年』（ぎょうせい、1997年）、116頁。
13　鈴木俊一『回想・地方自治五十年』（ぎょうせい、1997年）、154頁。

■ 3　官僚派 vs. 党人派

■鈴木が東京都の副知事に就任した翌1960年、岸の退陣によって、自民党は
総裁選に突入した。いわゆる「党人派」の頭目として石井光次郎、「官僚派」
の代表として池田勇人が立ち、党人派 vs 官僚派の構図が最も先鋭化した総
裁選である。岸政権は、政権末期、警職法・安保などで混乱し、次第に官僚
出身者を頼るようになっていた。ここでいう「官僚派」とは、吉田茂によっ
て見いだされた官僚出身議員が中心であり、「吉田学校」と言われ吉田茂の
薫陶を受けたものが多かった。池田勇人もまた吉田茂に目をかけられた官僚
出身のひとりである。

　池田勇人は、大蔵官僚（現・財務官僚）出身である。京都大学出身と東大出
身者の多い大蔵省にあって異色の存在で、その上病で長期休職を余儀なくさ
れたが、出世が遅れたため、戦後パージされず、大蔵省の次官に就任した。
このとき、ときの首相・吉田茂が目をかけ、初当選で大蔵大臣に就任してい
る。

　その一方で、池田は岸政権では当初、主流派から外れている。1956年の総
裁選で岸の対立候補を支持していたためである。池田は、雌伏のときを過ご
すが、窮地の大蔵官僚やエコノミストとの親交を深め、この時期にのちの
「所得倍増論」の基礎となるような政策構想の地固を行っている[14]。中山伊
知郎・一橋大学教授「賃金二倍を提唱」『読売新聞』(1959年1月3日朝刊) に
刺激を受けたといわれる池田は、翌月「月給二倍論」演説をぶち、以降、
「所得倍増」「月給二倍」は、池田の重要な政策スローガンとなる。

　はたして、1960年の自民党総裁選は、主に政治家としてキャリアを形成し
てきた、叩き上げを軸とする「党人派」(河野一郎、大野伴睦など) との対決と
なった。このとき、幹事長であった川島は党人派の大野支持と目されていた
が、大野が池田政権阻止のために同じ党人派・石井光次郎への一本化のため
に出馬を取りやめると、池田支持に転じた。池田はこの戦いに勝利し、首相
の座を射止めた。

14　沢木耕太郎『危機の宰相』(魁星出版、2006年)。

■ 4　新しいリーダーたち

しかし、側から見れば岸と同じ官僚出身であることから「岸亜流内閣」、そして「選挙管理内閣」に過ぎないとの批判や見方も根強かった。そこで、池田はイメージ戦略を重視し、メガネをロイド眼鏡に変えて親しみやすさを演出し、かつて「貧乏人は麦を食え」発言から国民の間に傲慢なイメージがあったものを「寛容と忍耐」をスローガンに掲げ、初の女性閣僚（中山マサ厚相）を登用するなどさまざまな試みをおこなった[15]。

海の向こうアメリカでも、新しい政治リーダーが誕生しつつあった。自民党総裁選の翌日、1960年7月15日、J・F・ケネディは民主党の大統領候補に指名された。『ニュー・フロンティア』をスローガンとするケネディは、その後大統領に就任する。このケネディ旋風が、先ほどの池田のイメージ戦略に影響を与えたとする見方もある。いずれにせよ、日米、2人の新しいリーダーが並び立つこととなった。

新しいリーダーたちは、六〇年安保によってひびが入りかけた日米関係に新しい関係性を構築しようとした。そのひとつのきっかけが、1964東京大会の選手村問題である。当初、朝霞（埼玉県）を予定していた選手村予定地は、しかし、国立競技場から20キロ以上とその遠さが懸念されていた。反米感情の高まりを懸念していたケネディ政権は、米軍将校とその家族の居住地である「ワシントン・ハイツ」の返還を決断する。ワシントン・ハイツとは、現在の代々木公園である。国立競技場と目の鼻の先のワシントン・ハイツはまさに選手村の場所としてはうってつけであった[16]。

さて、このワシントン・ハイツ、すなわち選手村跡地は、なぜ代々木「公園」になったのか。ここに、川島が東京都に送り込んだ鈴木俊一の暗躍が背景にある。当初、大蔵省は東京都に売却を検討し、その費用をワシントン・ハイツの代替住宅建設の費用に充てることを考えていた。しかし、官房副長官まで勤めていた官僚出身の鈴木俊一は、国有地を地方自治体に提供する際、公園用地の場合は無償譲渡が原則であると主張し、大蔵省を当惑させた。交渉の結果、大蔵省は当初予定していた90億円のうち半額の45億円での

15　幸田、前掲書、83頁。
16　幸田、前掲書、105頁。

譲渡に応じたのである[17]。

　こうした手腕を買われ、鈴木は大阪万博の際にも副総裁になっていた川島の声かけによって事務総長に就任する[18]。以降、国際的なイベントには、官僚出身者が運営の要である事務総長に就任する流れができていく。札幌オリンピックでは佐藤朝生（内務官僚）、長野オリンピックでは小林實（自治官僚）、サッカー日韓Ｗ杯では遠藤安彦（自治官僚）、ラグビーＷ杯2019では嶋津昭（総務官僚）、つくば万博では伊原義徳（通産官僚）、愛知万博では中村利雄（経済産業省）などが、それぞれの運営組織の事務総長を務めた。

　1964年東京大会はどうであったか、話を戻そう。組織委員会の発足当初、事務総長は田畑政治であった。彼こそが東京大会招致を実現した立役者の一人であった。しかし、1962年に辞任に追い込まれる。

　組織委員長は、自民党の参議院議員であった津島寿一。台湾とイスラエルの参加問題に端を発するアジア競技大会（ジャカルタ）での問題で、津島は「帰国すべき」と主張し、田畑「参加すべき」と真っ向から反論。これに、オリンピック担当大臣であった川島は「組織委内部での足の引っ張りあい」があると難じ、結局、津島と田畑が両氏辞職に追い込まれる事態となった。新しい組織委員会の委員長には財界人の安川第五郎（安川電機）、そして事務総長には外務省出身の与謝野秀が就任する。

　オリンピックの担当副知事として組織委員会の委員でもあった鈴木からすれば、津島と田畑は優秀過ぎて衝突することが多かった、との評価であった。一方で、安川・与謝野体制は「ご両者の協力、相互援助によって大変うまくことが運んだ」[19]。また、「いだてん」をはじめ、田畑の視点から書かれた書物や映像作品では、津島の無能ぶりが強調されるきらいがあるが[20]、鈴木によれば1961年に都がアメリカで巨額の外債を発行する際に、津島はかつてニューヨークの駐在財務官や戦後の外債処理にあたった経験から、モルガン・スタンレーやクーン・ローブへの紹介状を書いたり交渉の手順を伝授し

17　鈴木、前掲書、188-189頁。
18　鈴木、前掲書、158頁。
19　鈴木、前掲書、191-192頁。
20　幸田、前掲書、140頁。

たりするなどして、資金調達の成功に大いに貢献したという[21]。そこで、この辞任劇はもう少し複眼的にまなざす必要があるであろう。

　同じく田畑の辞任劇を演出したとされる川島は、何を思っていたのか。政界入りの際には行動を共にし、政権の座にあっては幹事長として自らを支え、その後対立する関係となる岸信介は、表裏を知り尽くした川島を評してこういう。「政治における調和とは、往往にして足して二で割ること、と思われがちである。（略）しかし、川島くんの場合は、単に足して二で割る、というものではなく、原則というか、筋というか、川島君の考えている方向に事態を調和していく」[22]。

三　政治家・川島正次郎

■ 1　後藤新平の影

1960年の総裁選で勝馬に乗った形となった川島は、1961年に欧州視察旅行に行き、5月の帰国後「ヨーロッパの各国は都市への人口集中の対策に困っている。日本も同じなのだから、首都大臣を置くべきだ」との進言を池田首相に行ったという[23]。まもなく行われた内閣改造で、川島は行政管理庁長官、北海道開発庁長官として二度目の入閣を果たす。このとき川島が設置したのが、（第一次）臨時行政調査会である。おりしも1962年、東京の人口が1000万人を突破し、世界に類を見ない大都市となった。臨時行政調査会も首都制度について議論し、「首都行政の改革に関する意見」において、「首都圏庁」の設置が勧告された。「意見」では、「首都の過大都市化の弊害に、合理的に対処するためには、首都と社会的経済的または生活的に密接不可分の関連をもつ地域にわたり、緊急かつ根幹的な事項について、一体的な整備開発計画を策定し、その計画の上に立って、相互に関係なく策定されているために一体性を欠いている関係各行政機関の諸計画を強力に調整して、その総合性を確保することにより、合理的な整備開発をはかることが必要である」と

21　鈴木、前掲書、201-201頁。
22　岸信介「人間の機微を知る達人」、川島正次郎先生追想録編集委員会、前掲書、89頁。
23　川島正次郎先生追想録編集委員会、前掲書、374頁。

し、その「強力な計画・調整機関として総理府に首都圏庁を設置し、国務大臣を長とする独任制の機関とする」ことを提言している[24]。まさに、欧州視察旅行から帰国後の川島が主張したものと同じ構想が示されている。

　併せて、在任中の川島は組織委員会改革の必要性を進言し、1962年6月に自ら兼務と言う形で新設のオリンピック担当大臣に就任している。さらに、7月の内閣改造（第二次池田内閣（第二次改造））でも、行政管理庁長官、北海道開発庁長官に留任した川島は、これまで建設大臣との兼務が原則だった首都圏整備委員会の委員長に就任している。

　このように当時の川島は、首都問題に並々ならぬ関心を持っていたことがわかる。

　とはいえ、川島の首都問題への実践的な関与はここで一度中断する。11月には、首都圏整備委員会委員長のポストを建設大臣の河野一郎に譲り、翌年の内閣改造（第二次池田内閣（第三次改造））で閣外に去った。これが川島にとって最後の閣僚経験となった。背景には、自ら所属していた岸派の解散問題と、自派（交友クラブ）の旗揚げ（1962年12月）が影響したのかもしれない。これ以降、川島は派閥の領袖として党内での地歩を固め、池田三選後は自民党の副総裁に就任する。特にこの三選後に行われた第三次池田内閣の改造人事と党人事では、川島派はわずか20人足らずの中小派閥にもかかわらず、副総裁、外務大臣（椎名悦三郎）、農林大臣（赤城宗徳）を獲得し、川島の実力者ぶりが示された[25]。川島はその後、荒舩事件で引責辞任していた一時期以外、死ぬまで副総裁の地位にあったのである。

　副総裁として確固たる地位を築くと川島は、再び実践的な問題に取り組む。ひとつは、最終的に成田に決まることになる新空港候補地問題である。これも広い意味での首都問題であると言えよう。そして、選挙制度改革。川島は終生、小選挙区制度の導入を訴え続けた[26]。さらに、行政改革では川島は東京を含む一都三県における広域行政の展開や首相の補佐機関たる総合企

24　赤木須留喜「「首都行政の改革に関する意見」覚書」『都市研究報告』第38号、1973年、10-11頁。
25　川島正次郎先生追想録編集委員会、前掲書、386頁。
26　川島正次郎先生追想録編集委員会、前掲書、412頁。

画庁設置を唱え、総合的な計画・調整機関の必要性を最期まで主張し続けた[27]。

　小選挙区制や強力な計画・調整機関設置の提言。中小派閥の領袖という外面的なステータスから予想されるものとは裏腹に、川島は多元的で合意形成を積み重ねていく政治よりも、一元的で多数決主義的な政治を好んでいる印象を受ける。「政界の寝技師」として川島が勇名を馳せる機会となった総裁選はいずれも、現政権の延命や安定的な継承が目指している動きへの加担であり、主流派・反主流派の逆転のような大きな政変を伴うものではない。

　川島には終生、政界入りへの大きな足掛かりを作った後藤新平の姿が見えていたのではないか。つまりそこに見出していた理想の政治の姿は、安定した強いリーダーシップや機関のもとで展開される社会問題の総合的な解決ではなかったか。

　1964東京大会の実施にあってアスリートやスポーツのことをもっぱら考え、そこに「小さな宇宙」を作ろうとしている田畑の存在は、川島の理想とする政治スタイルとはそもそも合わなかったのではないか。

■ 2　川島正次郎と「東京」

　もうひとつ、川島の江戸っ子としての心性を推し量ってみたい。

　鈴木俊一は、1910年、現在の東京都昭島市（当時、東京府中神村外七ヶ村組合）で、東京府の技師の家庭に生まれた。東京帝大を卒業後に内務省に入るが、入省4年目に埼玉県庁への赴任を皮切りに1年11カ月で三県を廻ったのみで、内務官僚としての位人臣を極めながら、極めて短期間の地方勤務しか経験せず、東京・霞ヶ関に勤め続けた。また、第二次世界大戦の開戦後には、首都行政の一元化を目指し、東京府と東京市の合併による東京都制の誕生にも内務省地方局の一員として深く参画した[28]。

　田畑の後任の事務総長である与謝野秀も、1904年、現在の東京都渋谷区（東京府渋谷村）に生まれ、その後、千代田区（東京市神田区・麹町区）で育っ

27　川島正次郎先生追想録編集委員会、前掲書、434頁、464頁。村上勇「子孫に美田を残さず」、川島正次郎先生追想録編集委員会、前掲書、277頁。
28　鈴木、前掲書、256-279頁。

た。一高、東京帝大を経て外務省に入る。職業外交官として海外勤務は長い
が、生まれも育ちも東京であった。

　千葉選出の代議士でありながら、江戸時代からの艶やかさを残す日本橋で
育った川島は、1964年大会を前に変わっていくであろう、そして変わってい
く東京をどのように見つめていたのだろうか。

　香川出身の津島委員長と静岡出身の田畑事務総長が取り仕切る組織委員会
と、それを支える山口出身の岸・広島出身の池田ら首相たち、そして大阪出
身の東龍太郎都知事たちに、果たして単なるオリンピックの舞台として、あ
るいは経済成長のチャンスとして以上の「東京」が見えていたのだろうか。
江戸っ子政治家・川島が結局頼んだのは、東京で生まれ育った人たちであっ
た。これは果たして偶然なのだろうか。そこに細やかな抵抗を見出すのは穿
ち過ぎなのだろうか。

　東京2020大会を前にしたリオ2016大会の東京大会プレゼンテーション。東
京の地名を記号的に散りばめた歌を唄うアーティストが監修したというパ
フォーマンスとともに、東京の名所が脱文脈的にコラージュされた映像が流
れていた。

　東京はいつだって文化の盗用を宿命づけられた街である。芸妓をカリカ
チュアしたプロモーションは続く。川島の育った日本橋にはもう花街の面影
はほとんど残っていない。

　　　　　　　　　　　　　　　　　　　　　　　（木寺　元／政治学）

第**6**章

東京2020における
組織間関係

一　誰が何をどのように担当しているのか?

■ 1　目的と構成

　本章の目的は、第一に2020年に開催が予定されていたオリンピック・パラリンピック東京大会（東京2020）の開催準備における東京都と国の関係官庁の政府間関係を明らかにすること[1]、第二に、それらの行政機関と国際オリンピック委員会（IOC）や日本オリンピック委員会（JOC）、東京オリンピック・パラリンピック競技大会組織委員会（組織委員会）等のオリンピック関連団体との「組織間関係」を整理すること、そして第三に、それらの政府間関係・組織間関係から国と自治体との間に横たわる課題を抽出することにある。

　本章では以下の手順で議論が進められる。まず組織間関係のモデルについて、とくに「集権・分権」と「分離・融合」の二つの軸の定義について論じる。次にオリンピック関連団体相互の分析である。具体的には IOC と JOC や組織委員会がそれぞれどのような関係にあるのか整理する。また、それらの組織のなかでもオリンピック開催にあたって実務を担当する組織委員会と東京都との関係についても明らかにする。そのうえで、政府がどのような役割を果たそうとしているのか、平成三十二年東京オリンピック競技大会・東京パラリンピック競技大会特別措置法（オリ・パラ特措法）や東京オリンピック競技大会・東京パラリンピック競技大会推進本部（オリ・パラ推進本部）、ス

1　本来であればオリンピックに続いて開催されるパラリンピックについても取り扱うことができれば最善であったが、パラリンピックについては国際オリンピック委員会ではなく、国際パラリンピック委員会（IPC）が担当している。このため、パラリンピックについてまで分析の範囲を拡大すると、二つの競技会の準備運営を調査分析する形をとらざるをえなくなる。紙幅の関係もあることから、今回はオリンピック競技会のみをとりあげるべきと判断した。

ポーツ庁等についての分析を進め、東京2020開催準備における組織間の関係について、その全貌をとらえることとしたい。

■ 2　「集権・分権」と「融合・分離」

　日本政府と自治体との関係は、一般に「集権・融合」型に分類されてきた。そこでの集権（分権）とは、西尾によれば「国民国家に留保する権能を強化する指向を『集権』（centralization）と呼び、自治体に許容又は賦与する権能を強化する指向を『分権』（decentralization）と呼ぶ」ということになろうし[2]、秋月はさらに単純に「集権と分権は、様々な政策決定の権限において中央政府と地方政府のどちらが強いか、ということ」としている[3]。あるいは、その集権のあり方についても、戦前と戦後では変容を遂げているという議論もある[4]。

　本章では、「集権」については秋月の定義に概ね準拠し、国が当該制度や事業の基本的内容を決定する権能を有しており、自治体のとるべき行動を決めることができる状況を「集権」とし、その逆に、自治体が当該制度や事業の基本的内容を決定する権能を有しており、国は自治体のとるべき行動に対して強制力を有しない状況を「分権」と定義したい。

　次に、融合（分離）について、真渕の整理によれば、「実施の分離・融合」と「責任の分離・融合」とがある[5]。「実施の分離・融合」とは、集権・分権／融合・分離モデルを提唱した天川の定義に準拠し、「国の仕事を、地方に設置された国の機関が実施することを『分離』、地方に実施させることを『融合』と定義」している[6]。他方、「責任の分離・融合」とは西尾が天川モ

2　西尾勝『自治・分権再考〜地方自治を志す人たちへ〜』（ぎょうせい、2013年）13頁。なお本文中に引用した定義において西尾は「指向」に着目した定義を行っているが、別稿（西尾勝『地方分権改革』（東京大学出版会、2007年）10頁）においては「『国の事務』と分類される行政サービス提供業務が多ければ多いほど集権型、『自治体の事務』とされる行政サービス提供業務が多ければ多いほど分権型」と、事務事業の配分の程度に着目した定義を行っている。

3　秋月謙吾『行政・地方自治』（東京大学出版会、2001年）109頁。

4　たとえば比較的近年、中央地方関係の変動を取り扱った業績としては市川喜崇『日本の中央──地方関係──現代型集権体制の起源と福祉国家』（法律文化社、2012年）などがある。

5　真渕勝『行政学』（有斐閣、2009年）518-520頁。

6　真渕、前掲書519頁。

デルに「若干の自己流の改装」を施したものであり[7]、「国と地方の間での役割分担が明確に分かれている状態を『分離』、明確に分かれていない状態を『融合』」としている[8]。本章では、東京2020における準備・運営が、どのような役割分担の下に実施されているのか、という点に主たる関心があることから、「責任の分離・融合」の観点から分析を進めることにしたい。

■ 3　オリンピック関連団体への適用可能性

前項でみたような分析枠組みを IOC や JOC などの「民間」団体に適用することは、果たして可能であろうか。たしかに国内外の民間企業同士の契約といった「純粋な」民間組織と民間組織の取引全般について、行政学に由来する分析枠組みを当てはめるのは困難かもしれない。契約の当事者たる企業同士が集権でも分権でもなく「対等」である場合がありうる。また、両者が取り扱っている商品なりサービスがお互いに異なっている（分離が当然の前提である）からこそ取引が成立するともいえる。

しかし、IOC と JOC、開催都市、組織委員会の関係は、民間企業間の取引とは性質が全く異なる。何より IOC が「中央」の組織であり、JOC は各国に一つ設置されているいわば「地方」組織（NOC）に相当すること。加えて、両者が同一の法人の本部と支部という関係ではなく、全く別の法人格を有しており、それぞれに団体としての自律性を有しているという意味では、IOC と JOC の関係は国と自治体の関係と相似的であるともいえる。ゆえに、「IOC が東京2020の基本的内容を決定する権能を有しており、開催都市や組織委員会等のとるべき行動を決めることができる状況を『集権』とし、その逆に、開催都市や組織委員会等が東京2020の基本的内容を決定する権能を有しており、IOC はそれらの団体のとるべき行動に対して強制力を有しない状況を『分権』と定義」すること、そして、「IOC とそれ以外の団体との間での役割分担が明確に分かれている状態を『分離』、明確に分かれていない状態を『融合』」と援用することは、これらの組織間関係を把握するうえで一定の役割を果たしうるものと考える。

7　西尾・前掲注2の別稿9頁。
8　真渕、前掲書519頁。

二　IOCとJOC・組織委員会の組織間関係

■ 1　IOCの「集権性」

オリンピック憲章（Olympic Charter）では、その第1章「オリンピック・ムーブメント」規則1-1において、「オリンピック・ムーブメントは、国際オリンピック委員会の最高権限と指導（supreme authority and leadership）のもと、オリンピック憲章に導かれることに同意する組織、選手、その他の個人を包含する。（以下略）」と規定している[9]。同憲章から、IOCの「最高権限」の具体的内容、JOCや組織委員会との関係について読み解いていく。

まず、JOCのような国内オリンピック委員会（NOC）について、同憲章の規則1-2では、IOCや国際競技連盟（IF）と並ぶ、オリンピック・ムーブメントの「主要3構成要素」であると規定しているが[10]、その関係は必ずしも対等ではなく、規則3-2において、IOCがNOCとその定款を承認することとしている[11]。また、NOCが国内の立候補都市を独占的に選定することができるとしているものの、規則33「開催都市の選定」の1において、「開催都市の選定はIOC総会の特権（prerogative）である」と規定している。また、それら開催都市がIOCから委ねられるのは、オリンピックを開催する「栄誉と責任（honour and responsibility）」[12]および「組織運営」[13]であって、開催やそれに付随する権利ではない。この点について、同憲章では「オリン

9　オリンピック憲章は近年ではほぼ毎年改定される傾向にある。本章では、国際オリンピック委員会『オリンピック憲章』（日本オリンピック委員会、2019年）に掲載されている「オリンピック憲章」（2019年6月26日から有効）をもとに議論を進める。

10　「オリンピック・ムーブメントの主要3構成要素は、国際オリンピック委員会（IOC）、国際競技連盟（IF）、国内オリンピック委員会（NOC）である。」（オリンピック憲章規則1-2）

11　「IOCは、IOCの使命と役割に結びつく活動をする国内スポーツ団体をNOCとして承認することができる。IOCはまた、大陸または世界的規模で組織されるNOCの連合体を承認することができる。すべてのNOCとNOCの連合体は、可能な場合には法人格を所有するものとする。すべてのNOCとNOCの連合体はオリンピック憲章を遵守しなければならず、それらの定款はIOCの承認を得なければならない。」（オリンピック憲章規則3-2）

12　「オリンピック競技大会を開催する栄誉と責任は、オリンピック競技大会の開催都市に選定された1つの都市に対し、IOCにより委ねられる。しかし、適当であると判断できるなら、IOCは複数の都市、あるいは複数の地域、州、国など他の行政単位をオリンピック競技大会の開催地として選ぶことができる。」（オリンピック憲章規則32-2）。

ピック競技大会は IOC の独占的な資産（exclusive property）であり、IOC は
オリンピック競技大会に関するすべての権利（all rights relating thereto）を所
有する」（規則7-2）と、IOC の独占的権利を明確に規定している。

　次に、組織委員会について、同憲章は開催都市の国の NOC と開催都市が
上記のオリンピック競技大会の「組織運営」を行うために NOC が設立に責
任を持つと規定している[14]。ただし、IOC による組織委員会への関与が存在
しないわけではなく、規則35附属細則3において「OCOG（筆者注：組織委員
会のこと）はその設立から解散に至るまで、オリンピック憲章および IOC と
NOC、開催都市との間で取り交わす合意書、さらにその他の規則または
IOC 理事会の指示に従い、すべての活動を進めるものとする。」と規定して
いる。

　このようにオリンピック憲章を見る限り、オリンピック開催に関するすべ
ての活動が IOC の許容する範囲内で進められるよう、多数の規則によって
制度化されていることがわかる。なお、こうした IOC の規則による規制
は、開催都市の国の政府にまで及んでおり、「立候補申請都市の国の政府
は、国とその公的機関がオリンピック憲章を遵守すると保証する法的に拘束
力のある証書を IOC に提出しなければならない。」（規則33-3）としてい
る[15]。

■ 2　IOC と JOC・組織委の業務分担

　東京2020の開催とその準備において、IOC と JOC、組織委員会等との間
での業務の分担はどのようになっているのであろうか。IOC によって開催
都市に選定された東京都は、JOC とともに IOC との間で「開催都市契約」
を締結している（2013年9月7日）。この開催都市契約は、それまで契約当事

13　「オリンピック競技大会の開催地は、規則36 に明記するオリンピック開催地契約の規定に従
　い、大会の組織運営のため、責任を持って組織委員会（OCOG）を設立しなければならない。」
　（規則35）

14　前掲注13の規則35を参照。

15　また、オリンピック憲章は、各国の NOC と政府との関係について次のように規定してい
　る。「NOC は自身の使命を遂行するため、政府機関と協力することができる。その場合、調和
　のとれた関係を構築しなければならない。NOC はオリンピック憲章と相容れない活動には一切
　関わってはならない。NOC は非政府団体とも協力することができる。」（規則27-5）

者間の守秘義務契約により非公開とされていた。しかし、「東京2020大会への都民・国民の一層の理解を獲得するため、大会運営に関する情報公開を積極的に行う必要があることから」[16]、2017年5月9日、関連文書とともに公表されている。その内容をみると、「基本原則」「計画、組織および運営の原則」「宿泊施設の体制」「競技プログラムの策定」「文化プログラムおよび開催都市における活動の策定」「セレモニー、聖火と聖火リレー、メダルと賞状」「知的財産権に関連する事項」「財務上および商業上の義務」「大会のメディア報道」「その他の義務」等、大会運営全体を包括する構成となっている。この開催都市契約からは、東京2020の日程や実施種目、そして聖火やメダルなど、開催に不可欠な基本的な枠組みをIOCが企画し、開催都市やJOC等がその実施について責任を負う体制となっていることが見てとれる。

　開催都市契約の締結から4か月後の2014年1月24日、東京都とJOCは組織委員会を設立した。組織委員会は、併合契約にもとづいて開催都市契約に後から加わるとともに、開催都市契約に基づき、東京都とJOCとの間ですでに締結されている「ジョイント・マーケティング・プログラム契約」に拘束されることとなった。さらにこのジョイント・マーケティング・プログラム契約に基づき、組織委員会はIOCとの間で「マーケティング計画契約」を締結している。ジョイント・マーケティング・プログラム契約とは、組織委員会とJOCのマーケティング権と商業権をすべて結合するための契約であり、マーケティング計画契約とは、大会に関するすべてのマーケティング活動や商業活動について定めたものである。これらの契約の全ての内容についてIOCの承認が必要であり、契約の中で「明示的に許可」されていない活動については、東京都、JOC、組織委員会は参加できないこととされている。

　こうしたマーケティング・プログラムについて、杉浦は、「主なマーケティング・プログラムには、①大会放送プログラム（大会のテレビ放送、インターネット放送に関するプログラム）、②スポンサーシッププログラム（契約した

16　公益財団法人東京オリンピック・パラリンピック競技大会組織委員会HP「『開催都市契約2020』の公表について」(https://tokyo2020.jp/jp/news/notice/20170509-01.html、2019年11月2日閲覧)

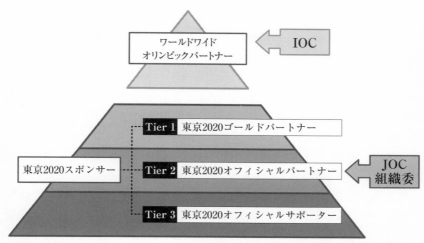

出典）公益財団法人東京オリンピック・パラリンピック競技大会組織委員会 HP「スポンサーシップについて」（https://tokyo2020.jp/jp/organising-committee/marketing/sponsorship/（2019年11月2日閲覧））に筆者が文言を追加

図1　東京2020におけるスポンサーシップの区分

業種の広告宣伝・プロモーションに関するプログラム）、③ライセンシングプログラム（大会マーク等を使用した商品の製造・販売や大会記念コイン・切手等に関するプログラム）、④大会チケット販売プログラム、があげられ、①は IOC のみ、②③は IOC、NOC、OCOG（筆者注：後者二つは JOC と組織委員会に相当）、④はOCOG が、それぞれ権利を有し、行使する」としている[17]。この記述をみると、②と③の事業において IOC と JOC 等が共存しているように見えるが、その役割分担は明確に分離している。たとえば、スポンサーシップについてみると、「ワールドワイドオリンピックパートナー」については IOC が直轄し、国内スポンサーについては、JOC と組織委員会が共同でマーケティングを行うこととなっている（図1）。ただし杉浦によれば、これら「国内スポンサー企業との締結についても、すべて IOC からの事前承認が必要であ

17　杉浦久弘「東京2020オリンピック・パラリンピック競技大会の準備状況」日本スポーツ法学会『アジアにおけるオリンピック・パラリンピック開催をめぐる法的諸問題──平昌、東京そして北京への法的整備の推進と課題──日本スポーツ法学会年報第23号』（2016年）12頁。

り、契約カテゴリーの調整等が必要である」とされる[18]。

■ 3　IOCとJOC・組織委は「集権・分離」型

ここまで、IOCとJOC・組織委員会等の日本国内の組織との関係について概観してきた。これら両者の組織間関係は「集権」「分権」のどちらであるかといえば、「IOCが東京2020の基本的内容を決定する権能を有しており、開催都市や組織委員会等のとるべき行動を決めることができる状況」であることから、これらの団体間の関係はIOCによる「集権」的な関係であると判断して差し支えないであろう。

　他方で、前項でみたように、東京2020の基本的な内容についてIOCは強く関与しているものの、その実施に当たってIOCは直接関与せず、組織委員会等の国内組織が「責任」を負う体制であること、また、スポンサーシッププログラムなど、一部の業務においてはIOCが直接参画するものの、ワールドワイドスポンサーはIOCが担当し、国内スポンサーはJOCと組織委員会等の国内組織が担当するというように、実施業務の分担については、明確な線引きがなされてきているともいえる。第1節で取り上げた「IOCとそれ以外の団体との間での役割分担が明確に分かれている状態を『分離』、明確に分かれていない状態を『融合』」という定義にもとづけば、IOCと組織委員会等との国内組織との関係については「分離」の関係にあると判断できる。

　以上、集権・分権／融合・分離モデルでみたとき、IOCと組織委員会等の国内組織との関係は「集権・分離型」に整理できる。このことは、IOCの方針を逸脱して東京2020を開催することは困難であることを強く示唆するものである。また、ここであらためて強調しておきたいのは、そうした責任をIOCに対して直接負っているのは、開催都市契約を交わしたJOCと開催都市である東京都、そして組織委員会の三者のみであり、日本国政府は直接の当事者ではない、という点である。

18　杉浦、前掲論文13頁。

三　開催都市東京都と組織委員会の関係

■ 1　東京都の体制と担当業務[19]

　2014年 1 月 6 日、東京都は庁内に新たにオリンピック・パラリンピック準
備局（オリ・パラ準備局）を設置した[20]。2019年度現在、同局は 5 部16課体制
で組織されている。総務部は主に、同局の予算・決算、組織・定数、人事、
広報・広聴等を、計画推進部は東京2020大会の運営や会場の調整等を、パラ
リンピック部はパラリンピックの企画調整と障がい者スポーツに関する事務
を、大会施設部は東京2020大会の競技会場等及びスポーツ施設の整備等を、
そして、スポーツ推進部はスポーツ及びレクリエーションの普及振興、ス
ポーツ施設の管理、ラグビーワールドカップ2019の開催、競技力向上に係る
施策等をそれぞれ所管している。その特徴は運営全般と様々な調整業務を担
当しているところにある。

　オリ・パラ準備局のもう一つの特徴は、その人数にある。2019年度の同局
の定員は366名であり、これは他の局と比較して極端に少ないわけではない
が、1000人を超える大規模な局が複数存在する中で決して定員が多いわけで
もない。東京都職員定数条例による2019年度の定員が38,853名、うち一般行
政部門の職員は約1.8万人存在する点に鑑みても結論は同様である。

　むろんオリ・パラ準備局のみが都庁内でオリンピックの準備にあたってい
るわけではない。財務局が有明アリーナ（仮称）とオリンピックアクアティ
クスセンターの施設整備等を、生活文化局が東京文化プログラムや外国人お
もてなしボランティア等の事業を、都市整備局が選手村の整備（大会後のまち
づくり）を、産業労働局が東京2020公認プログラムとして中小企業世界発信

19　前節で見た通り、JOC もジョイント・マーケティング・プログラムの当事者であり、契約上
　は東京都と組織委員会と共同でマーケティングを実施する主体ではあるが、東京2020の準備・
　開催において、その具体的作業に中心となって携わるのは東京都と組織委員会である。JOC も
　東京2020への選手派遣等の役割を果たすことになるが、これは他の国の NOC も同様である。
　それゆえ、紙幅の都合上、東京都と組織委員会についてのみとりあげることとした。
20　公益財団法人東京オリンピック・パラリンピック競技大会組織委員会 HP「東京都がオリン
　ピック・パラリンピック準備局を設置」（https://tokyo2020.jp/jp/news/notice/20140106-01.
　html、2019年11月 2 日閲覧）

プロジェクト2020を、港湾局が海の森水上競技場整備工事等を、建設局がカヌー・スラローム会場やアーチェリー会場（夢の島公園）および環状第2号線整備事業等を担当している[21]。しかしこれらの業務は見ての通り、施設整備と情報発信がそのほとんどを占めており、オリンピック開催の準備運営が都庁だけでは完結していないことがうかがわれる。

■ 2　組織委員会の体制と担当業務

　2014年1月に発足した組織委員会は、東京都とJOCが出資することで設立された財団法人である。2019年度現在、組織委員会の事務局は11局8室体制で準備にあたっている。11局とは総務局、企画財務局、広報局、マーケティング局、国際局、スポーツ局、大会運営局、警備局、テクノロジーサービス局、会場整備局、輸送局である。このほかに、事務総長直轄補佐機関として役員室、ゲームズ・デリバリー室、監査室、イノベーション推進室、パラリンピック統括室、セレモニー室、聖火リレー室及びデジタルマーケティング室が設置されている。

　一般の事務局と事務総長直轄補佐機関の切り分けの基準は明らかにされていないが、開閉会式（セレモニー室）や聖火リレー（聖火リレー室）といった重要なイベント、あるいは、内部監査（監査室）やアクセシビリティ（パラリンピック統括室）といったやや「特命」的な業務を直接補佐機関が担当する傾向がみてとれる。

　事務局本体についてみると、都・自治体・施設所有者等関係機関との調整（総務局）、国及びその他関係団体との連絡調整（企画財務局）、IOCやNOCとの連絡調整（国際局）、国内外の競技団体との連絡調整（スポーツ局）というように、すべての関係団体との連絡調整を担っているという点で、オリンピック準備のハブとしての役割を果たしているようにみえる点である。とくに、東京2020では33競技339種目もの実施が予定されており、それらすべての競技について、その国際競技団体（IF）や国内競技団体（NF）との連絡調整を行うことは決して容易なことではない。こうした開催準備の「実務」を組織

21　東京都HP「庁内各局の取組」（http://www.2020games.metro.tokyo.jp/jigyou/tyounai/index.html、2019年11月2日閲覧）

委員会が一手に担当しているように見える。

　野地ほか、報道によれば2019年4月1日現在、組織委員会には2,764名の職員が在籍している[22]。東京都オリ・パラ準備局の7倍を超える人員であり、オリンピック開催準備の「実働部隊」として活動している点がうかがえる。ただし、これらの職員はその多くが他の機関、団体からの出向者でまかなわれている。1,133名とやや職員規模が小さかった2017年度の比率ではあるが、職員全体の34.0％が東京都職員、次いで民間企業からの出向者が31.3％、地方自治体から18.4％、その他12.9％であり、国からの出向者はわずか3.4％である[23]。開催が近づくにつれて職員数を拡大させてきており、大会開催時には約8000名規模の職員が運営に携わる予定であるとされる。

■ 3　東京都と組織委員会は「分権・融合」型

　2016年7月に当選した小池百合子都知事は、東京2020について、「組織委は開催の総費用を公表していない」と指摘し[24]、推進体制を「抜本的に見直す必要がある」とした[25]。東京都は組織委員会に58.5億円出捐していることから、同年9月には、都の監理団体として指定する意向を示したが、組織委員会からの強い反対もあり、団体指定は見送られることとなった。

　オリンピックの準備を直接規定する条例等を東京都が制定していないことはすでに指摘したとおりであるが、加えて、東京都と組織委員会との間には、法制度上の指示命令関係が規定されているわけでもない。上記のような監理団体への指定を東京都が企図したのも、組織委員会が一定の「自律性」を有しているためであろう。東京都が設立に関与し、多くの職員を出向させ

22　野地秩嘉「『五輪裏方軍団』が60人から8000人に増員のワケ」『PRESIDENT Online』（https://president.jp/articles/-/29497、2019年11月2日閲覧）。組織委員会は一般に公開している文書において毎年度の職員数を公表していないようである。上記の野地の記事のほか、2019年4月1日付「産経新聞」web版（https://www.sankei.com/tokyo2020/news/190401/tko1904010002-n1.html、2019年11月2日閲覧）においても2019年4月1日時点での職員数を2,764名としている。

23　東京オリンピック・パラリンピック競技大会組織委員会『2020たより Vol.04』（2017年）6頁。

24　都政改革本部オリンピック・パラリンピック調査チーム「調査報告書（Ver.0.9）——"1964 again" を超えて——」（2016年）6頁。

25　都政改革本部オリンピック・パラリンピック調査チーム・前掲書3頁。

ているとはいえ、都と組織委員会との関係については、どちらか一方の権限が強い集権的な関係にあるというよりは、両者は相手のとるべき行動に対して相互に強制力を有しない状況にあるとみるべきであり、本章「一」でみた定義に従えば「分権」的関係にあるといえる。

　次に業務の分担についてみると、東京都は、「大会の準備と運営の主体は組織委。都庁やJOCではない」としているが、実際には、広報や会場整備・運営、パラリンピックの準備など、「共管」事項が複数存在している。むしろ、オリンピック準備の企画立案を相互に共管しているからこそ、費用負担等をめぐって都と組織委員会との間で調整が必要だった点に鑑みれば「都と組織委員会の間での役割分担が明確に分かれている状態」とまで断定するのは困難である。たとえば会場や選手村等の準備についてみると、施設の建設者で所有者たる都と組織委員会との間で連絡をとりながら具体的な整備が進められてきている。都と組織委員会の業務は「融合」の関係にあるととらえるのが妥当であろう。

四　国の機関との関係

■ 1　「国の関与」の正当性

　ここまで見てきた通り、開催都市契約の主体は東京都、JOC、組織委員会であり、国ではない。国は何を根拠としてオリンピックの開催準備に関与しているのであろうか。IOCで東京が開催都市に選定された1か月後の2013年10月4日には、内閣総理大臣決定に基づき、「円滑な準備に資するため行政各部の所管する事務を調整する2020年オリンピック・パラリンピック大会推進室」が内閣官房に設置され、2014年4月22日には、総理を議長とする「2020年オリンピック・パラリンピック東京大会等に関する閣僚会議」の開催が閣議決定されている[26]。さらに、2015年5月27日には国会で「平成三十

26　副議長は内閣官房長官、オリ・パラ担当大臣、文部科学大臣が務め、議員は他の全ての国務大臣と規定されていた。なお、2014年4月時点においては文部科学大臣がオリ・パラ担当大臣を兼務しており、副議長は2名体制であったが、同年12月からオリ・パラ担当大臣が文科相とは別に任命されるようになり、副議長3名体制となった。

二年東京オリンピック競技大会・東京パラリンピック競技大会特別措置法の一部を改正する法律案」が可決成立。7月24日、同法に基づき、内閣にオリ・パラ推進本部が設置されている。このようにみると、当初は内閣のみの判断に基づき大会準備に関与していたのが、後から国会で国の関与が法制化されたことがわかる。

　内閣のオリ・パラ推進本部は、本部長を総理が、副本部長を内閣官房長官とオリ・パラ担当大臣が務め、全ての国務大臣が本部員となることが規定されている（オリ・パラ組特措法5〜7条）。また、本部に関する事務は「内閣官房において処理し、命を受けて内閣官房長官補が掌理する」（9条）。具体的には、内閣総理大臣決定によって、内閣官房に「東京オリンピック競技大会・東京パラリンピック競技大会推進本部事務局」が設置されており[27]、内閣官房参与が事務局長を務め、各省から出向してきた統括官、審議官、参事官、企画官等が配置されている。なお、オリ・パラ担当大臣の設置根拠はオリ・パラ特措法ではなく、内閣府設置法の第9条であるが、本部事務局の事実上のトップを務めているとみて差し支えない。

■ 2　オリ・パラ推進本部の所掌事務

　オリ・パラ特措法はオリ・パラ推進本部の設置を規定するとともに、同本部の所掌事務として基本方針案の策定と実施、そのほか大会の円滑な準備及び運営に関する施策で重要なものの企画立案並びに総合調整を規定している。この「基本方針」は閣議決定事項とされ、「一　大会の円滑な準備及び運営の推進の意義に関する事項、二　大会の円滑な準備及び運営の推進のために政府が実施すべき施策に関する基本的な方針、三　大会の円滑な準備及び運営の推進に関し政府が講ずべき措置に関する計画、四　前三号に掲げるもののほか、大会の円滑な準備及び運営の推進に関し必要な事項」（同法第13条2項）を定めるとされている。

　2015年11月27日に閣議決定された「2020年東京オリンピック競技大会・東京パラリンピック競技大会の準備及び運営に関する施策の推進を図るための

27　「東京オリンピック競技大会・東京パラリンピック競技大会推進本部事務局の設置に関する規則」2015年6月25日、内閣総理大臣決定

基本方針」（基本方針）において、政府は前条の規定に基づき「今回の大会の
意義」を「2020年東京オリンピック競技大会・東京パラリンピック競技大会
についても、より多くの国・地域から参加者を迎え、世界中の多くの人々が
夢と希望を分かち合える歴史に残る大会にするとともに、自信を失いかけて
きた日本を再興し、成熟社会における先進的な取組を世界に示す契機としな
ければならない。（後段略）」としている。開催都市契約の主体でない組織が
「大会の意義」を規定する理由と根拠は必ずしも明らかではないが、国が関
与を進めようとしていることは明らかなようである。

　また、同基本方針の「基本的な考え方」において、国が組織委員会や東京
都等と「一体となって取り組むことが不可欠」としている（資料1）。そこで
は、組織委員会が「運営主体」であり、東京都が「大会準備を全面的にバッ
クアップする」のに対して、国は「大会の円滑な準備及び運営の実現に向け
て…関連施策を一体として確実に実行するとともに…必要な措置を講ずる」
としている。関連施策、および、必要な措置とは何であろうか。

資料1　「基本方針」における他機関との連携

> 　2．基本的な考え方
> （3）政府一体となった取組と関係機関との密接な連携の推進
> 　　大会の成功のためには、国、大会組織委員会、東京都及び競技会場が所在する
> 地方公共団体が一体となって取り組むことが不可欠である。大会組織委員会が、
> 大会の運営主体として、大会の計画、運営及び実行に責任を持ち、東京都が、開
> 催都市として、大会組織委員会の行う大会準備を全面的にバックアップするとと
> もに、外国人受入れ体制の整備、開催機運の醸成等に取り組む。国は、大会の円
> 滑な準備及び運営の実現に向けて、各府省に分掌されている関連施策を一体とし
> て確実に実行するとともに、大会組織委員会、東京都及び競技会場が所在する地
> 方公共団体と密接な連携を図り、オールジャパンでの取組を推進するため、必要
> な措置を講ずる。また、ラグビーワールドカップ2019に関係する施策について
> は、大会と共通する施策が含まれることから、連携して準備を進める。

■ 3　分権・融合型の政府間関係・組織間関係

そこでまず確認しておきたいのが、オリ・パラ推進本部が東京都や組織委
員会等に対してどのような権限をもっているのか、という点である。じつは
オリ・パラ特措法では、オリ・パラ推進本部について、関係行政機関や自治

体、独立行政法人、組織委員会等に対して「資料の提出、意見の表明、説明その他必要な協力を求めることができる」（8条）としているのみである。指示や命令どころか、勧告や助言すら規定されていない。国がオリンピックの開催と運営について直接の責任は負っていない以上、他の機関に対して強制力を発揮しえないのは当然のことではあるとはいえ、東京都と組織委員会が「当該制度や事業の基本的内容を決定する権能を有しており、国は自治体のとるべき行動に対して強制力を有しない」分権的状況であることは改めて確認しておきたい。

　では、国がこれらの機関と連携して何を実現しようとしているのか。オリ・パラ推進本部は、おおむね1年に1回、その取り組み状況を国会に報告することが義務付けられている。そこで、基本方針の主な項目とこれまでの取り組み状況を確認すると、基本方針の「3.　大会の円滑な準備及び運営」のように、セキュリティの確保や暑さ対策、競技力の強化等、大会の成否に直結する項目が掲げられている反面、およそオリンピックとは直接結び付かない項目も多数列挙されていることがわかる。とくに基本方針の「4.　大会を通じた新しい日本の創造」では、日本の技術力や日本文化の発信、健康長寿の実現が列挙されており、「自動走行技術を活用した次世代都市交通システム」「クールジャパンの効果的なPRの実施」「働き方改革等ワーク・ライフ・バランスの推進」などが実施されているようである。他方で、セキュリティや大会時の輸送、アンチ・ドーピングなど東京都や組織委員会とも共通する業務も実施されている。すべての業務が他の機関と融合関係にあるとはいえないが、大会準備に直接関係する事業ほど融合しているようにみえる。これらの業務について、少なくとも責任の分離が進んでいる状態と判断することは難しいのではなかろうか。

■　4　スポーツ庁の位置づけと役割

このようにみてくると、「スポーツ庁設置は、招致が実現したがゆえの産物である」とされているものの[28]、オリンピックの準備において、そのごく一部を担当しているに過ぎないことがわかる。庁内に「オリンピック・パラリンピック課」という「オリンピック」の名称を冠する課を抱えているが、

その所管はオリンピックの開催準備全般に関する事務ではなく、開催機運の醸成に関する業務が中心である。

　スポーツ庁全体としては、鈴木知幸によれば、運動施設整備費を国土交通省の所管に残したまま、全国障害者スポーツ大会にかかる予算は厚生労働省に残したまま、「スポーツ行政の指令的役割」を果たすことを目的の一つとして設置されたとされる[29]。そのため、スポーツ庁長官は元スポーツ選手で次長は文科省、「審議官は外務省、課長クラスは文部科学省、厚生労働省、国土交通省、農林水産省、経済産業省と、庁議メンバーの半分が非文部科学省」であるとされる[30]。なお、スポーツ庁の2017年度の定員は120名であり、文部科学省本省の1,758名、スポーツ庁と並び文科省の外局である文化庁の定員238名と比較しても、小規模な外局であるといえる。

■ 5　おわりに

　本章では、IOCとJOC、東京都、組織委員会との組織間関係、東京都と組織委員会との組織間関係、そして内閣に設置されたオリ・パラ推進本部等と東京都、組織委員会等との政府間関係・組織間関係について集権・分権／融合・分離モデルをもとに分析を行った。その結果、東京都や組織委員会、そして国の行政機関といった国内のアクターは、相互に「分権・融合型」の関係が成立しており、他方で、IOCとの関係においては「集権・分離型」の関係が成立していると整理できた。また、IOCとの開催都市契約等の関係においては、日本政府は当事者として関与していないにもかかわらず、オリ・パラ特措法等に基づきオリ・パラ推進本部が「今回の大会の意義」を策

28　中村祐二「団体自治とスポーツ庁の役割に関する政策的観点からの検討——財源を取っ掛かりとして——」日本スポーツ法学会『アジアにおけるオリンピック・パラリンピック開催をめぐる法的諸問題——平昌、東京そして北京への法的整備の推進と課題——日本スポーツ法学会年報第23号』（2016年）49頁。

29　鈴木知幸「スポーツ庁設置の沿革と課題」日本スポーツ法学会『アジアにおけるオリンピック・パラリンピック開催をめぐる法的諸問題——平昌、東京そして北京への法的整備の推進と課題——日本スポーツ法学会年報第23号』（2016年）92-93頁。

30　鈴木寛「スポーツ庁の概要と果たすべき役割」日本スポーツ法学会『アジアにおけるオリンピック・パラリンピック開催をめぐる法的諸問題——平昌、東京そして北京への法的整備の推進と課題——日本スポーツ法学会年報第23号』（2016年）67頁。

定しているという、必ずしも論理的整合性が明確でない現象が生じていることも確認できた。

　こうした錯綜した関係の「かなめ」にあたる位置を占めているのが、組織委員会であろう。IOC との間で交わされた開催都市契約に基づき、IOC の仕様通りに東京2020を開催するため、準備作業の実務にあたっているのが組織委員会である。こうした IOC との間での垂直的な関係を維持しつつ、同時に組織委員会は、開催都市の東京都知事と会場や費用負担等について交渉を進め、国とも連携を進めなければならない関係にある。問題なのは、地方（東京都）に強い権限が存在しているわけでもなく、実態としては権限が分散してしまっているというかたちでの「分権」である、という点である。これは、国による強い関与がないものの、かといって東京都や組織委員会が強いリーダーシップを発揮できるわけではないことを意味している。核になる存在が希薄な中で複数の主体が「融合」的に業務を進めるとき、相互に実施する施策の内容に齟齬を生じさせないようにすることができるのであろうか。あるいは、齟齬が生じたとしても混乱なく調整を進めることができるのであろうか。おそらく相当な調整コストが生じるはずであるが、その大半を負担することになるのは、「かなめ」の位置にある組織委員会であろうと推測される。

　2019年10月17日、IOC のトーマス・バッハ会長は突然、東京2020のマラソンと競歩を札幌で開催すると発表した。11月1日には IOC のジョン・コーツ調整委員長と小池東京都知事、森喜朗組織委員会会長、橋本聖子オリ・パラ担当大臣等が一堂に会した四者協議の場で、IOC の結論通り、札幌を会場とする「合意なき決定」がなされることとなったが、このときにも都知事と組織委員会会長、オリ・パラ担当大臣の態度と反応は足並みがそろっていなかった。2021年へ延期された今こそ、大会準備及び本番における調整コストを最小化するため、東京都と組織委員会、そして国の三者の連携協調がいよいよ不可欠になっている。

（西村　弥／行政学）

第3部

オリンピックと経済

■第7章

1984年ロサンゼルス大会
──アマチュアリズムからビジネスへ──

一　はじめに──なぜロサンゼルス大会なのか──

　本章では1984年7月から8月にかけてアメリカ合衆国カリフォルニア州の
ロサンゼルス市で開催された第23回オリンピック競技大会（以下、ロサンゼル
ス大会）を取り上げる。ロサンゼルス市がオリンピックを開催するのは、
1932年の第10回大会以来52年ぶり2回目のことであった。今から35年以上も
前のオリンピック大会を取り上げるのは、この大会が経済的な側面で、オリ
ンピックの歴史において大きな転換点となったからである。後に述べるよう

表1　ロサンゼルス大会に関する出来事

年	出来事
1972	ミュンヘン大会開催、選手村にアラブ系テロ組織が侵入し、イスラエル選手と役員11名を殺害する
1973	第四次中東戦争勃発、第1次オイルショック
1974	IOCがオリンピック憲章「第26条アマチュア規定」を削除
1976	モントリオール大会開催、膨大な赤字を残す
1977	アメリカ合衆国第39代大統領にジミー・カーターが就任
1978	第23回夏季オリンピック大会の開催都市がロサンゼルスに決定
1979	ソ連がアフガニスタンに軍事侵攻
1980	モスクワ大会開催、アメリカを初めとする西側諸国等がボイコット
1980	サマランチが第7代IOC会長に就任
1980	ユベロスがロサンゼルス大会の組織委員長に就任
1981	アメリカ合衆国第40代大統領にロナルド・レーガンが就任

に、オリンピックはロサンゼルス大会で採用された手法によって国際的ビジネス市場の一部に組み込まれ、オリンピック・ムーブメントに巨額のお金が流れ込むようになり、そのことが現在のオリンピックの華やかな装いを作り出している。

　しかしそのような変化は、表1に示すように、オリンピック大会自体が抱える課題、当時のスポーツ界特有の倫理、アメリカ合衆国内の政治経済的な事情等、様々な要因を背景に生じたものである。そこで本章ではまず、これら様々な要因について検討し、当時のオリンピックがビジネスツールへと姿を変えていった、あるいは変えざるを得なかった背景について確認する。さらに、どのような手法が国際的な複合スポーツ競技大会にビジネスとしての価値をもたらしたのかについても検討する。まずはロサンゼルス大会が開催される以前の数回のオリンピック大会についてふりかえり、当時のオリンピック・ムーブメント自体が抱えていた問題について確認しよう。

二　ロサンゼルス大会以前のオリンピック大会

1　ミュンヘン大会（1972年）

　1972年に西ドイツ（当時）のミュンヘンで開催された第20回大会では、テロリストたちが選手村を襲撃し、参加選手と役員が犠牲になるという事件が起きた。この事件は、1948年のイスラエル建国をめぐるパレスチナ問題がオリンピック・ムーブメントに持ち込まれたものである。イスラエルの独立と同時に、その独立を阻止するアラブ5か国との間に第一次中東戦争が始まったが、その混乱の中でパレスチナに住んでいた大量のアラブ人が難民（パレスチナ難民）となった。パレスチナ難民の一部は奪われた土地と財産を取り戻すためにゲリラ活動を行うようになるが、内部分裂を経てその一部は過激化し、イスラエルに対するテロを引き起こす。こうした動きの中でアラブ人ゲリラがイスラエルに捕虜として捉えられることになった。この捕虜となったアラブ人たちの解放を目的に、1972年8月26日から開催されていたミュンヘン大会の選手村に9月5日、アラブ系のテロ組織「Black September」のメンバーが侵入し、イスラエルの選手と役員を殺害あるいは人質にとり立て

こもったのである。西ドイツの地元警官隊とテロリストとの間で激しい攻防戦が繰り広げられたが、最終的に11名のイスラエル選手・役員、1名の警官が犠牲になった。オリンピック大会開催中に選手村で起こった事件ではあったがミュンヘン大会は中止にならず、競技は一時中断の後に再開された。

▎2　モントリオール大会 (1976年)

パレスチナを舞台とする中東戦争は、1956年の第二次、1967年の第三次と断続的に続くことになる。そして1973年にはエジプト・シリアとイスラエルの間で第四次中東戦争が勃発した。この影響を受けて石油輸出国機構（OPEC）に加盟する中東6か国が原油価格を70パーセント引き上げたために、世界規模の第一次オイルショックが起こった。こうして先進諸国の経済が混乱に陥る中、1976年にカナダのモントリオール市で第21回オリンピック競技大会が開催されたのである。開催準備中に起こったオイルショックは物価の高騰をもたらし、モントリオール大会の開催費用は当初の3億1000万ドルから最終的には約16億ドルへと膨れ上がった[1]。その結果、開催都市であるモントリオール市が膨大な赤字を負うこととなり、その返済には市民が支払った税金が充てられることになった。

　モントリオール大会では二つのタイプの大会参加ボイコット問題も起こっている。一つは人種差別に関するボイコットである。当時、アパルトヘイト政策をとる南アフリカにニュージーランドのラグビー代表チームが遠征したため、アパルトヘイト政策に反対するアフリカ諸国がニュージーランドのモントリオール大会への参加に反対した。しかしIOCはニュージーランドの参加を禁止しなかったため、22か国のアフリカ諸国がモントリオール大会への参加をボイコットすることになった。

　もう一つは「二つの中国」問題に関わっている。「中国」として中華人民共和国（北京政府）と中華民国（台湾）のどちらを承認するかという国際政治に関する問題がモントリオール大会でも表面化したのである。「二つの中国」問題をめぐって北京政府は1958年にIOCを脱退した。それ以来、IOCは

1　Montreal 1976 Summer Olympic Games Organizing Committee: Games of the XXI Olympiad Montreal 1976: Official Report 21, 1978, p58.

「中国」の正式な代表として中華民国（台湾）を承認していたが、開催国であるカナダ政府が中国として正式に承認していたのは北京政府だった。この問題をめぐって IOC は、台湾代表チームが「台湾」という名称を使いつつ「中国」の国歌と国旗を使用するという提案に合意していたが、最終的に台湾代表チームはモントリオール大会から撤退したのである[2]。

■ 3　モスクワ大会（1980年）

　1974年10月23日、オーストリアのウィーンで開かれた第75回 IOC 総会において、1980年夏季大会を旧ソビエト連邦（以下、ソ連）の首都、モスクワで開催することが決定した。ソ連は1922年の建国以来、そして共産主義国として初めて、オリンピック競技会を開催することになったのである。

　しかしソ連はその前年の1979年12月にアフガニスタンに軍事侵攻を行う。さらに前年の1978年にアフガニスタン国内で共産主義政権が成立したが、その後、国内にて共産主義勢力に対抗する武装蜂起が始まり全土に広がった。そのためにアフガニスタン国内の共産主義政権がソ連に対して軍事介入を要請したのである。この軍事侵攻に対してソ連に敵対しているアメリカ合衆国のカーター大統領は1980年1月、西側諸国に対してモスクワ大会への参加をボイコットするよう呼びかけ、最終的に日本や旧西ドイツといった西側諸国[3]、当時ソ連と対立関係にあった中華人民共和国、さらにはパキスタンやイラン、サウジアラビア、エジプトなどといったイスラム諸国など計50か国近くがモスクワ大会への参加をボイコットした。

　以上のように、1984年ロサンゼルス大会が開催される前の約10年間、オリンピック大会は開催するたびに政治的、経済的な問題に見舞われていたのである。現在とはまったく姿が異なるオリンピック大会は、その開催を引き受ける都市にも事欠く状態であり、存続の危機に瀕していたともいえる状態で

2　Ibid., p17.
3　西側諸国でもイギリスやイタリア、オーストラリア、オランダ、スペイン、フランス、ベルギー、ポルトガルなどは参加している。ただしイタリア、オランダ、フランスなど7カ国は競技には参加したものの開会式の入場行進には参加しなかった。詳細は池井優『オリンピックの政治学』（丸善ライブラリー、1992）を参照のこと。

あった。オリンピック大会の開催費用という経済面だけに目を向ければ、例えば開催都市に加えて開催国も連帯で保障するシステムにすれば当面は乗り切れただろう。しかし開催費用に関して開催国、つまり政府が関われば、その政府の立場を利用した政治的な問題がオリンピック・ムーブメントに介入してくることになる。こうした悩ましい状況をどのように打破するか、ロサンゼルス大会にはその模索も期待されていたといえるだろう。

三　アマチュアリズムからの解放

■ 1　アマチュアリズムとは

次にオリンピック・ムーブメントを含んだスポーツ界特有の事情として、アマチュアリズムの問題を取り上げる。アマチュアリズムとは、アマチュアという存在をめぐるスポーツ界特有の倫理であり、イデオロギーである。それではまず、アマチュアとは誰なのかについてみていくことにしよう。

アマチュアの意味を現在の一般的な辞書で探ると、次のような説明がある。

A　アマチュア【amateur】
　芸術・学問・スポーツなどを、職業ではなく、趣味や余技として行う人。素人。愛好家。アマ。(大辞林第三版)

B　【amateur】
1) a person who takes part in a sport or other activity for enjoyment or interest, not as a job
2) (usually disapproving) a person who is not skilled

(OXFORD Advanced Lerner's Dictionary)

AおよびBの1) からは、アマチュアとはつまりスポーツや学問を含む諸活動を行う人のことを指し、さらにはその活動は職業ではないことが条件になっていることがわかる。またこれらは価値中立的であるが、Bの2) からはやや否定的なニュアンスを感じ取ることができるだろう。しかしこのBの2) における否定的なニュアンスは、スポーツ界におけるアマチュアリズムと決定的に異なっている。つまりアマチュアリズムとは、職業としてでは

なく趣味の一環としてスポーツをすること、あるいはそうした立場にいる人を肯定的に、そうでない人々を否定的にとらえる考え方であると、まずは説明することができる。

　さらにスポーツ領域においてアマチュアがどのように定義されていたか、見ていくことにしよう。アマチュアについて定めたアマチュア規定として最も古いものとして考えられているのは、1866年に開かれた第1回全英陸上選手権大会の「参加者資格規定」である。そこではアマチュアについて以下のように説明されている。

　　　「かつて賞金目当てにプロフェッショナルと一緒に、あるいはこれに対抗して競技した者、生活費を得るために競技いかんを問わず練習を教えたり、それを仕事としたり、手伝いをしたことのある者、手先の訓練を必要とする職業（Trade）、あるいは雇用者としての機械工（Mechanic）、職工（Artisan）あるいは労働者、これらはアマチュアとは認めない」[4]（アマチュア・アスレチッククラブ、1866年）

　イギリスのアマチュア・アスレチッククラブによって成文化されたこの規定は、いくつかの条件に該当する人物をリストアップし、最終的にそれらの人々はアマチュアではないと説明しており、その定義の仕方は消極的なものである。いくつかの条件は次の二つの要素に大別できる。一つは「賞金目当て」「生活費を得る」といった〈金銭的要素〉、もう一つは「機械工」「職工」「労働者」といった労働者階級を対象とする〈階級的要素〉である。

　しかし後者の〈階級的要素〉はしだいに表面化しなくなる。内海（2007）によれば、全英陸上競技連盟は1880年に、上記規定から「機械工」「職工」「労働者」といった表現を削除した。そしてこうした背景には、当時の西洋社会における労働者運動、さらには社会主義運動の高まりがあり、あからさまに労働者階級を名指しでスポーツの世界から排除することは憚れたのである[5]。そして階級的な要素を持ち出さなくても、金銭的要素によって実質的には労働者階級の排除は達成できた。

　このようにアマチュアリズムとは、アマチュアによるスポーツの実践にこ

4　内海和雄『アマチュアリズム論』（創文企画、2007）p63-64.
5　同上、p64.

そ価値があるとし、アマチュア以外の人々をスポーツから排除しようとする、スポーツ界特有の倫理でありイデオロギーである。アマチュア以外の人々とはつまり労働者階級を意味しており、アマチュアリズムは当時のイギリスの階級社会を背景とする階級差別的な思想に基づいたものであった。

■ 2　アマチュアリズムの誕生と伝播

それではなぜ、労働者階級をスポーツの世界から排除しようという力学が働いたのだろうか。それは、〈近代〉スポーツの形成過程に関わっている。19世紀に近代スポーツがイギリスで誕生した当時、その主たる担い手は上流階級、そしてブルジョワ階級と呼ばれる中産階級の人々であった。言い換えれば近代スポーツは、生きていくために労働をする必要がなく余暇時間をもてあましていた上流階級やブルジョワ階級の男たちの文化として誕生したのである。

しかしスポーツは次第に労働者階級にも普及し、労働者たちが上流階級やブルジョワ階級と一緒にプレーしたり、あるいは上流階級やブルジョワ階級の大会に参加するようになる。しかし、上流階級やブルジョワ階級が肉体労働に従事する必要がない人たちなのに対して、労働者階級はわずかな賃金を稼ぐために日々肉体を酷使している人たちであり、スポーツをする身体としては後者のほうが鍛えられた状態にある。しだいに労働者階級のアスリートが上流階級やブルジョワ階級のアスリートに対して勝利を収めたり、大会で上位を占め多額の賞金を獲得するような状況になった。こうした状況は、たとえそれがスポーツに関することであっても、上流階級やブルジョワ階級の目には階級的な危機として写った[6]。その結果、上流階級やブルジョワ階級は労働者階級を自分たちの文化であるスポーツの世界から締め出すことを志向し、そうした意思が上述のアマチュア規定として成文化されたのである。

しかし、こうした事態はいってみればイギリスというヨーロッパの一島国

6　このことは、階級別人口構造の観点からも当然の帰結であった。つまりピラミッド型の人口構造において上部から上流階級、ブルジョワ階級、労働者階級が順に積み重なっていることを想定すると、労働者階級の人口が最も多いはずであり、その中から登場する優れたアスリートの数も相対的に多いはずである。

の中で生じたものであり、そうした意味では世界に共通する普遍性はもたない。それにもかかわらず、アマチュアリズムは日本も含めた世界の多くの国々において、スポーツ界の理想的な姿として認識されるに至った。それではこのアマチュアリズムは、どのように世界各国へと伝播したのだろうか。その答えは、やはり19世紀末期に復興した〈近代〉オリンピックにある。

　オリンピック・ムーブメントとアマチュアリズムはどのような関わりをもつのだろうか。本書第1章で詳述されているように、〈近代〉オリンピックはフランスのビエール・ド・クーベルタン男爵の尽力により復興した。しかし彼が呼びかけたオリンピックの復興に対してイギリスのブルジョワ階級は、長い間冷たい反応をしていたという。ブルジョワ階級の間には、自分たちこそがスポーツやその競技会の権威者であるべきという自負があったのだろう。クーベルタン自身は労働者スポーツを高く評価していたというが、オリンピックの復興のためにはイギリスをはじめとするヨーロッパ各国のスポーツの権威者、つまり各国のブルジョワ階級の協力が必要であり、アマチュアリズムをオリンピック・ムーブメントに取り入れざるを得なかったのである。1901年にパリで開催されたIOC総会にてIOCとしては初めてのアマチュア規定が制定され、アマチュアリズムはオリンピックに出場するアスリートの条件として設定されたのである。そして〈近代〉オリンピックが世界各国に普及すると同時に、アマチュアリズムは〈近代〉スポーツの普遍的なイデオロギーとして伝播することになる。

▌3　アマチュアリズムが抱える矛盾[7]

このようにオリンピックという「船」に乗って海を越え、イギリスから世界各国へと伝わっていったアマチュアリズムはその後、スポーツ界の倫理として根付いていくことになる。しかし次第に、スポーツの普及・発展や当時の社会的背景とアマチュアリズムの考え方との間にある矛盾が表面化してくる。ここではアマチュアリズムがどのような矛盾を抱えていたのかについてみていく。

7　これについては内海（2007）の議論を参考にした。内海和雄、前掲書、p121-175.

（1）冷戦構造を支えた政治的・経済的制度との矛盾

　第二次世界大戦後から1991年にソ連が崩壊するまで、世界は核兵器による抑止力に基づく東西の冷戦構造にあった。東はソ連を中心とする社会主義、共産主義諸国、西はアメリカを中心とする民主主義、資本主義陣営である。しかしアマチュアリズムの考え方は東と西いずれの政治的・経済的制度とも矛盾したのである。

　上述のように、アマチュアリズムの理念の要因は〈金銭的要因〉と〈階級的要因〉であった。つまりスポーツの場から労働者階級を排除し、スポーツの実践にかかわる金銭の授受を否定すると同時に、スポーツで経済的利益を得なくともスポーツを行ったり生活を送っていける上流階級やブルジョワ階級によるスポーツを是とする考え方である。共産主義の定義上の要素としては、「財産の私有を否定」「すべての財産を社会的に共有」「貧富の差や階級対立のない共同社会を実現しようとする思想・運動」「労働者階級が主体となって築く」などをあげることができるだろう[8]。要は資本主義の基礎となる資本家階級と労働者階級といった階級構造を打ち壊すための労働者階級による革命を志向しているわけだが、労働者階級をスポーツの場から排除しようというアマチュアリズムはまずこの点で共産主義とは相容れない。

　他方、資本主義的な観点から見ると、アマチュアリズムの理念として〈金銭的要素〉があったように、スポーツにまつわる実践において金銭の授受を否定している。世の中において価値のあるもの（スポーツの場合は卓越したスキルやパフォーマンス、指導力など）にそれ相当の対価を支払うのが資本主義的な経済活動の基本原則だとすると、イギリスで形成されたアマチュアリズムの理念は、その国がよって立つ資本主義という経済システムとも相容れないのである。第二次世界大戦後の冷戦構造において世界が共産主義と資本主義とに色分けされる中で、アマチュアリズムの理念はどちらとも矛盾を生じるようになっていく。

（2）スポーツの発展の障害に

　次はスポーツ界内部の事情である。ある国や地域にスポーツが伝播し、そ

8　共産主義の定義は、その捉え方によってかなり幅がある。ここでは極めて一般的なレベルの定義によっている。

の後普及発展していく姿を説明するモデルとして、「高度化」を縦軸、「大衆化」を横軸におくモデルがある。多くのスポーツ種目をより多くの人が実施するようになり大衆化が進めば、その中から優れたアスリートが輩出され高度化が進む。オリンピック大会などで優れたパフォーマンスを残すアスリートは人々に影響を及ぼし、より多くの人々がスポーツを実施するようになる。このようにスポーツ実施に関わる「大衆化」と「高度化」が相互影響を及ぼすことによって、その国や地域のスポーツが発展していく、というモデルである。

　一方、アマチュアリズムは上流階級やブルジョワ階級がスポーツを独占したいがために労働者階級をスポーツから排除することを企図した理念であり、アマチュアリズムを遵守している限り、スポーツを実施できる人はごく一部の人々に限られることになる。また労働者階級をスポーツから排除したいのは、要は労働者のパフォーマンスがよく、上流階級・ブルジョワ階級が労働者階級に負けるわけにはいかなかったからである。つまり、アマチュアリズムはスポーツの高度化をも妨げることになる。以上のように、アマチュアリズムはスポーツ領域に特有な理念ではあるが、より厳密にはイギリスというヨーロッパの島国における上流階級・ブルジョワ階級の価値観に基づいた理念であり、スポーツがイギリスからヨーロッパ、全世界へと伝播し発展していく段階になると、各国や地域におけるスポーツの発展の障害になっていったのである。

（3）各競技ごとの事情

　スポーツ界の内部事情としてはもう一点、各競技ごとの事情がある。これまで "スポーツ" と表現してきたが、スポーツにも数多くの競技があり、それぞれに誕生の歴史的背景や発展の経緯等がある。その中で、アマチュアリズムを受け入れる程度や時期にはかなり違いが生じていた。例えばわかりやすい例としてサッカーとラグビーがある。これらの競技はもともとは一つのフットボールとしてあったが、1863年に「手を使わない」ルール派のサッカーと、「手を使う」ルール派のラグビーに分離した。サッカーではすでに1885年にはプロが認可され、20世紀初頭にはプロフェッショナルが主体になっていたというが、ラグビーにおいてプロのプレーヤーが容認されたのは

1995年のことであり、アマチュアリズムを長い間精神的な基盤としてきた。
このようにフットボールという同一の起源をもつサッカーとラグビーであっ
ても、アマチュアリズムの受容の程度や時期には大きな隔たりがある。また
アマチュアリズムという理念にはこだわらないものの、現在でもプロのアス
リートやリーグが存在しない競技もある。各競技それぞれの競技会開催であ
ればそれほど問題は生じないが、オリンピック大会のように複数の競技が同
じ枠組みで実施される競技会の場合、各競技団体が定める基準をオリンピッ
ク側が定めるそれに合わせる必要がある。例えば上述のようにサッカーでは
1920年代にはすでにプロフェッショナルが主体となっていたが、その頃オリ
ンピック大会に出場できるのはアマチュアのアスリートに限られていた。そ
の結果、20世紀の長きにわたって強豪国のトップレベルのサッカープレー
ヤーたちはオリンピック大会には出場してこなかったのである。

（4）グレーなアマチュアの登場

　東西冷戦構造はアマチュアリズムに対してまた別の影響を及ぼしてもい
る。1970年代以降、西側諸国のアスリートたちはスポンサーやサプライヤー
と呼ばれる民間企業から資金援助や物品提供を受けてスポーツ活動を展開す
る傾向が強まり、それらがアマチュア規定に抵触するか否かが一つの論点と
なった。しかし、共産主義国においてはその思想として私企業（＝民間企業）
は存在せず、つまり私企業から資金援助や物品提供を受けるアスリートは存
在しないことになる。しかし実態としてはそれぞれの国家がアスリートの練
習環境、指導者、遠征等の費用を準備する養成システムが構築されていた。
国家によって養成されるこのようなアスリートは「ステート・アマチュア」
と呼ばれる。他には、東西には関わらず軍隊や警察、消防といった近代国家
が備える機関の中で養成される「ミリタリー・アマチュア」、日本における
顕著な例であるが、民間企業が自社の社員としてアスリートを採用し、一定
時間業務に従事させつつ練習時間や環境、指導者、遠征費等を提供すること
によって養成される「カンパニー・アマチュア」、そして大学等でスポーツ
のパフォーマンスによってアスリートを入学させたり、練習環境や指導者、
あるいは奨学金を準備するといった教育機関で養成される「カレッジ・アマ
チュア」など、プロフェッショナルではないがアマチュアとも言い難いグ

レーゾーンに属するアマチュアが登場する。こうしたアマチュアの存在により、アマチュアリズムの理念と実態はさらに乖離してくことになった。

■ 4　IOC 会長の交代

　アマチュアリズムがオリンピック・ムーブメントにおいて遵守され、また解消されていくという動向には、IOC 会長の信念も大きく影響している。特に第5代会長であるアメリカ人、アベリー・ブランデージの存在は欠かせないだろう。ブランデージ会長は大学で土木工学を学び、卒業後は建設会社を設立し経営した事業家である。また陸上競技のアスリートであり、25歳の時にストックホルム大会の近代5種競技と10種競技に出場している。その後、41歳で全米体育協会（Amateur Athletic Union）会長、42歳でアメリカオリンピック委員会会長、43歳で国際陸上競技連盟副会長と、国内外スポーツ界の要職を務める。IOC との関わりは58歳の時に副会長に就任したことから始まり、65歳にて IOC の会長の座に就くことになった。IOC 会長としてのブランデージの信念は、いくつかの物議を醸すことになる。彼はアマチュアリズムの強い信奉者であり、その信念が強く表れた事例として、1972年の札幌冬季大会にオーストリアのカール・シュランツを出場させなかった件がある。シュランツ選手は当時のアルペンスキーの主力選手であったが、彼がスキー用品メーカーから用具の提供を受け、かつメーカーの広告に貢献していることがプロフェッショナルとして見なされたのである。現在ではあたりまえのアスリートとスポーツ用品メーカーとの関係が、当時のアマチュア規定では違反に問われかねないことを示す事例である。

　ブランデージ会長はパレスチナゲリラ事件に揺れたミュンヘン大会後に IOC 会長を退いた。後任としてアイルランド人のマイケル・モリス・キラニン男爵が、1972年から1980年までの8年間、IOC 第6代会長を務めた。後述するようにキラニンの IOC 会長在職中にオリンピック憲章からアマチュア規程が削除されたが、キラニンがアマチュアリズムやその規定の削除に対してどのような立場であったについて多くは語られていない。

　さらにキラニンの後を継いだのがスペイン人のファン・アントニオ・サマランチである。彼自身はアスリートとしてオリンピック大会に出場した経歴

は持たないが、スポーツジャーナリストを経てスペインのスポーツ長官、スペインオリンピック委員会の会長などスポーツ官僚として活躍した。1974年から1978年の4年間、IOCの副会長を務め、キラニン会長の辞任を受けて第8代IOC会長に就任した。ブランデージの方針とはまったく異なり、サマランチはオリンピック大会をプロ化容認の方向に導くことによって各競技のトップレベルのアスリートがオリンピック大会に出場することを実現し、それによってオリンピックの商業的・メディア的価値をそれまで以上に高めたといえる。

■ 5　アマチュアリズムの崩壊とプロ解禁

　以上のような会長交代の流れの中で、IOCは1974年にオリンピック憲章の「第26条アマチュア規定」を削除した。これはつまり、IOCとしてオリンピック大会に出場するアスリートにアマチュアに関する条件は設けないということを意味しており、オリンピック大会がオープン化した（プロにも開かれた）ことになる。上述のように各競技によってアマチュアとプロの勢力図はかなり異なる。したがってオープン化以降、オリンピック大会にプロが参加できるか否かの判断は各競技に委ねられることになった。そして実際にプロのアスリートがオリンピックに出場したのは、1984年のロサンゼルス大会のことである。この大会では、サッカーでワールドカップへの出場経験がないプロのプレーヤーに限って出場が認められた。また公開競技として行われたテニスでは、21歳以下のプレーヤーという年齢制限付きでプロのプレーヤーが出場した。

四　アメリカ国内の政治経済的背景

　上述のように、1984年のオリンピック大会開催都市がロサンゼルスに決まったのは1978年のことである。この頃、アメリカ国内は政治的、経済的にどのような状況だったのだろうか。ロサンゼルス大会の開催が決まった1978年当時はジミー・カーター大統領（民主党、1977年1月～1981年1月）在任中であった。1981年1月からはロナルド・レーガン（共和党、1981年1月～1989年1

月）が大統領に就任し、オリンピック大会開催の準備期間中に民主党から共
和党へと政権が変わっている。カーター政権時代のアメリカ国内は経済にお
いて「動揺、不安および不満」に支配されており、政権最後の年となる1980
年には「すでにより保守主義的な方向への動きが現れていた」[9]。過去20年
にわたる諸々の経済政策は概して「政府の比重の増大」傾向にあり、インフ
レと不況に襲われ、失業率も高いという当時の状況を打破するためにはこの
傾向を見直す必要に迫られていたのである[10]。こうした流れに沿い、レーガ
ン政権は国防費以外の歳出を削減し、同時に大幅な減税と規制緩和を行うな
ど市場原理を重視した経済政策を実施した。他方、軍事面ではカーター政権
時代の軍縮政策や外交上の失策を背景に、レーガン政権では軍事費を拡大す
ることになる。このようなレーガノミクスと称される一連の経済政策の時期
に、ロサンゼルス大会の開催準備は重なっていたのである。

　こうした経済政策をとるレーガン政権の立場としては、例えオリンピック
といえども税金の支出は控えたかっただろう。また違った面からみるなら
ば、政府からの補助金支出はつまり合衆国政府がロサンゼルス大会に関与し
ていることを意味する。すでにみてきたように過去数大会のオリンピック大
会では政治的な問題が立て続けに起こっており、万が一ロサンゼルス大会で
も発生した場合に、合衆国政府としてはそうした問題に巻き込まれたくない
という思惑もあっただろう。

　開催国であるアメリカには以上のような政治的、経済的背景があった。そ
してこれらの条件は、オリンピック大会がそれまでのような国家主導の公的
要素の強い国際競技会から脱し、民間の活力を利用したビジネス的なシステ
ムを導入した大会へと姿を変える大きな契機となったといえるだろう。

五　ロサンゼルス方式

　以上みてきたような国内事情や国際政治上の動向、さらにはオリンピッ

9　ハーバート・スタイン（土志田征一訳）『大統領の経済学』（日本経済新聞社、1985）p221-
222.
10　同上、234-235.

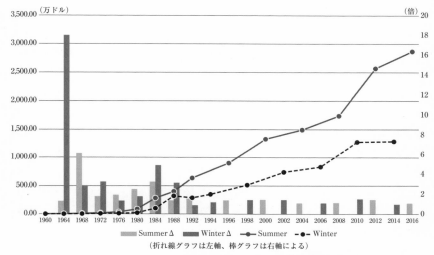

図1　オリンピック大会のテレビ放映権料と伸び率の推移

ク・ムーブメント内の事情が複雑に絡み合う中、ロサンゼルス大会の開催に向けた準備が進められた。その中でまず特記すべき点は、大会組織委員長に就任したピーター・ユベロスについてであろう。ユベロスは1937年9月2日生まれ。この日は近代オリンピックを復興したクーベルタン男爵が亡くなった日でもあり、因縁を感じさせる。ユベロス自身は水球をはじめとしていくつかのスポーツをプレーしていたが、オリンピックに出場するレベルには至らなかった。大学卒業後、26歳にて旅行会社を設立し、10年以上かけて北米を代表する旅行会社に成長させた実績を持つ事業家である。ユベロスは1980年にロサンゼルス大会の組織委員長に選ばれた。オリンピック大会開催という巨大プロジェクトをリードする人物をスポーツ界に限らず広く社会から探し出し、ビジネス界で成功した実績を持つ人物を選んだことは極めて合理的であろう。

　「赤字を残さない」という至上命令を達成するために、ユベロスは収入の確保と支出の削減に取り組んだ。収入を確保するための方法として注目すべきは次の3つである。

（1）テレビ放映権料

　オリンピック大会のテレビ放映権はすでに1960年のローマ大会から発生している[11]。しかしユベロスは、その権利の価値を高めるために放映権を与えるテレビ局を1カ国につき1社に制限し、さらに一発入札に変更した。そうすることによってテレビ局間に権利獲得に向けた競争が生じ、放映権料はつりあがることになる。結果として、アメリカ国内のテレビ局としてはABCが2億2500万ドルで独占放映権を獲得した。図1にはオリンピック大会のテレビ放映権料の伸び率[12]を示した。それまでの放映権料の総額を超える[13]2億2500万ドルという放映権料の額も去ることながら、前大会に対する伸び率においてもロサンゼルス大会のテレビ放映権は2倍を超える伸びを示している。1カ国につき1社という制限と一発入札によって値が上がったテレビ放映権料は、収入の確保に大きく貢献したといえるだろう。

（2）スポンサー協賛金

　スポンサーとなる民間企業から協賛金を得るシステムもロサンゼルス大会の前から採用されていた。しかしロサンゼルス大会以前は、少額の協賛金を多くの民間企業から集めるといったやり方であり、そこに競争原理は働いていなかった。そこでユベロスはやはり一業種につき1社に制限することによって競争原理を持ち込み[14]、協賛金額の吊り上げにも成功した。またスポンサー企業には1社につき最低400万ドルの協賛金が求められた。そしてスポンサーとなった民間企業は、五輪のロゴやロサンゼルス大会の公式ロゴ、後述する公式マスコットのイラストなどを自社の製品の販促に使用する権利を与えられたのである。

（3）記念グッズ売り上げ

　各オリンピック大会の公式マスコット自体もロサンゼルス大会以前から作られていたが、その頃は大会の事前PRで使用された程度だったという。ユ

11　広瀬一郎『「Jリーグ」のマネジメント』（東洋経済新報社，2004）p139-155.

12　ここでの伸び率とは、ある大会のテレビ放映権料を前大会のそれで除した値である。

13　David Goldblatt: The games: a global history of the Olympics, W W Norton & Co Inc, 2016, p312.

14　1980年レークプラシッド冬季大会では371社あったスポンサーは、ロサンゼルス大会では30社に絞られた。

ベロスはロサンゼルス大会の公式マスコット「イーグルサム」も商品として扱い、さまざまな記念品として商品化すると同時に、その使用権をスポンサー企業に制限することで収入を得るツールに仕立てた。

　このようにみると、ユベロスがオリンピック大会の運営に持ち込んだ理念は「制限」と「独占」[15]だということができる。放映権、使用権などの権利を制限することによって価値を高め、権利を獲得した対象に独占的にその権利を与える、という手法である。それまでにすでにオリンピック大会のマネジメントに採用されていたテレビ放映、スポンサー協賛金、公式ロゴやマスコットの管理に「制限」と「独占」という要素を持ち込むことにより、ユベロスはオリンピック大会をお金を集めることができるイベントに変えたのである。

　こうして多額の収入を確保する一方で、支出の制限にも努めた。ロサンゼルス大会の開会式、閉会式が行われた会場は、1932年のロサンゼルス大会で使用した陸上競技場を改装したものである。また、新たに選手村を建設するのではなく、近隣の大学の寮を改装して選手村として使用した。さらに2万8742人のボランティア[16]を活用して人件費も抑えた。こうした工夫により「赤字を残さない」という至上命令を達成し、大幅な黒字を生み出した。ユベロスが導入した以上の手法は「ロサンゼルス方式」と呼ばれ、その後のオリンピック大会やワールドカップなどの国際競技大会において標準的なビジネスモデルとして活用されるようになる。

六　ロサンゼルス大会が残したもの

　ロサンゼルス大会は最終的に2億2300万ドルの黒字を残した[17]。ユベロスが導入したビジネスモデルによってオリンピック大会は、赤字を生み出す国

15　広瀬一郎『「Jリーグ」のマネジメント』(東洋経済新報社、2004) p139-155.

16　https://www.olympic.org/los-angeles-1984 より

17　この額は、ABC がこの大会の様子をアメリカ国内に向けて放映するために支払った金額とほぼ同じである。

際競技大会から利益とビジネスチャンスを生み出すスポーツ・イベントに生まれ変わった。そして IOC 自身も含めて世界中の人がそのことに気づいたのである。

　そうした変化の突破口になったのは、アマチュアリズムからの脱却であったといえよう。競技によって事情は異なるものの、プロ化を容認したことによってオリンピック大会は商業的・メディア的価値をそれまで以上に高めた。そしてオリンピック大会へのビジネスモデルの導入、それを支持した IOC 会長サマランチの登場、さらには開催国の政治経済的な背景、こうしたことが同期的に絡み合い、ロサンゼルス大会を成功へと導いていったのである。

　オリンピック大会はその後、サマランチ会長のリーダーシップのもと、大会規模を拡大させ、それはビジネスとしてのマーケットを拡大していくことになった。同時にエンターテイメント性もまとい、4 年に一度のグローバルなスペクタクル・イベントと成長していく。1984年大会の開催に立候補していた都市はロサンゼルス市のみであったが、その後は世界中の主要都市がオリンピックの開催地に名乗りを上げるようになった。開催都市にとってオリンピック大会は、その都市の世界的なステイタスを示す期間限定の展示場となり、また経済効果をもたらすとも言われている[18]。

　オリンピック大会の様々な側面における価値の高まりは同時に、そうした価値を失わないための新たな対応を求めることになる。ドーピングは、1980年代には東西両陣営諸国においてかなり普及していたが、オリンピック大会の価値の高まりはアスリートをさらにドーピングへと誘引することになる。そしてその影響は1988年のソウル大会において早速表面化する。これ以降、オリンピック・ムーブメントはロサンゼルス大会において発見した価値を失わないよう、ドーピング問題に対する取り組みに本格的に踏み込んでいくことになる[19]。

（高峰　修／スポーツ社会学）

18　オリンピック大会の開催が開催都市にもたらす経済効果の評価については、本書第8章を参照のこと。
19　ドーピング問題の詳細については、本書第3章を参照のこと。

第8章

オリンピックに経済効果は必要か
──「経済効果」入門──

一　はじめに

　大規模なスポーツイベントの招致、さらにその開催にあたってその「経済効果」が喧伝されることは多い。2019年に行われたラグビーワールドカップ2019™日本大会における、「経済効果は4372億円」といった報道は記憶に新しいところだろう[1]。日本代表チームの善戦による注目や人気高揚に経済効果が花を添える形になった。同組織委員会では直接効果1917億円、経済波及効果4372億円、GDP 増加分2166億円とレポートしている。また、スポーツイベントに限らず、各種公共事業から地域 PR キャラクター[2]まで各種の施策について「経済効果」が推計される事例は多い。

　しかし、この経済効果とは具体的には何を指すものなのだろう。その数字・金額のインパクトばかりに注目が集まり、その内容について十分な報道が行わることは少ない。その推計方法についてはなおさらである。

　東京オリンピック・パラリンピック大会（東京2020）に関する経済効果として、もっとも広く知られているのは2017年に東京都が発表した経済効果約32兆円、雇用誘発数約194万人という数値だろう[3]。オリンピック17日間、パラリンピック13日間の合計30日間のイベントの経済効果が GDP の 6 ％にも匹敵し得るというのはどのような意味を持つのだろう。また、いかなる根拠によってかくも莫大な「経済効果」なるものを算出し得るのだろう。

1　ラグビーワールドカップ2019 組織委員会「ラグビーワールドカップ2019大会前経済効果分析レポート」（2018年 3 月20日）。
2　日本銀行熊本支店「くまモンの経済効果」（2013年12月26日）。
3　東京都オリンピック・パラリンピック準備局「東京2020大会開催に伴う経済波及効果（試算結果のまとめ）」（2017年 3 月26日）。

　本章では、一般的に用いられる「経済効果」の算出方法を紹介することを通じて、スポーツイベント・その他各種政策における「経済効果」の性質を考える。また、これらの考察を通じて、転換期を迎えつつある今後のオリンピック・パラリンピックやその他スポーツイベントの未来について議論の契機を提供したい。

二　「経済効果」の推計方法

　経済効果推計は多くの場合、産業連関分析、回帰分析いずれかによって行われる。産業連関分析の特徴は、比較的近い時点での産業構造を所与としてイベントによる追加需要がもたらす経済波及効果を推計する点にある。そのため、開催地域の特徴に対応した推計が可能となる一方、追加需要額の選択が恣意的になりがちな点や需要側面のみに注目しているという問題点が残る。一方の回帰分析による推計は過去の類似イベントのデータを用いて推計するため、これらの欠点からは逃れることができるものの、当該イベントの——例えば東京2020独自の要因について考察することができない。一長一短の分析手法であることを踏まえたうえで、両手法の基礎を解説しておこう。

■　1　産業連関分析入門

産業連関表は産業ごとの生産量、生産のための原材料費購入量、販売先に関する行列形式の表である。ここでは、ある地域の農業と工業のみからなる単純な経済構造を例に説明しよう（表1）[4]。

　表1（a）の取引基本表をヨコ（行）方向に読むと、ある産業の生産物がどこに販売されたかがわかる。なお、中間需要は他の財・サービスの原材料としての需要、最終需要は家計による消費などその後の加工のためではない需要を表す。表1から農業部門が生産した300万円分の農作物は、

　　　・農業部門の中間投入むけに販売　　30万円

4　数値は総務省『平成27年（2015年）産業連関表』（2019年6月）94-100頁の例示を用いた。

表1　仮想的な産業連関表

(a) 取引基本表　　　　　　　　　　　　　　　(万円)

		中間需要		最終需要	生産額
		農業	工業		
中間投入	農業	30	150	120	300
	工業	60	250	190	500
付加価値		210	100		
生産額		300	500		

(b) 投入係数表

	農業	工業
農業	$0.1\ (=\dfrac{30}{300})$	$0.3\ (=\dfrac{150}{500})$
工業	$0.2\ (=\dfrac{60}{300})$	$0.5\ (=\dfrac{250}{500})$

　　　　　　　　　　　　　　　　　(例)燕麦を畜産農家に販売した

・工業部門の中間投入むけに販売　150万円

　　　　　　　　　　　　　　　　　(例)豚肉を食品加工業者に販売した

・最終需要むけの販売　　　　　　120万円

　　　　　　　　　　　　　　　　　(例)米を家計に販売した

に使われたと読むことができる。

　一方で、取引基本表をタテ（列）方向に読むと、ある産業の生産活動がどこからの原材料購入によって行われたかがわかる。工業部門を例にとると、農業部門から購入した中間財150万円と工業部門から購入した中間財250万円をもちいて生産活動を行い、それを500万円で販売することで100万円の付加価値（粗利）を得たことがわかる。

　次に、取引基本表の中間需要に関する部分に注目しよう。ここで、農業部門による農業部門からの中間投入30万円をその生産額300万円で割ると——農業生産を1増加させるためには原材料として農作物が0.1必要であることがわかる。同様に農業生産を1増加させるためには工業製品が0.2必要となる。このように、ある産業の生産を1増加させるために必要になる中間投入をまとめたものが表1（b）の投入係数表である。

　ここで、海外からの観光客が農作物を10万円消費したとしよう。このとき、各産業が需要の増加に対応してすぐに生産量を増加させられるとしたならば、農業の総生産額は10万円増加することになる。10万円分の農業生産を

増やすためには、1万円分の農作物と2万円分の工業製品が必要だ。これによって増加する農業1万円・工業2万円の生産増は第一次間接効果と呼ばれる。

　波及効果はこれだけでは終わらない。一次間接効果によって増大した1万円の農業生産を行うためには0.1万円の農作物と0.2万円の工業製品が必要となる。工業についても同様の追加的な需要が発生する。これが第二次間接効果である。

　さらに第二次間接効果による生産増には……とその影響は無限に続いていくことになる。その合計額はいくらになるだろう。ここで、再び取引基本表に注目すると、

$$0.1 \times 農業生産額 + 0.3 \times 工業生産額 + 農業最終需要 = 農業生産額$$
$$0.2 \times 農業生産額 + 0.5 \times 工業生産額 + 工業最終需要 = 工業生産額$$

という関係が成立していることがわかる。両式ともに一次式であるため、同様の関係が各変数の変化についても成立していることから、

$$0.1 \triangle A + 0.3 \triangle M + \triangle D_A = \triangle A$$
$$0.2 \triangle A + 0.5 \triangle M + \triangle D_M = \triangle M$$

（A：農業生産、M：工業生産、D_A：農業最終需要、D_M：工業最終需要、△：各変数の変化分）

であることがわかる。すると、農業・工業の最終需要の変化（$\triangle D_A \cdot \triangle D_M$）がわかれば、両産業の生産の変化△A・△Mはこの連立方程式を解くことで求められる。農業部門への最終需要のみが10変化したとき、つまりは△D_A=10、△D_M=0のとき、△A=12.82、△M=5.13である。産業連関表を用いた「経済波及効果」として、この生産量増加の合計額17.95（=12.82+5.13）が用いられることが多い。メディアでの報道風に表現すると「わが県へのインバウンド消費が10万円の伸びたことによる経済効果は17.95万円であった」というわけだ[5]。

　ただし、生産の増加を「経済効果」と呼ぶべきかについては議論が分かれる。例えば、あるレストランでこれまでよりも高級な食材を用いることで客数・売上が、言い換えると「そのレストランの生産量」が増えたとしよう。このとき、費用の増加により得られる利益（粗利）が変わらないならば「無駄な努力であった」とも言えるだろう。そのため、「経済効果」の数字として、付加価値（粗利）の増加額が用いられることも多い。表1の農業部門では生産額300万円に対して、付加価値は210万円である。生産1あたりの付加価値は0.7である。同数値は工業部門では0.2である。そこで、12.82×0.7と5.13×0.2を足し合わせた10を「経済効果」と呼ぶ。

　東京2020の経済効果を測定する場合、入手可能な直近の東京都産業連関表を準備し、東京2020に関連して発生する需要増加の額を見積もった上で、その値と東京都産業連関表の投入係数表の数値をもちいて生産増加や付加価値の増加を算出することになる。

■ 2　回帰分析入門

回帰分析は変数間の関係を統計的に抽出する手法である。比較的定型的な手順をもつ産業連関表に比べて、変数選択から推計のための統計的手法まで、その多様性は高い。

　まずは線型単回帰分析を例に、回帰分析の考え方を紹介しておこう。手元に N 人の労働者の賃金と勤続年数のデータがあり、分析者が「勤続年数が賃金額を決める」という関係があるという仮説を立てたとしよう。ここで賃金と勤続年数のデータを散布図にプロットしたところ、図1が得られたとする。

　散布図からは、両変数間には点線のような直線的な関係が成り立っているように感じられる。この適切な直線式を求める計算が回帰分析である。ここで、賃金と勤続年数間の関係を、

5　実際の産業連関分析は産業を100以上に分類したうえで行われていることが多い。このような場合に連立方程式を解いて生産額の変化を求めることは、不可能ではないが、手間が大きい。そこで通常は行列計算を用いて計算が行われる。

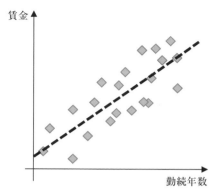

図1　仮想的な回帰直線例

賃金$_i$＝定数＋α・勤続年数$_i$＋誤差$_i$　(i=1, 2, 3, . . . , N)

としよう。第i番目の労働者の賃金は、「全員共通の一定の額＋勤続年数に比例する額＋誤差」ことを表される。誤差はいわば賃金のうち勤続年数では説明がつかなかった部分と言えるだろう。この誤差が小さいほど「適切な回帰式」と考えられる。

　もっとも、誤差はプラスのこと（式から予想される値より現実の賃金が高い）もマイナスのこと（式から予想される値より現実の賃金が低い）もあるため、単純に合計してしまってはプラス・マイナスが相殺されてしまう。そこで、「誤差の二乗」をN人分足し合わせた値が最小となる定数と係数aを「適切な回帰式」と考えることが多い。このような手法を最小二乗法と呼ぶ。最小二乗法による定数・係数の導出が両変数の関係を十分に表現することができるためにはいくつかの条件が要されるが、その詳細にはここでは立ち入らない[6]。

　最小二乗法により、

　　賃金＝20＋0.75×勤続年数

6　その他の推計方法や統計的検定については計量経済学の入門書を参照されたい。森田果『実証分析入門』（日本評論社、2014年）は比較的高度な分析手法についても初学者にも理解可能な解説が加えられている。

という関係が導出されたとしよう。この式は、両変数の平均的な関係を表している。例えば、勤続10年の労働者の賃金は平均的には27.5万円であると予想できる。

　なお、オリンピック開催のような特定の出来事の効果を算出したい場合には、ダミー変数と呼ばれる変数を用いる。

　例えば、1961年から2020年までの世界180か国のデータ（N=10,800）があるとしよう。ここに、その年にオリンピックが開催された都市については 1、それ以外は 0 とする変数（開催都市ダミー）を作成する。我が国については、1964年・1972年・1998年・2021年の開催国ダミーは 1、それ以外の年では 0 の値をとるデータである。

　第 i 国の t 年の経済成長率が、

　　経済成長率 $_{it}$
　　　　＝定数＋α・開催国ダミー$_{it}$＋β・人口増加率 $_{it}$＋γ・投資額 $_{it}$＋誤差 $_{it}$

のように表されると仮定したうえで、同式を推計し、開催国ダミーの係数 α を「経済成長率のオリンピックへの寄与＝経済効果」ととらえるわけだ。

三　東京2020の経済効果推計

　産業連関分析・回帰分析という典型的な経済効果測定手法を踏まえて、主に東京2020に関する比較的参照例の多い経済効果推計の例を紹介しよう。

1　東京都オリンピック・パラリンピック準備局推計
　典型的な産業連関分析による推計となっている。東京都では、オリンピックによって生じる需要増加額を「直接的効果」と「レガシー効果」に分類したうえで、その需要増加によって誘発される生産活動の増加を「経済波及効果」、それによって生じる追加の労働需要を「雇用誘発数」と呼んでいる。

　大会経費や参加者・観戦者の支出、予想されるグッズ購入などが直接経費にあたりその総額は約 2 兆円とされる（表2a）。レガシー効果とは「大会後

表2　東京都オリンピック・パラリンピック準備局の需要増加想定

(a) 直接的効果

(単位：億円)

項目	内容	需要増加額
施設整備費	恒久施設整備費	3,500
大会運営費	仮設施設整備費、エネルギーインフラ、輸送、セキュリティ、テクノロジー、オペレーション、管理・広報、その他	10,600
その他	大会参加者・観戦者支出、家計消費支出、国際映像制作・伝送費、企業マーケティング活動費	5,690
合計		19,790

(b) レガシー効果

(単位：億円)

項目	内容	需要増加額
新規恒久施設・選手村の後利用、東京のまちづくり、環境・持続可能性	新規恒久施設・選手村の後利用、大会関連交通インフラ整備、バリアフリー対策、水素社会の実現等	22,572
スポーツ、都民参加・ボランティア、文化、教育・多様性	スポーツ実施者・観戦者の増加、障害者スポーツの振興、ボランティア活動者の増加、文化イベント観客の増加、外国人留学生の増加等	8,159
経済の活性化・最先端技術の活用	観光需要の拡大、国際ビジネス拠点の形成、中小企業の振興、ITS・ロボット産業の拡大等	91,666
合計		122,397

東京都オリンピック・パラリンピック準備局 (2017)

のレガシーを見据えて実施される東京都内での取り組みにかかわる資本投資や消費支出」に関する需要増加額と解説されているが、その内容は多岐にわたり、総計約12兆円にものぼる（表2b）。これら需要増加をその内訳ごとに産業連関表の該当産業に割り振る。各産業への需要増加額予想を産業連関表（投入産出係数表）に代入して導出されるのが「経済波及効果」と「雇用誘発数」である[7]。

　これら24兆円の需要の増加によって、東京都で20兆円、東京都以外で12兆円の合計32兆円の経済波及効果が生じ、全国で194万人分雇用が増加すると

7　なお、同推計では第二次間接効果までの数値を用いて経済波及効果や雇用誘発数を求めているが、効果の波及計算を途中で留める論理的な理由はない。

いう推計が広く報道された「東京2020の経済効果」である。この生産・雇用の増加を通じ、国内の所得は15.5兆円増加すると想定されている。

　なお、経済波及効果32兆円のうち20兆円が大会前～大会期間中（2013年から2020年）に、12兆円が大会後（2021年～2030年）に発生すると予想されている。ここから導かれる所得増加額を年あたりに直すと大会前にGDPを毎年0.2%ほど、大会後に0.1%ほど引き上げるということになる。

　同様に産業連関分析をもちいたみずほフィナンシャルグループの推計[8]においても施設整備費等の直接的効果と付随効果（東京都推計におけるレガシー効果）の配分は異なるが30兆円の経済波及効果があると試算している。同レポートでは回帰分析による推計も行っているが、その結果も大会開催前に経済成長率（GDPの増加率）を0.3%ほど押し上げるとしており、東京都推計と大きな差はない。この他、森記念財団[9]による推計においても、経済波及効果の総額は20兆円程度と東京都やみずほフィナンシャルグループのものよりやや小さいが、経済成長率を0.3%ほど押し上げると予想しているなど、その類似点も大きい。

　産業連関分析を中心とする東京2020の経済効果については、生産の増加額が総計20-30兆円、経済成長率を0.2-0.3%程度引き上げるという結果が得られていることがわかる。

▌2　Brückner and Pappa（2015）[10]

▌回帰分析によるオリンピックの経済分析効果を推計した論文としてはBrücknerらの推計が比較的新しい。ただし、その推計の性質から、「東京2020の経済効果」を求めたものではない点には注意する必要がある。同論文では、1950年から2009年の世界188カ国のパネルデータを用いて、GDPや消

8　みずほフィナンシャルグループ・リサーチ＆コンサルティングユニット「2020年東京オリンピック・パラリンピックの経済効果～ポスト五輪を見据えたレガシーとしてのスポーツ産業の成長に向けて」（One シンクタンクレポート No. 8、2017年2月9日）。

9　森記念財団都市戦略研究所「2020年東京オリンピック・パラリンピック開催に伴う我が国への経済波及効果」、2014年1月。

10　Brückner, M., and E. Pappa, "News Shocks in the Data: Olympic Games and Their Macroeconomic Effects," *Journal of Money, Credit and Banking*, Vol. 47, 2015, pp. 1339-1367.

費・投資の変化に対するオリンピック開催の影響を分析している。

　オリンピック開催前後の経済成長率の向上については、開催自体の効果ではないのではないかとの疑問は多い。1964年の東京大会や2008年の北京大会のように、華々しい経済成長の途上にある国がその高度成長の到達点を内外に示すためにオリンピックを開催する傾向があるとも考えられる。この他にも、経済改革や政治体制の変化をアピールするためにオリンピックの招致を行うというケースが考えられよう。もともと大会前後の期間に経済成長率が高い（と予想される）国・都市でオリンピックが開催される傾向があるに過ぎない──つまりは、オリンピックによって経済成長率が高まるのではなく、経済成長率の上昇（またはその予想）がオリンピック開催の原因となるという逆因果の可能性がある。

　そこで、同論文では「オリンピックの開催地となったことの影響」と「オリンピック開催地に立候補したことの影響」を同時に分析している。経済成長率の高い国がオリンピックを招致するという逆因果関係が強いならば、開催地に名乗りを上げたものの開催地には選ばれなかった国においても同様の経済成長率等の向上が見られるはずである[11]。一方で、オリンピック開催そのものに経済効果があるならば、「開催地となったことの影響」と「立候補したことの影響」は有意に異なるであろう。

　開催地への立候補は8年から10年前に行われる。また、東京2020組織委員会の推計でも示されたように、大会開催後のいわゆるレガシー効果を考慮するとその影響が10年ほど残存する可能性もあるだろう。そこで、例えば、1998年長野大会の場合、1988年・89年……2008年の各年について日本については「開催国ダミー」と「立候補国ダミー」を、アメリカ（ソルトレークシティ）・スペイン（ハカ）・スウェーデン（エステルスンド）・イタリア（アオスタ）については「立候補国ダミー」を1とする。1950年から2009年の各大会について同様のダミー変数を作成し、GDPや投資・消費などを被説明変数とする回帰分析を行っている。

11　Rose, A., and M. Spiegel, "The Olympic Effect," *Economic Journal*, Vol.121, 2011 pp.652-677 では輸出量に関する計量分析を通じ、立候補したものの落選した国においても輸出に関する好影響が生じていると指摘している。

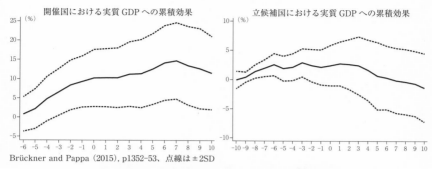

開催国における実質 GDP への累積効果　　立候補国における実質 GDP への累積効果

Brückner and Pappa (2015)、p1352–53、点線は ± 2SD

図 2　Brückner and Pappa によるの経済効果推計

　その結果は図 2 のようにまとめられる。開催国となったことは、開催の 2 ～ 5 年前の経済成長率を有意に引き上げることを通じて、実質 GDP の水準を累積値で最大10%程度有意に向上させることがわかる。またその影響は開催後に減衰することはない。一方で、立候補したのみの国における実質 GDP の押し上げ効果はわずかながら有意にプラスではあるものの、開催国のそれには遠く及ばない。ここから、オリンピック開催が実質 GDP 等の実物経済に影響を及ぼしていると考えることができる。

　なお経済成長率への影響はピーク時で0.4%程度と推計されており、産業連関表をベースとした東京2020の経済効果推計よりはやや高くなっている。これは過去の開催国に成長余地の大きい、当時の、新興国が多く含まれることを勘案すると不自然な結果とは言えないだろう。

■ 3　日本銀行調査統計局による推計[12]

ここまで紹介してきた分析はオリンピックの経済効果を直接的に推計する手法である。一方で、「経済成長率」を諸要因に分割した上で、複数の手法を組み合わせてよりきめ細かな形でその経済的影響を推計する研究も多い。東京2020に関する、このようなハイブリッド型の経済効果推計として典型的なものが日本銀行調査統計局による分析である。

12　日本銀行調査統計局・長田充弘・尾島麻由実・倉知善行・三浦弘・川本卓司、「2020年東京オリンピックの経済効果」（BOJ Report and Research Papers, 2015年12月）。

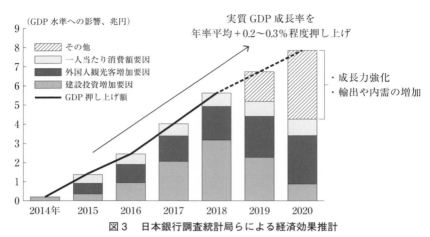

図3　日本銀行調査統計局らによる経済効果推計

日本銀行調査統計局他（2015）p13

　同推計では、経済効果を1）外国人観光客数の増加、2）そのひとりあた
り消費額の増加、3）建設投資の増加に大別した上で、2014年から2020年に
かけての実質GDPへの影響を求めている。

　1）の外国人観光客数については、2011年から2015年でのトレンドが今後
も継続すると仮定しすることで2020年の訪日観光客数を3300万人とした[13]。
また2）の外国人観光客のひとりあたり消費額の増加については、為替レー
トなどを用いた回帰分析による予想値を用いている。一方で、3）の建設投
資に関しては、オリンピック関連の建設プロジェクトとその規模を報道や民
間アナリストらの試算から見込額を算出するとともに、過去の開催地の事
例を参考に年毎の関連建設投資の配分を求めている。

　多様な分析手法・研究事例を総合して求められる実質GDPへの影響は、
2015年から18年にかけて経済成長率を0.2-0.3%高めるとともに、2018年時点
での実質GDP水準を5-6兆円高めるとしている。累積での効果は2020年
までで約22兆円であり、これは産業連関表による推計か導かれる付加価値増
加効果を上回る数値である。ただし、Brücknerらの推計とは異なり、その

13　2018年の訪日外客数は約3120万人である。2019年については1月から9月までで約2440万人
　と昨年同時期を上回る実績を残している（日本政府観光局）。

影響は2018年をピークに反転・縮小する可能性を示唆している点も特徴的である。成長力強化や輸出・内需の増加と言ったその他の経済成長要因なしには、経済効果は一過性のものにとどまるという指摘は興味深い。

四　経済効果推計を巡る問題点

　ここまで紹介してきた東京2020による経済効果の推計では、その開催に関連した諸活動によって経済成長率は0.2％から0.3％引き上げられるとともに、累計で10-20兆円ほどGDPを増加させるといったところになろう。しかしながら、これらの「経済効果」については批判的な見解も多い。

■ 1　支出の振り替えと供給制約

　その典型的なものが、主に産業連関分析を用いた推計に対する「需要増加額見込み」に関する恣意性だろう。施設の建設費や直接的な大会運営費の予想額については一定の根拠が考え得るが、大会開催に伴う観戦者の支出額やテレビ等で大会を見るにすぎない家計の消費増加額についての根拠は明らかではない。さらに、東京都オリンピック・パラリンピック準備局による推計における「レガシー効果」や森記念財団推計での「ドリーム効果」のように、東京2020を契機とするライフスタイルや消費行動の変化による需要予想についても、その金額がどのようにして導かれているのか不明である。

　さらに、これらの需要増加額が現実的で妥当な額であったとしても、産業連関分析による経済効果推計固有の問題が残る。それが支出振替の影響だ。例えば、東京都オリンピック・パラリンピック準備局推計では、大会に伴うグッズ売上や電化製品による需要増加額として2910兆円の需要増加を見込んでいる。しかし、ある家計が1万円の大会関連グッズを購入したというとき——その家計の支出総額も1万円増えるものなのだろうか。現実的な想定として、1万円のオリンピック関連グッズを購入した家計は、その月のプロ野球応援グッズの購入を減らすかもしれない。この支出減が1万円であれば、消費需要の増加額は0ということになる。このとき、オリンピックグッズの売り上げのプラスの波及効果とともに、プロ野球応援グッズのマイナスの波

及効果を合算することなしには現実的な経済効果を推計することはできない。

　家計や企業といった自発的に支出対象や支出総額を決定できる主体の「需要増加」は、単に支出先の振り替えになる可能性が高い。これはオリンピックの経済効果に限った問題ではない。阪神タイガースの優勝の経済効果[14]といった分析では、優勝セールの売り上げや飲食費の増加が需要増加に算入されることが多い。しかし、優勝セールで服や電化製品を購入した家計は、その次の週・月には服や電化製品を買わなくなるであろう。優勝セール支出はセール以外での支出が振りかえられたにすぎない。飲食費の増大についても同様である。さらに、優勝を口実に飲食に出かけるという者は、優勝を逃した時にも残念会と称して飲食をするのではないだろうか。この場合には阪神タイガース優勝による総飲食費の増大自体が生じないということになる。また、中央・地方政府による支出に関しても、オリンピックに対応した支出増加——例えば観光施設整備費が増えた分その他の整備費を圧縮するといった対応は十分に考えられる。

　また、外生的な需要増加として理解されることが多い、オリンピック観戦にともなう外国人観光客の増加やその支出についても注意が必要である。東京都のビジネスホテル・シティホテルの稼働率は2018年平均で約85％となっている[15]。閑散期や人気薄の宿泊施設を入れても85％の稼働状況にあるということは、人気施設・繁忙期には宿泊設備は事実上の満室状態にあるということだ。この状況で、東京2020観戦のための海外旅客が増加すると、それ以外の旅客がクラウド・アウト（押し出し）されてしまう。具体的には東京周辺の建築と街並みに主な興味関心があるという外国人は、混雑や航空運賃・宿泊費の高騰が予想される大会期間中・前後に日本に来ようとは思わないだろう。

　宿泊施設による宿泊サービスの供給能力、また東京の観光地としての旅客収容能力に限界がある場合には、オリンピックを主目的とした訪日客増はそ

14　UFJ総合研究所「2005年阪神タイガース優勝の経済波及効果」（UFJ総合研究所調査レポート、2005年9月22日）。

15　観光庁『宿泊旅行統計調査』、各月。

れ以外の目的の訪日客の減少大きくは変わらない。

　このような財・サービスの供給能力に限界がある場合、さらにその限界に近い状況で経済活動が行われている場合には産業連関分析による経済効果分析は致命的な問題点を抱えることになる。産業連関分析では、需要が増加すると、その増加に応じて特定の財の生産量が増加することを前提にしている。このような想定が可能なのは、その産業の生産能力に余裕がある場合に限られる。2019年の完全失業率は2％台前半で推移している[16]。また求人件数を求職者数で割った有効求人倍率はパートタイム労働を含まない値でも全国平均で1.5を超えて推移している[17]。求人倍率について産業や職種ごとのばらつきは大きく、まだ生産量拡大の余地がある産業もあるのは確かであろう。しかし、すでに人手不足状況にあり、需要増加に伴って、新たな従業員を雇い入れて生産を拡大するという対応が不可能な状況にある産業も少なくないことをわすれてはならない。

　このように、企業・家計の支出先の振り替え、宿泊施設等の制約による観光客数の主目的の振り替え、その他の産業における供給能力の制約がある場合には産業連関表が示唆する波及的な経済効果はごく限定的にしか発生しない可能性がある。Owen[18]は様々な先行研究を参照しつつイベントの経済効果と呼ばれるものは支出の切り替えに過ぎないのではないかと指摘している。産業連関表による経済分析は、不況期などによる設備や人材の稼働率が低い状況や生産能力の拡充等を十分に行いうるだけの継続的な需要変化の影響をとらえることはできる。しかし、ごく短期間に集中的に発生する需要の影響を計算する手法としては、十分な注意をもって利用する必要があるだろう。

■ 2　「オリンピックの経済効果」とはそもそも何なのか

　比較的金額の合理的な推計が可能で振替等の影響が大きくない[19]建設費に

16　総務省統計局『労働力調査』、各月。
17　厚生労働省『一般職業紹介状況』、各月。
18　Jeffrey G. Owen "Estimating the Cost and Benefit of Hosting Olympic Games: What Can Beijing Expect from Its 2008 Games?" *The Industrial Geographer*, Volume 3(1), 2005, p. 1-18.

関しても、そこから導かれる経済効果への批判は多い。その中心となるの
が、建設費による経済効果は「オリンピックの経済効果」なのかという問題
である。

　仮にオリンピック関連の施設建設費が 1 兆円にのぼり、その効果により
生産増や GDP の増大があったとしよう。このような状況においては、オリ
ンピックと無関係の公共事業もまた同様の経済効果をもつということにな
る。支出の理由がオリンピックであるか否かはその経済効果に何ら影響を及
ぼさない。むしろ、大会後の有効活用のむつかしさやその後の施設維持費負
担を考慮するならば、より生活や産業振興に密着したインフラ整備を行うほ
うが長期的な経済効果は大きいケースが多い可能性がある。「オリンピック
の経済効果」は、それがあったとしても、公共事業の経済効果に過ぎないと
の疑いがある。

　ただし、オリンピック関連の建設投資には補正予算などで行われる景気対
策としての公共事業とは大きく異なる性質がある。一般的には、景気対策の
ための公共事業は足元の景況をみて、支出の半年から 1 年ほど前に決定され
ることが多い。一方で、オリンピック関連の建設投資は開催都市に選ばれた
段階――つまりは大会開催の 7 から 8 年前に決定される。つまりは一般的な
公共事業よりもはるかに早い段階で予想される支出である。前節でとりあげ
た Brückner ら[20]も、オリンピックの経済効果推計を通じて「予想された政
府支出拡大」の経済効果を推計することを大きな目的としている。事業の実
施直前にその規模が判明する一般的な公共事業に対して、早期から予想され
るオリンピック建設事業は人材や設備の事前手配が容易である分、供給制約
等の影響を受けにくい。同論文で指摘される「オリンピックの経済成長にも
たらす影響は統計的に有意であり、経済的に重要である」との結論が正しい
ならば、その他の公共事業に関しても、その経済効果を高めるために十分に
余裕をもって将来の事業規模を発表する必要があるという政策インプリケー

19ただし、現在の日本の建設業においては供給能力の制約から、公的土木・建築費の増大がその
　まま生産量の増加には結びつきにくいとの指摘もある。詳細は飯田泰之「財政乗数と部門内ク
　ラウディング・アウト仮説――都道府県建設業パネルデータによる検証」、『政経論叢』（87巻
　3・4号、2019年、明治大学政治経済研究所、pp. 1 -18）参照のこと。

20　Brückner and Pappa, op. cit.

ションが導かれることとなろう。

　また、オリンピックが開催されることで、政治的に実現可能となるインフラ整備プロジェクトは少なくない。平常時であれば合意形成が困難であったであろう道路の整備や大規模スポーツ施設の建設が経済成長や景気への正の効果を持つ可能性は十分にある。これを「オリンピックの経済的効果」と呼ぶべきか、「オリンピックの政治的効果」と呼ぶべきかについては議論がわかれるところである。

五　おわりに

　本章では、大規模なイベントにおいてメディア等での議論にのぼることが多い経済効果について、その基本的な算出方法を紹介し、東京2020の経済効果推計を題材に批判的検討を加えてきた。オリンピックの経済効果に関する代表的な研究である Owen の論文[21]や国際オリンピック委員会の決定プロセスにまで踏み込んだジンバリストによる分析[22]がまとめるに、「オリンピック開催固有の経済効果はあるか」という問いへの答えは否定的なものにならざるを得ない。大きな経済効果の推計は1）支出の振り替えに考慮していない、2）供給能力の限界を考慮していないといった理由で過大なものになっており、3）経済成長率を引き上げたとしてもそれは公共事業等の効果を示すものに過ぎない可能性が高い。さらに、先進国で開催される大会については都市の知名度向上やその国への国際的イメージの向上といった無形の効果を得にくい状況にある。

　そもそも、オリンピックに経済効果は必要なのだろうか。近年の開催経費の増大ともあいまってオリンピックの開催は経済的には元が取れない事業となりつつある。ロサンゼルス大会（1984）の成功から進んだ、経済事業としてのオリンピックという期待は急速にしぼみつつある。その一端は立候補都市の減少などにも顕著に見てとれるだろう。一方で、競技者同士の国際的な

21　Owen, op. cit.
22　アンドリュー・ジンバリスト『オリンピック経済幻想論』（田端優訳、ブックマン社、2016年）。

交流機会、競技の認知度向上といったスポーツ事業としてのオリンピックに課せられた役割は依然重要である。これからのオリンピックはこれらスポーツ文化の振興という一種の公共財としての側面を強めていくのではないだろうか。その時、オリンピックの開催地・開催国となるということは国際的な公共財を自らの費用負担で供給することを意味するようになる。国際社会への寄付行為としてのオリンピック開催という視点に立つと、その賛否についても、開催地となることの意味づけも大きく変わってくることとなろう。

（飯田泰之／マクロ経済学）

第4部

オリンピックと社会

■ 第**9**章

東京2020と東京一極集中

一　はじめに

　近年、東京への人口集中が加速している。人口減少が進む中、東京一極集中は多くの課題をもたらし、また国土構造のあり方を問いかけるものとなっている。東京一極集中が加速した背景にはさまざまな要因があるが、そのうちの一つが東京オリンピック・パラリンピック（東京2020）開催に伴う建設業やサービス業等を中心とした東京圏での労働需要増とみられる。

　本稿では、東京一極集中に関連する諸問題について、東京2020を視野に入れ、その背景・要因や将来の課題などについて議論を進めたい。はじめに東京一極集中問題の背景にある人口減少と地方創生に関してその状況を整理するとともに、一極集中の程度やそのメリット・デメリットを検討する。次いで、近年の東京圏の雇用動向と東京2020との関係を検証する。最後に東京2020の影響と今後について議論する。

二　人口減少時代の到来と東京一極集中

■ 1　人口の趨勢と2回のオリンピック

　日本の長期的な人口動向をみると、戦後一貫して増加を続けてきた総人口は、出生率の低下から2008年以降、減少に転じている。人口の視点から、1964年に行われた前回の東京オリンピック開催時の状況を比べてみよう。国勢調査の結果を利用することとして、1965年と2015年との総人口や年齢構造の比較をまとめると以下のようになる。総人口は1965年が98,275千人と1億人には届かず、しかし毎年1％程度の人口増加率を示していた。これに対し

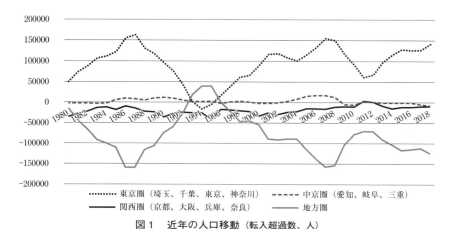

図1　近年の人口移動（転入超過数、人）

資料：総務省統計局『住民基本台帳移動報告』

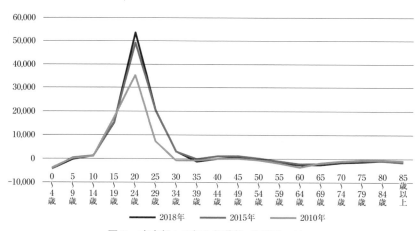

図2　東京都への転入超過数（年齢別・人）

資料：総務省『住民基本台帳移動報告』

て2015年の総人口は127,095千人と総人口は増えたものの毎年25万人程度の
人口減少を記録している。65歳以上の高齢者が総人口に占める割合（高齢化
比率）をみると1965年はわずか6.3%に過ぎず、また総人口の平均年齢は30.4
歳であった。一方、2015年の高齢化比率は26.6%と4倍強に高まり、平均年

齢も46.4歳と50年間で16歳も高まった。

　人口の減少は高齢化を伴う。これまでの日本は海外との人口移動が相対的
に少なく、人口の変動は主として出生数と死亡数によって決まっていた。少
子化の進行とともに出生数は減少を続け、2015年の出生数は100.6万人まで
減少している。出生数は近年では100万人を下回り、2019年では90万人以下
になると推定されている。しかし1965年の出生数は182.4万人と第二次ベ
ビーブームの先駆けでもあった。女性が一生の間に産む子どもの数の目安で
ある合計特殊出生率は1965年の2.14に対して2015年では1.45、また2018年は
1.42に過ぎない。このように二回のオリンピックでは人口の状況はまったく
異なることがわかる。

　今後の人口動向を国立社会保障・人口問題研究所（社人研）（2017）[1]の推計
からみると、2065年（これはおおよそ1964年と2021年の二回のオリンピックの開催時
期の隔たりの期間に相当する）の総人口は8,808万人にまで減少する。すなわち
現在の人口のおよそ三分の一が失われるということである。さらに高齢化比
率は38.4％にまで達する。これだけの規模の人口が失われれ、高齢化が進行
すれば、その経済社会へのインパクトが極めて大きいことは明白であろう。

▌2　地方における人口減と高齢化の進行

▌東京2020と"東京"が注目される一方、地方圏では急速な高齢化と人口減
という課題があり、これは東京一極集中とも密接に関係している。まずは、
地方の人口減少・高齢化の状況を整理しておこう。

　2015年の国勢調査によれば、2010年に比べて人口が増加したのは沖縄県、
東京都、埼玉県など8都県だけであり、その他の39道府県で減少を記録し
ている。東京圏（東京都、埼玉県、千葉県、神奈川県の1都3県）はいずれも人口
が増加しているのに対して、大阪府、京都府、兵庫県といった関西圏では軒
並み人口減少となっている。また、秋田県（△5.8％）、福島県（△5.7％）、青森
県（△4.7％）などの北海道・東北地方では人口減少率が大きく、また人口の
減少幅も大きい。

1　国立社会保障・人口問題研究所（2017）、『日本の地域別将来推計人口（平成30（2018）年推
　計）』、人口問題研究資料第340号。

　人口の増減は自然増減（出生数と死亡数）と社会増減（転入数と転出数）によってもたらされるが、人口減少を記録している地域からは多くの若者が東京圏に流入している。図1は近年の人口移動（転入超過数）の推移を示したものである。2000年代以降、地方からの人口移動は主として東京圏に集中しており、関西圏や中京圏ではほぼ転入数と転出数が同じであり、地方からのネットの転出者数が東京圏へのネットの転入者数と均衡している。とりわけ、2010年以降は一時、落ち着き始めていた東京圏への移動数が再び増加していることがみてとれる。これについては東京2020との関係で再度、検討することとしたい。

　図2は年齢別に見た東京都への転入者（転入超過数）の状況を、2010、15、18年の3年間でまとめたものである。もっとも転入超過数が多いのは20〜24歳であり、次いで25〜29歳と20歳代が多いことがわかる。以上の二つの図から主として若年層が地方から都市部、とりわけ東京圏に流出している構造が浮かび上がる。

　地方から若者が流出すれば、残された地域では高齢化が進むことになる。2015年の国勢調査の結果から高齢化比率をみると、都道府県別では秋田県が33.8％と最も高く、次いで高知県32.8％、島根県が32.5％などと、地方では総じて全国平均の26.6％を大きく上回っている。その一方、東京都の高齢化比率は22.7％、千葉県25.9％、埼玉県24.8％、神奈川県23.9％と東京圏の1都3県の年齢構造は相対的に若くなっている。

■ 3　地方消滅と少子化問題

　このように、地方における人口減・高齢化の進行の要因のひとつが、多くの若者が東京圏に移動しているということにある。さらに、こうした若者の東京圏への移動が日本全体の少子化の進行を促しているのではないか、という視点を提起したのが、日本創成会議・人口減少問題検討分科会による「地方消滅」の議論である（増田（2014）[2]、Kato（2015）[3]参照）。地方消滅の議論は

　2　増田寛也（2014）、『地方消滅——東京一極集中が招く人口急減』（中公新書）、中央公論新社。
　3　Kato, Hisakazu (2015), "Declining Population and the Revitalization of Local Regions in Japan," Meiji Journal of Political Science and Economics, Vol. 3., p.25-35.

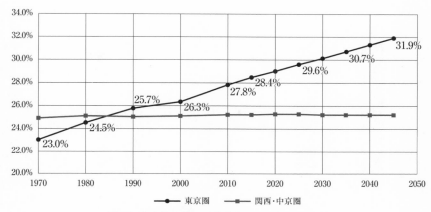

図 3　東京圏と関西・中京圏の人口集中度（%）

資料：総務省統計局『国勢調査』
　　　国立社会保障・人口問題研究所『日本の地域別将来推計人口（平成30年推計）』
　注：関西圏は滋賀県、京都府、大阪府、兵庫県、奈良県、和歌山県。中京圏は岐阜県、愛知県、三重県を指す。

すでによく知られているが、しかしその少子化問題との関連性については十分に取り上げられる機会が少なかったように思われる。以下では、この点を少し説明しておきたい。

　上述したように地方から東京圏には若年層の流入が見られる。その結果、地方では若者が残らず、次世代を再生産する中心的な年齢層である20〜39歳の女性の人口も減少傾向にある。地方ではたとえ出生率が高まったとしても、もともとの女性人口が減ってしまえば出生数は減少し、その地域を将来的に支えることができなくなる。これが地方消滅の論理である。

　その一方、東京圏に転入してきた若者が結婚し、子どもを持てる環境があるかといえば、そうとは限らない。育児環境等が整わず、また未婚者比率も高い東京圏では、若者を地方から引き寄せても超低出生率で次世代の再生産ができない。そのため、地方も東京圏も少子化の負のスパイラルから抜け出せず、全国的な少子化の進行に拍車をかけてしまうことになる。ちなみに、2018年の全国の合計特殊出生率は1.42であるのに対し、東京都は1.20である。こうした若者の東京圏への集中が東京2020の開催で促されれば、少子化問題をさらに深刻なものとする懸念もある。

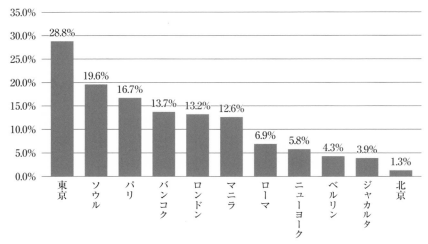

図4　首都等の人口集中度（%、2015年）

資料：国連『World Urbanization Prospects 2018』

■ 4　東京圏の人口集中状況

　東京圏への人口集中状況を整理しておこう。図3は過去及び将来の東京圏等の総人口が全国の総人口に占める割合を示したものである（2015年までは総務省統計局「国勢調査」、2020年以降は社人研（2017）による）。1970年では東京圏の総人口の割合は23.0％に過ぎなかったが時間とともにその割合は上昇し、2015年では28.4％にまで高まっている。さらに将来の推計では2045年には31.9％にまで達すると見込まれている。ちなみに関西圏と中京圏を合わせた人口の割合は1970年の24.9％から2015年は25.2％とほぼ変わらず、さらに2045年でも25.2％と同じ水準であると推計されている。全国の総人口が今後さらに減少することを考えれば、関西圏・中京圏の総人口はそれにほぼ比例して減少するということになる。以上を踏まえると、東京への人口集中がさらに進むと見込まれるが、これは主として地方からの人口移動を受け入れることによるものであり。その結果として人口の一極集中が進むということである。

　社人研（2017）から東京都及び東京圏の人口推計を概観しておきたい。東

京都の人口は2015年の13,515千人から2030年の13,883千人まで緩やかながら増加が続く。それ以降、人口減少局面に入るがそれでも2045年の総人口は13,607千人と現在（2015年）よりも多い。当面、東京都だけを取り上げれば人口減少は大きな問題にならないが、しかしその背景には地方からの流入があることを忘れてはならない。1都3県で構成する東京圏の総人口はやや異なる様相を呈する。2015年の東京圏の総人口は36,131千人でありこれは2020年の36,352千人まで増加するが、その後減少局面に入り2030年35,878千人、2045年33,907千人と減少する。言い換えれば、東京圏の中でもさらに東京都に人口が集中するということである。

　東京圏を首都圏と定義するとき、諸外国の首都圏の人口集積度合いと比較すると、東京圏の集積度合いはどの程度であろうか。図4は国連が公表した首都圏の人口集積度合いをまとめたものである（United Nations, 2019）[4]。これによると首都圏としての東京圏（国連の定義でも日本の首都圏を東京圏としている）の人口集積の割合は28.8％と世界でも突出しており、次いでソウルが19.6％、パリ16.7％、バンコク13.7％などと続いている。もし東京都のみを首都圏としても全国に占める人口の割合は2015年で10.6％であり、ローマの6.9％などよりもはるかに人口の集積は大きいことになる。

三　東京一極集中のメリット・デメリット

1　集積の経済と不経済

　なぜ若者を中心とした多くの人口が東京圏に集まってきているのか、またそのことによるメリットとデメリットにはどのようなものがあるのか、その点を整理しておきたい。

　都市集積を扱う経済学の分野に都市経済学があるが（例えば金本・藤原[5]、2016、高橋[6]、2012など）、都市経済学では都市への集積の要因として①地域的

4　United Nations (2019), World Urbanization Prospects: The 2018 Revision. New York: United Nations.

5　金本良嗣・藤原徹（2016）、『都市経済学（第2版）』、東洋経済新報社。

6　高橋孝明（2012）、『都市経済学』、有斐閣。

な比較優位、②規模の経済、③集積の経済、があるとする。①の地域的な比較優位とは地形的な交通の利便性（港湾等）や天然資源の存在などにより、他地域と比較してその地域に居住することが優位になるという理由である。従前から中央政府がそこに位置しているということも比較優位の要因の一つになる。②と③はしばしば同じような意味に捉えられるが、②の規模の経済とは工場等がその規模や生産物の範囲を拡大するほど費用が抑制されたり、効率的な生産が行えたりすることを指す。その場合、多くの労働力を雇用するほど規模の経済が拡大することから、人口集積をもたらすことになる。規模の経済はあくまでも一つの企業・産業に関してのものであるが、集積の経済は多様な企業・産業に拡張されたものととらえることができる。

　東京一極集中の現代的な背景としては③の集積の経済が重要であろう。集積の経済とは異なる業種の企業等が集まることによって多様な企業間の取引が可能となり、また取引における交通やコミュニケーション費用を抑制できることから各企業の生産性が向上することにつながる。これにより多くの労働者が雇用され、同時に多様な消費活動も行われるようになる。人口の集積は公共インフラの整備も促し、これがさらに人口の集積を進めることになる。東京一極集中の経済学的背景としては、こうした集積の経済が大きな要因になっていると考えられる。

　もちろん集積は経済的な便益をもたらすだけでなく不経済（不便益）をももたらす。企業や人口が集積すれば居住地の地価等が上昇する。もし高い地価を反映した家賃等を避けるなら CBD（都市経済学の用語で Central Business District（中央業務地区））をいう）から離れた地域に居住するが、その場合には通勤時間が長くなるなどの時間コストがかさむ。さらには、CBD やその付近では地価が高く、公共インフラの利用に高いコストがかかることになる。都市部での居住はこうした集積の経済の利便性（消費の多様性等）と不経済（高い家賃や長い通勤時間等）を考慮して決定される。

■　2　東京集中のプル要因とプッシュ要因

　前項でみたように、東京への一極集中が続いており、その背景には集積の経済等がある。いわば東京圏には若者を引きつけるプル要因である。一方、

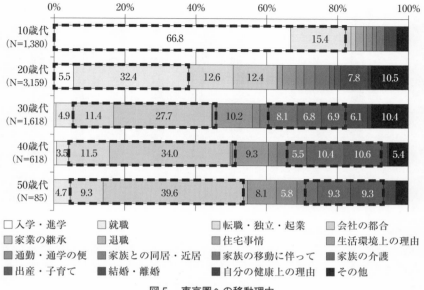

図 5　東京圏への移動理由

資料：内閣府『大都市圏への移動等に関する背景調査』（平成27年 9 月）
出所：内閣府『第 1 期『まち・ひと・しごと創生 総合戦略』に関する検証会資料』（2019年 5 月）

地方には若者を東京圏に押し出すプッシュ要因もある。この両側面から人口移動の背景を考察したい。

　図 5 は内閣府まち・ひと・しごと創生本部による資料から、東京圏への移動理由を示したものである。この結果から東京への移動要因としては、年齢によって異なるものの、10〜20歳代では進学や就職が主な理由であり、30歳代以降は転職や会社都合といった理由が多い。内閣府（2019）によると、この結果は東京圏に多くの有名大学や大企業があり、また多様な仕事があることによるものであり、これらは東京圏へのプル要因として考えることができよう。またプル要因としてはこの他に、東京という都市へのあこがれやイメージなどもあげることできる。

　一方、地方からのプッシュ要因も大きい。地方で就業したい企業や職種が乏しい、志望する大学がない、消費等の生活が不便でエンターテイメントや

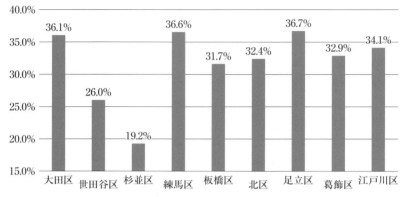

図6　周辺区の3件への転出割合（20-39歳、2018年）

資料：総務省統計局『住民基本台帳移動報告』

刺激が不足している、あるいは地方でのしがらみのある生活を抜けたい、などが考えられる。東京一極集中の是正ではプル要因のみならず、地方でのプッシュ要因への対応も急がれるのである。

■ 3　若年世帯の家族形成と少子化問題

集積の経済で説明したように、その便益と不経済は居住地の選択や育児環境にも影響を与える。図2で見たように地方から多くの若者が東京圏に移動してくるが、その多くは都心に居住することになる。しかしながら都心部の家賃は高く、かつ居住面積も限られている。そのため、家族を形成し子どもを持つには都心部から郊外あるいは近県への移住が促されることになる。したがって、

　　　　地方から若者が東京圏の中心に移動

　　　　　　　→　　家族形成とともに周辺市や3県へ移動

という構図が浮かび上がる。

　図6は東京23区の周辺部に位置する9区について、家族形成期にあたる若年層（20〜39歳）の転出先のうち、近隣3県（埼玉、千葉、神奈川県）に移動した者の割合を示したものである。若年層の移動者の概ね30％を超える割合が近県に移っているが、その中の多くは23区よりも子育て等の環境が整備さ

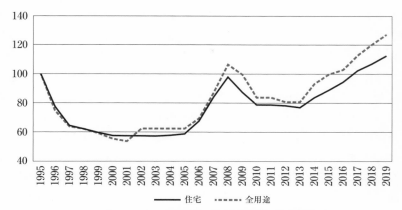

図 7　都心 3 区における地価の推移（1995年＝100）

資料：国土交通省『地価公示』

れ、より広く家賃も安い地域へ移動していると推測される。図 6 は近隣 3 県しか集計していないが、東京西部の市部への移住も多いとみられる。

　この推論が当てはまるのであれば、上記の構図で示したように、集積の経済等を魅力に感じて東京圏の中心部に移動してきた地方の若者が家族形成とともに周辺部に移動するが、これが長時間通勤をもたらし、とりわけ女性にとって就業と育児等の両立を難しくさせる要因になっていると考えられる（こうした議論に関しては加藤（2016）参照[7]）。ちなみに、通勤時間（中位数）をみると全国では28.1分であるのに対し、関東大都市圏（さいたま市、千葉市、東京都特別区部、横浜市、川崎市、相模原市）では45.5分であり、また 1 時間以上の通勤をしている世帯主の割合は全国で15.4％であるのに対し、関東大都市圏では29.9％にのぼる（総務省統計局「平成30年住宅・土地統計調査」による）。

■ 4　東京2020と地価の推移

　東京2020の開催はこうした構造にどのような影響を与え、どのような課題をもたらすだろうか。何よりも東京2020に備えた様々な雇用が増加する。建

　7　加藤久和（2016）、『8000万人社会の衝撃 − 地方消滅から日本消滅へ』（祥伝社新書）、祥伝社。

設業や運輸・通信業から多様な消費関連産業での雇用が増え、それが地方の若者を引きつけることになる。そのことが地方からの人口移動を促し、東京一極集中を強めることになる。東京圏の中心地区では再開発が進み、その結果、地価等がさらに上昇することになる。中心部における地価の上昇は家族形成期にある若年層の郊外移住と通勤の長時間化をもたらすとともに、保育施設等の設置を難しくさせ、待機児童等の増加につながる懸念がある。

　以上の点から、東京一極集中と少子化問題等それに関連する課題は地価と大きく関連していることがわかる。それでは東京2020は地価の推移にどのような影響を与えたのだろうか。図7は国土交通省の地価公示をもとに1995年以降の都心3区（千代田区、中央区、港区）の住宅及び全用途の地価の推移（1995年を100とする指数）を示したものである。バブル経済崩壊以降、地価は低迷を続けていたが、2000年代に入ると再び上昇傾向に戻った。2008年のリーマンショック（世界金融危機）により地価は下落に向かうが、しかし2014年以降、地価は再び上昇を始めており、2019年1月の公示でも地価上昇は続いている。このように2014年が地価の転換点であったが、これは2013年に東京2020の誘致が決定し、タイムラグを考慮すると翌年から地価の上昇の引き金となった可能性もある（もちろん地価上昇を引き起こすその他の要因をコントロールしたうえでないと正確な結論は得られないが）。このことから東京2020開催の負の側面として、東京一極集中の不経済を高めたと言うこともできよう。

四　東京圏の雇用と東京2020

■ 1　近年の雇用の動向

近年、人手不足が課題となるなど雇用動向に注目が集まっている。東京2020の雇用等における影響を議論する前に、全国の雇用の動向を整理しておきたい。

　失業率はリーマンショック以降、低下傾向が続いており、また有効求人倍率は上昇傾向にある。総務省統計局「労働力調査」によれば全国の2018年度の失業率は男女計で2.4％であり、リーマンショック後の2009年の5.1％の半分以下の水準に落ち着いている。厚生労働省（2019）によると、失業率の変

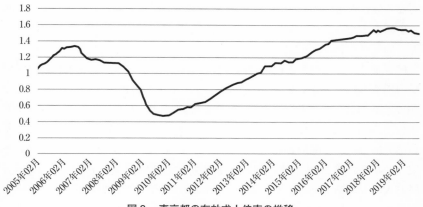

図8　東京都の有効求人倍率の推移

資料：厚生労働省『一般職業紹介業務統計』

化は①就業者数要因、②15歳以上人口要因、③労働力率要因の三つで説明できるが、近年の失業率の低下については就業者数の増加が大きく寄与しており、また女性や高齢者を中心に労働参加が拡大し労働力率も改善した結果であると分析している。

　次に有効求人倍率と新規求人倍率について概観しておこう。新規求人倍率とはその期間中（一般には一ヶ月）に新たに受け付けた求人数を新たに職の申し込みを行った求職者数で除したものであり、有効求人倍率は新規求人数と前月までの繰り越していた求人数の合計を新規求職数と繰り越していた求職数の合計で除した指標である。厚生労働省「一般職業紹介業務統計」によると、2019年9月現在の新規求人倍率は2.28倍、また有効求人倍率は1.57倍であり、新規求人倍率は2011年7月に、有効求人倍率は2013年11月に1.0倍を超えて以降、上昇トレンドにある。

　東京都の有効求人倍率の推移を示したものが図8である。東京都の有効求人倍率は2009年11月に0.47倍にまで落ち込んだが、その後次第に回復し、2019年9月時点では1.50倍となっている。興味深いのは、この有効求人倍率が1.0倍を超えたのが2013年6月であった。東京2020の招致が決定した9月は1.04倍であったが、11月には1.1倍にまで急速に上昇している。この点はさ

らなる分析が必要であるが、有効求人倍率が1を超え労働力の超過需要が明らかになったのがオリンピック招致決定以降というのは興味深い点であることに間違いない。

　働き手である労働力人口の動向についてもみておこう。総務省統計局「労働力調査」によると、2018年（年次平均）の全国の労働力人口は6,830万人で2017年の6,720万人に比べ110万人増加している。過去の推移をみると、2007年の6,984万人から2012年の6,565万人まで一貫して減少していたが、2013年以降労働力人口は漸増している。この間、15歳以上人口はほぼ変動していないことから、働き手（労働力人口）が近年増加していることがわかる。この労働力人口の漸増が始まったのも2013年以降であることは興味深い。

　東京圏（労働力調査では南関東）での労働力人口の推移をみると、2007年の1,899万人から2011年の1,927万人まで増加したものの2012年には10万人減の1,917万にとなっている。しかしその後2014年以降は再び増加基調にもどり、2018年では2,066万人となっている。一方、東京都の労働力人口（労働力調査におけるモデル推計値）も同様の動きを示している。2007年では720万人であった東京都の労働力人口は2011年に742万人にまで増えたがその時点で低迷し、再び2014年から増加に戻り2018年では813万人となっている。このように東京圏、東京都でも2013年を契機に労働力人口が増加している点は興味深い。

■ 2　東京圏の雇用と人口移動

　前節では東京圏への人口集積の背景として、雇用を求めて地方から若年人口が集まって来るということを議論した。ここでは具体的なデータをもとに雇用の動向と人口移動の関係について簡単な分析を紹介したい。

　人口移動が生じる理由についてはすでに見てきたとおりであり、雇用機会が人口移動の大きな理由となる。図1では近年、地方から東京圏への転入超過が進んでいることを述べたが、実際にこの転入超過を東京圏と地方との雇用機会の格差で説明できるかどうかを示しておきたい。

　雇用機会の格差として使用する指標は有効求人倍率である。雇用機会格差は東京圏（1都3県）全体の有効求人倍率を、東京圏を除いたその他道府県

図9　雇用機会格差と東京圏への人口移動

資料：厚生労働省『一般職業紹介状況』、総務省統計局『住民基本台帳移動報告』

の有効求人倍率で除した値とする。図9は1985年以降のこの雇用機会格差と東京圏への転入超過数の推移を示したものであるが、両者はほぼ平行して推移していることがわかる。ちなみに、図で示される両者の最初のピークである1988年では東京圏への転入超過数は13.0万人、雇用機会格差の値は1.30倍であったが、バブル崩壊後の1994年では東京圏からは転出超過となり、前記の値はそれぞれ△1.7万人、0.67倍となった。その後、両指標とも上昇し2016年では12.5万人、1.10、、また2018年では14.0万人、1.02倍であった。

　実際に両者の関係を計測してみよう。雇用機会格差の値を説明変数として東京圏への転入超過数を説明した結果が以下の式である。

　　　東京圏への転入超過数＝-153,277+240,961.8×雇用機会格差
　　　　　　　　　　　　　（-6.68）（10.97）
　　　推定期間1985-2018年、サンプル数34、自由度調整済み決定係数0.783
　　　（　）内は t 値

　これから両者には統計的に有意な正の関係があることが確認される。すなわち、東京圏での雇用機会の増大は東京圏への人口移動をもたらしていると

いうことである。ちなみに1995年以降の東京都のみをとりだし、東京都と東京圏以外の道府県の雇用機会格差と東京都への転入超過数の関係を推定した結果が下記である。

東京都への転入超過数 = -85,421.4+112,615.5×雇用機会格差

(-5.59) (9.57)

推定期間1995-2018年、サンプル数24、自由度調整済み決定係数0.797

（　）内は t 値

　この推定から、東京都のみを取り出しても、近年の雇用機会の格差が東京都への人口移動をもたらしていることが示されている。

■ 3　オリンピックと雇用動向

近年、人手不足等で有効求人倍率が高い水準にあり、またそれは東京2020招致決定以降に顕著になっていたことを述べた。ここでは、東京都における2012年以降の入職者数の動向を、オリンピック・パラリンピック開催と関連

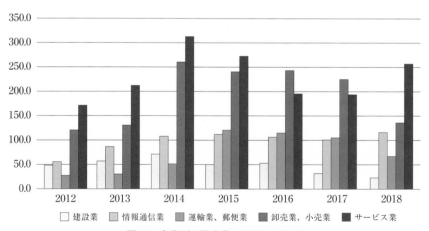

図10　産業別入職者数（東京都、千人）

資料：厚生労働省『雇用動向調査』

が深いと考えられる産業を中心に見ていきたい。

　厚生労働省『雇用動向調査』によると、2012年の全国における入職者（常用労働者（正社員もしくは 1 月以上の期間を定めて雇用される者）のうちその当該期間に就職や転職等を行った者）は675.9万人であり、また東京都における入職者数は79.3万人と全国の11.7％を占めていた（ 5 人以上の事業所の合計）。2013年の東京2020招致決定以降、東京都での入職者数は一気に増加する。2014年の入職者数は全国が797.9万人であるのに対し、東京都は144.0万人にまで増加し、全国に占める比率は18.0％にまで高まった。 2 年間で入職者数が全国で122.0万人増加したが東京都だけで64.7万人と、全国の増加数の半分以上を東京都の増加数が占めている。東京都の入職者数は2017年には150.5万人にまで増え、2018年ではやや落ち着いて107.0万人となっている。

　東京都の入職者数を産業別に見ていこう（図10参照）。建設業では2012年の入職者48.0万人が2014年に70.9万人にまで増加している。その後、入職者数は減少し2016年に53.5万人、2018年では23.1万人に止まっているが、これは東京2020のための建設需要増に伴う雇用が2014～16年がピークであったとみられる。

　入職者数の増加が堅調なのは情報通信業とサービス業（他に分類されないもの）である。情報通信業の2012年の入職者数は56.3万人であったが2014年に108.1万人と100万人を超え、2018年でも116.9万人とその増加が続いている。東京2020準備のための情報通信関連の仕事は多いとみられ、2018年の東京都全体の入職者数は減少したものの、情報通信業に関しては例外である。サービス業では、2012年の入職者数が170.8万人であるのに対し、2014年には312.2万人にまで急増している。その後入職者数はやや減少し2017年には193.8万人となったものの、2018年には再び増加して257.1万人となっている。

　このように産業によって入職者数のピークは異なるが、2013年の東京2020招致決定以降はいずれも入職者数が増えており、その増加ペースは全国のペースを上回っているということが見てとれる。

五　東京2020と一極集中を考える──結論に代えて──

■ 1　東京2020と東京一極集中

人口減少とともにわが国ではこれに対応する新たな国土作りが模索されている。その背景には地方の人口減少・高齢化に伴う衰退と東京圏への一極集中の加速化である。この現象はもちろん東京2020の開催とは別のものであるが、しかし東京2020開催とそれに伴う準備が東京一極集中を加速させたのではないかという懸念がある。

東京への集中は規模や範囲の経済などプラスの側面もあるものの、地価の上昇や保育等の公益施設の設置が難しくなるなどの混雑現象も引き起こしている。こうした問題に対しては、東京都をはじめとする自治体や中央政府が対応をすべきであるが、現在のところ十分な対応が取れているとはいがたい。東京一極集中は構造的な問題であり、短期間で解決できる問題ではないことは確かである。

本稿でも指摘したが、2013年9月の東京2020招致決定以降、地価の一段の上昇がみられ、同時に地方からの人口移動が増えるとともに、人手不足も相まって入職者数も増加に転じている。もちろん、これらの背景には日本経済の好不況の影響があるものの、2013年を契機に東京圏の経済社会状況が変化したことの一端は東京2020にあると考えるのが自然であろう。

東京2020は令和の時代に入った日本社会・経済のスタートとなる大事業であることは間違いないが、そのことによって東京一極集中の弊害が進行してしまったという点を見逃すことはできないであろう。

■ 2　東京2020以降の東京一極集中

東京2020が終了した後、関連する労働力需要の減少に伴い、地方からの人口移動は落ち着くのだろうか、それとも引き続き東京圏への移動は続くのだろうか。この問いの答えることは簡単ではない。東京2020閉会とともに日本

経済の状況がどう推移するのかという点にもかかわる。もし日本経済の歩み
が遅くなれば、それは地方経済にも影響を及すことになる。

　既に述べたように人口移動の要因にはプル要因とプッシュ要因がある。東
京2020閉会とともに東京圏へのプル要因の力は弱くなると考えられるが、そ
れ以上に地方経済の疲弊が続けばプッシュ要因の力が増すことになる。その
相対的な大きさにもよるが、東京2020以降に一極集中が弱まるとは一概に言
えない。

　今後の国土作りで重要な点は、地方から東京へのプッシュ要因をいかに抑
制するかという点であり、言い換えれば地方での定住を促すような雇用の確
保や教育機会の提供といった経済社会環境の整備を進めるということであ
る。東京が持つプル要因は規模や集積の経済を背景とするものであり、これ
自体が弱体化することは日本経済そのものにとってもマイナスである。こう
した点を踏まえた新たな国土作りが、東京2020以降に要請されているのであ
る。

　　　　　　　　　　　　　　　　　　　　（加藤久和／人口経済学）

第10章

オリンピックと持続可能性
——都市空間の変遷と
　社会的弱者の生活環境問題を考える——

一　はじめに

　1992年、ブラジルのリオデジャネイロで開催された、環境と開発に関する国際連合会議は、持続可能な開発に向けた国際的な取り組みの重要性を提起した。これ以降、持続可能性は、環境問題を語る上で必須のキーワードとなった。政府や各レベルの地方自治体、企業、教育機関などによる計画立案過程において、持続可能性の視点が重視されるようになったのである。各種のイベント企画でも、この概念は、環境倫理的に必要、かつ時代のニーズにこたえた魅力的なものとして捉えられることが多い。超メガ・イベントであるオリンピックも例外ではなく、むしろ時代の潮流に沿う形でこれを前面に押し出す戦略がとられてきた。2020年に開催を予定されていたオリンピック・パラリンピック東京大会についても、持続可能性に配慮した計画が進められてきた。

　近年、世界各地の都市が、グローバルな見地からみた政治経済的な発展と、都市内部の活性化・再生計画の一環としてオリンピック誘致を図るなかで、持続可能な開発の概念を取り入れ、その実現をアピールしてきた。地球の将来や、都市の可能性を探る上で好ましい傾向であることは間違いないのだが、オリンピック開催による都市環境の変化によって、全ての住民が長期的な恩恵を受けるわけではない。国際オリンピック委員会、開催国、受け入れ都市、さらにはスポンサー企業が作成したアジェンダ等に多用される持続可能性という言葉が、リップサービスの域を脱していないという側面もある[1]。なぜならば、持続可能な環境を実現するためには、グローバルから地元レベルに至るまでの様々なレベルで社会変革が前提だ、という問題意識に

欠けているからだ。むしろ、グローバル経済を背景にした現代オリンピック
の開催は、都市に内在する既存の生活環境問題を悪化させる装置としても機
能してきた。

　そこで本章は、オリンピックと持続可能性の概念との関係をまとめた上
で、メガ・イベントによる都市空間の改造が、社会的不平等とグローバル経
済との交差を通じて、周縁化された人びとの排除に直結し、弱い立場にある
人びとの生活環境をいかに脅かしてきたのかを、主に、1996年のアトランタ
大会を例にあきらかにする。私たちは、メガ・イベントがもたらす都市空間
の変化が、人種、階級、ジェンダー、セクシュアリティなどによる不平等や
差別構造と絡み合いながら展開していく、という問題にも、目を向けていか
なければならない。

二　オリンピックと環境問題──持続可能性の実現に向けて──

　環境と開発に関するリオ宣言と同年に開催されたバルセロナ大会では、参
加国全てのオリンピック委員会が、持続可能性の思考を取り入れた「地球へ
の誓い」に署名した。1994年、国際オリンピック委員会（IOC）は、オリン

1　International Olympic Committee, Sport and Environment Commission (2003) "Olympic
　Movement's Agenda 21: Sport for Sustainable Development." https://stillmed.olympic.org/
　media/Document%20Library/OlympicOrg/Documents/Olympism-in-Action/Environment/
　Olympic-Movement-s-Agenda-21.pdf；Coca Cola (2012) "The Coca-Cola Company London
　2012 Sustainability Guide for Suppliers: Supporting Our Suppliers to Become More
　Sustainable." https://www.coca-cola.co.uk/content/dam/journey/gb/en/hidden/PDFs/sus-
　tainablity_guide_for_suppliers_sept2012.pdf；国際オリンピック委員会 (2014)「オリンピッ
　ク・アジェンダ2020　20＋20提言」11月18日．https://www.joc.or.jp/olympism/agenda2020/
　pdf/agenda2020_j_20160201.pdf；International Olympic Committee (2014) "Factsheet: The
　Environment and Sustainable Development Update - January 2014." https://stillmed.olympic.
　org/media/Document%20Library/OlympicOrg/Factsheets-Reference-Documents/Environ-
　ment/Factsheet-The-Environment-and-Sustainable-Development-January-2014.pdf；──
　(2017) "IOC Sustainable Strategy." https://www.olympic.org/~/media/Document%20
　Library/OlympicOrg/Factsheets-Reference-Documents/Sustainability/IOC-Sustainability-
　Strategy-Long-version-v12.pdf?la=en；公益財団法人東京オリンピック・パラリンピック競技
　大会組織委員会 (2016)「東京2020オリンピック・パラリンピック競技大会　持続可能性に配慮
　した運営計画　フレームワーク」1 月．https://gtimg.tokyo2020.org/image/upload/produc-
　tion/krrqpzddjiomvoacs9bo.pdf.

ピック憲章における「スポーツ」と「文化」に、新たに「環境」という項目
を加え、三本柱とした。さらに1996年には、オリンピック憲章の「環境」の
項目に、「持続可能な開発」が追加された[2]。当時は、世間一般でも、持続可
能な開発、もしくは持続可能性といった用語が、ある種のブームのような形
で広がっていた。現代社会におけるオリンピックは、グローバルに流通する
莫大な資金と労働力、開催国や地元自治体にたいする環境負荷、都市開発の
可能性といった諸問題を抱えており、持続可能性を重視する時代の潮流に沿
う方向転換が図られたのである。

　2012年のロンドン大会は、「One Planet Agenda　地球一個分の暮らし」
をテーマに、環境問題への取り組みと、持続可能性の確保を重視する方針を
提示した。また、IOC が2014年12月に採択した「オリンピック・アジェン
ダ2020」では、招致のプロセスや経費、運営方針、選手、コミュニティ、ス
ポンサーとの関係性、教育のあり方などについて、多岐にわたる40項目の提
言が示された。IOC は提言 4 に、「オリンピック競技大会のすべての側面に
持続可能性を導入する」と明記し、自らがこの課題に「より一層積極的な姿
勢を取り、指導的な役割を担う。また、持続可能性がオリンピック競技大会
の開催計画の策定と、開催運営のすべての側面に取り入れられることを保証
する」と宣言した。次に続く提言 5 では、「オリンピック・ムーブメントの
日常業務に持続可能性を導入する」とあり、国連環境計画（UNEP）をはじ
めとした専門組織との連携を約束している[3]。

　東京大会の方向性は、以上の流れに沿うものだ。公益財団法人東京オリン
ピック・パラリンピック競技大会組織委員会がまとめた「持続可能性に配慮
した運営計画」によれば、東京大会では「『環境』のみならず『社会』及び
『経済』の側面をも含む幅広い持続可能性に関する取組」の推進が期待され
ている[4]。委員会は、環境問題と社会や経済との関係性にも目を配り、地元
文化に即した以下の指針を提示している。

　　　取組にあたっては、例えば東京の特徴である世界的に見ても充実した都市基盤や

2　公益財団法人東京オリンピック・パラリンピック競技大会組織委員会、前掲書、2 頁。
3　国際オリンピック委員会、前掲書、8 - 9 頁。
4　公益財団法人東京オリンピック・パラリンピック競技大会組織委員会、前掲書、2 頁。

安全性をベースに、「おもてなし」や「もったいない」、「足るを知る」、「和をもって尊しとなす」といった日本的価値観や美意識を重視したり、江戸前、里山・里海など地域に根付いた自然観を、世界へ発信するほか、最先端テクノロジー（より高度な省エネや再生可能エネルギー、リサイクル等の環境対策技術等）を活用して社会システムに組み込むなど、東京や日本の独自性についても意識していくことが重要であると考える[5]。

　オリンピックにおける持続可能性に関して、「おもてなし」や「もったいない」といった、国際的にもブームになった言葉を使い、日本文化との接点を重視した記述であり、この概念の重要性が大会本部にも共通認識として確実に浸透しているように見受けられる。

　ただし、莫大な資金と利権が絡み、国内外での多数の人びとによる観光や労働を目的とした移動に関してなど、開催地が相応の受け入れ態勢を整える必要がある超メガ・イベントと、持続可能性の追求というベクトルは、うまく両立しうるのだろうか。2016年に全米で話題を呼び、同年に邦訳が出版された『オリンピック経済幻想論〜2020年東京五輪で日本が失うもの』で、経済学者アンドリュー・ジンバリストは、「持続可能性についても、近年 IOC が力をいれているにもかかわらず、結果が判別しがたいか、マイナスに傾いている」と断じている[6]。以下に、オリンピックの組織、運営と、持続可能な開発という概念が内包する矛盾の関連性について説明した上で、これが開催地の都市空間の変化に、どのように作用してきたのかを振り返ってみたい。

三　持続可能な開発とオリンピック

　IOC が2003年に発表した「オリンピック・ムーブメントのアジェンダ21 持続可能な開発のためのスポーツ」と題された冊子の表紙には、ガソリン・

5　前掲書、3頁。
6　ジンバリスト、アンドリュー（2016）『オリンピック経済幻想論〜2020年東京五輪で日本が失うもの〜』ブックマン社（＝Zimbalist Andrew (2016) *The Economic Gamble Behind Hosting the Olympics and the World Cup*. Washington D.C.: The Brookings Institution.）95頁。

スタンドでもよく見かける、おなじみの黄色と赤のホタテ貝のロゴが印字されている。これは、大手石油企業のシェル・インターナショナル（以下、シェル社）のロゴで、この冊子の出版が、同社の助成によるものであることが明記されている。国際平和を象徴する祭典とされるオリンピックの企画側が、持続可能な開発のためにスポーツが果たす役割について検討する際に、シェル社が資金協力をしているというのは、なんとも皮肉だ。

　持続可能な開発とは1990年代に、発展途上国における開発事業のありかたや、環境問題への取り組みに大きな方向転換をもたらした重要な概念である。しかし、環境汚染を引き起こしながら、経済的な豊かさを既に獲得した先進国による身勝手な政策だという批判も、当初から存在した。背景には、先進国に拠点を置いた多くの多国籍企業が、途上国における資源開発によって莫大な利益を獲得するいっぽうで、現地の環境汚染が進行し、人びとの生活と共同体の崩壊や、人種、階級、ジェンダーに起因する差別問題の深刻化につながるという事象がある。

　シェル社はナイジェリアでの石油開発事業によって原油を流出させ、世代を超えて惨禍をもたらしてきたにもかかわらず、公害を引き起こした責任を矮小化し、除染や補償を怠ってきたことで知られている。1977年にノーベル平和賞を受賞した国際人権団体のアムネスティ・インターナショナルは、シェル社を環境破壊と人権侵害の当事者として、厳しく非難してきた[7]。IOCによる持続可能な開発計画に、こうした歴史を抱える企業が助成を行い、関連書類に堂々とロゴが印字されていることこそが、オリンピックと巨大資本、国際間の構造的不平等とのあいだのいささか不都合な関係を示唆している。

四　オリンピックによる都市環境の大改造

　オリンピックは、開催地である都市の地理空間に変化をもたらし、土地に

7　Amnesty International（2018）"Negligence in the Niger Delta: Decoding Shell and Eni's Poor Record on Oil Spills." https://www.amnesty.org/download/Documents/AFR447970201 8 ENGLISH.PDF.

根ざした人びとの生活にも影響を与えてきた。イベントの開催には、巨額の公的資金や、ディベロッパーや建設会社などによる民間資本が投じられ、動員される労働力の規模も桁違いに大きい。また、世界中のメディアの注目が集まるメガ・イベントに相応しい、街のイメージも求められるようになる。つまり、危険で治安が悪い、もしくは不潔で陰気な街ではなく、健康的な活気にあふれ、おしゃれな店や、多国籍のレストランが立ち並ぶ、国際色豊かな街というイメージだ。グローバル経済の営みを背景に、オリンピックは都市の活性化と経済発展、インフラ整備や、観光地としての魅力の創出に、重要な役割を果たすようになった。

　そして、西ヨーロッパや北アメリカでは、オリンピック開催を目的としたインフラ整備や観光を促進することで、第二次世界大戦後に急速に進んだ郊外化によって空洞化し、荒廃していた都市内部の活性化・再生計画につなげようという動きが出てきた。この先駆けになったのが、1984年のロサンゼルス大会だという説もあれば[8]、実は1976年のモントリオール大会にまでさかのぼることができるという研究もある[9]。1992年のリオ会議を契機に、オリンピック招聘都市は、（再）開発計画に持続可能性の概念を取り入れ、その実現をアピールするようになった。

　ところが、本来ならば将来的な持続可能性を確保した上で進めるべき再生、（再）開発のプロセスは、地理空間を大きく改造し、ときにはそれが、都市に内在する不平等や差別構造を再生産するといった弊害を生み出してきた。特に注目すべき地理現象は、オリンピックを契機としたジェントリフィケーション（高級化）だ。先進国における都市再生計画や、発展途上国での都市開発を通じて、貧困問題を内包する都市が、よりクリーンで安全、かつおしゃれな空間に生まれ変わるとき、もともと住んでいた人びとや、小規模のビジネスを営む店主などが、引き上げられた家賃や固定資産税を払えなくなるという事態が発生する。また、高級化した空間にそぐわないと一般的に

8　Ren, Xuefei (2017) "Aspirational Urbanism from Beijing to Rio de Janeiro: Olympic Cities in the Global South and Contradictions." *Journal of Urban Affairs* 39 (7): 894-908.
9　Chan, Sophy and Janice Forsyth (2018) "'Welcome to the Olympic Victims Hotel': Homelessness and the 1976 Montreal Olympic Games." *Sports in Society* 21(3): 468-481.

みなされる建物や施設が解体され、居場所を喪失する人も出てくる。ホーム
レスをはじめとする社会的に周縁化されてきた人びとは、治安維持を目指す
警察によって取り締まりの対象になる[10]。住まいを持たないという境遇や、
貧困そのものが危険視され、犯罪と定義されるようにもなるのだ。したがっ
て、都市のジェントリフィケーションは、貧困層の社会・文化地理的な排除
に結びつく可能性を秘めている。

　メガ・イベントによる高揚感に加え、ジェントリフィケーションを遂げる
都市空間の変貌による利点を享受できるのは、最低限の生活力を有し、経済
的な余裕のある層である。比較的恵まれた層から見た街の治安は改善し、一
般的な暮らしの質は向上するだろう。いっぽうで、オリンピックによる開発
事業によって、住まいや、長い時間をかけて築いてきたコミュニティを喪失
する、または、警察当局から犯罪者扱いされる、という経験をする人びと
が、バンクーバーやロンドン、北京やリオデジャネイロにも多数存在した。
オリンピックは、彼らの日常を破壊へと導いたのである。

　社会的に弱い立場にある人びとの生活環境や、基本的人権の確保が危うい
となれば、これは持続可能な営みとは言えまい。彼らが生きる権利そのもの
が奪われ、将来への希望も失われるからだ。現代都市は、グローバル経済を
背景に、日々変化を遂げる。そのような特殊な地理空間において、多様な背
景を有する人びと皆が享受しうる持続可能な開発の実現が、困難を伴うもの
であることは否めない。次項ではこれについて、1996年のアトランタ大会を
事例に説明したい。

五　オリンピックとグローバル都市

　1996年 7 月19日から 8 月 4 日にかけて、アメリカ合衆国の深南部に位置す
るジョージア州アトランタで、近代オリンピック開催100周年記念大会が開
催された。100周年という節目にあたっては、第 1 回大会開催地のアテネが

10　Smith, Neil（1996）*The New Urban Frontier: Gentrification and the Revanchist City.* New York: Routledge, p. 3-27.

有力視されていたが、1990年秋、IOCはアトランタを選択した。オリンピックのスポンサー企業のコカ・コーラ社のお膝元だからではないかという噂も囁かれた。誘致の経緯がどのようなものであったにせよ、アトランタ市の地理空間、社会的、政治経済的な営みは、この年を境に激変した。

　アトランタ市当局は、オリンピックを契機に、グローバル都市の名に相応しい都市計画を進めようとしていた。また、南部の地方都市のグローバル化への欲望と連動したのが、人種融合の町というイメージである[11]。このイメージは、平和の祭典の誘致と開催には好都合だった。聖火の最終ランナーとして、人種差別に抵抗した伝説のボクサー、モハメド・アリが登場したとき、開会式の参加者たちは彼を大歓声で迎えた。パーキンソン病をおして聖火を灯したアリの姿は、奴隷制度を原点とした苛烈な人種問題を抱える深南部の街が、差別の歴史を克服し、平和の一拠点として再出発するという物語のハイライトだった。

　オリンピックをきっかけに、アトランタの街は大きく発展するであろうと期待された。特に、スタジアムをはじめとした新しい施設や、高速道路の建設に伴う雇用機会の増大と、経済効果が見込まれたのである。これについては納税者へのコストが利益を上回り、オリンピックによる経済成長はそれほどなかったという側面もあるが、アトランタの都市としての規模は確実に拡大したと言ってよいだろう。

　オリンピック誘致の目玉とされたのが、1990年代当時、他の多くの都市と同様に空洞化が進んでいた、ダウンタウンの再開発事業の実現だった。同市の郊外化とジェントリフィケーションの経緯については、歴史家、宮田伊知郎の研究に詳しいが、オリンピックはこのプロセスに拍車をかけ、前項で説明したような弊害が生じるに至った[12]。オリンピックが、アトランタにもともとあった社会問題の解決につながることはなかったのだ[13]。差別と暴力か

11　Gustafson, Seth（2013）"Displacement and the Racial State in Olympic Atlanta 1990-1996." *Southeastern Geographer* 53(2): 198-213, p. 204.
12　宮田伊知郎（2017）「未来都市の米国現代史——郊外化、開発、ジェントリフィケーションにおける排除と包摂」『歴史学研究』963：136-144.
13　French, Steven P. and Mike E. Disher（1997）"Atlanta and the Olympics: A One-Year Retrospective." *Journal of American Planning Association* 63(3): 379-392, p. 391.

らの脱却というイメージとは裏腹に、アトランタ都市空間の改造は、階級や人種による社会の分断を促したのである。

六　アトランタ市のジェントリフィケーション

　オリンピックを契機とした大々的なジェントリフィケーションは、まず、スタジアム建設が決まったサマーヒル地区とその近辺で進行した。アトランタ市南部に位置する同地区は、南北戦争後に生まれた集落で、もともとは解放奴隷やユダヤ系の人びとが多く住んでいた場所だった。新築されたオリンピック・スタジアムは、大会後にメジャー・リーグ球団のアトランタ・ブレーブスの所有下に入り、2017年にはジョージア州立大学が買い取った。この間に着々と進められた再開発計画に関して、アトランタ市や球団側と近隣のコミュニティのあいだには、対立関係が生まれた[14]。また、ジェントリフィケーションの影響で不動産価値が上昇したため、貧困層の黒人が大半を占めていた住民の多くは家賃を払えず、引っ越しを余儀なくされた。

　オリンピックの施設建設によるジェントリフィケーションと、開発を推進する市当局や業者による住民たちへの無関心は、アトランタの中心部での地理的変化にも共通していた。特に注目すべきなのが、ニュー・ディール政策のもとに建設された、アメリカ初の低所得者向け公共住宅であるテクウッド住宅、クラーク・ハウエル住宅、その南にあったテクウッド・パークと呼ばれた区画の事例である。

　アトランタの公共住宅の歴史地理は、都市計画と人種、階級、ジェンダーをめぐる差別構造と複雑に絡んでいる。連邦政府は1936年、深南部におけるジム・クロウ制度（人種によって地理的な隔離を実施する制度）を背景に生まれた最貧困地区を一掃し、白人を入居対象とした公共住宅の建設計画を打ち出した。これによって、この地にもともと住んでいた黒人たちは住み慣れた故郷を離れることになった。

　設立当時のテクウッド住宅は、白人のみに居住が許されていたが、1950年

14　Keating, Larry（2001）*Atlanta: Race, Class, and Urban Expansion*. Philadelphia: Temple University Press, p. 167-169.

代から60年代にかけて拡大した公民権運動を経て、人種統合政策が打ち出されるようになり、黒人にも門戸が開かれるようになった。ところがその結果、人種統合に反発する大半の白人が郊外へと住まいを移した[15]。その後、この地域は貧しい黒人が多く住む、犯罪多発地区としてとらえられるようになった。

　オリンピックをきっかけに、市当局からはメガ・イベントに相応しいグローバル都市が抱える恥部とみなされた、公共住宅の解体が決まった。アトランタ市はこれに代わり、混合所得住宅（異なる収入層の人びとが共に暮らす住宅）の設置計画を進めたが、これは中・上流階級用の住宅で、貧困層はあきらかに対象外だった[16]。生活困窮世帯が、混合所得住宅への入居に際して設けられた、厳しい条件を満たすことなどできるわけがなかった。また、公共住宅の解体と強制的な転住計画によって、住民たちが長年にわたり紡いできた共同体や、近所付き合いを基盤としたサポート・システムが奪われたのである。

　さまざまな課題が残されるなか、オリンピック以降の15年間で、アトランタ市の低所得者用公共住宅は次々に解体された。この間、住宅支援を最も必要とする有色人種の貧困層は、「都市の再生」をめぐる計画において蚊帳の外に置かれた。公共住宅には、シングルの黒人女性が世帯主である家庭が多く含まれていたため、ジェントリフィケーションは人種、階級、ジェンダーの側面において、社会的に弱い立場にある人びとに、生活拠点の喪失という、きわめて過酷な状況を強いる結果となった。

　公共住宅の南側に位置し、低所得者向けのレストランや小売店が並んでいたテクウッド・パークも一掃され、オリンピック記念公園へと生まれ変わった。オリンピック記念公園を Wikipedia 英語版で検索すると、「この公園はもともと、空き地や、廃屋、ぼろぼろの建物の寄せ集めだった」という説

15　Ruechel, Frank（1997）"New Deal Public Housing, Urban Poverty, and Jim Crow: Techwood and University Homes in Atlanta." *The Georgia Historical Quarterly* 81(4): 915-937, p. 937.

16　Rutheiser, Charles（1997）"Making Place in the Nonplace Urban Realm: Notes on the Revitalization of Downtown Atlanta." *Urban Anthropology and Studies of Cultural Systems and World Economic Development* 26(1): 9-42, p. 34.

明が出てくる[17]。しかし、地理学者セス・グスタフソンによれば、この場所は経済的、かつ文化的な活気にあふれ、歴史的に高い価値のある建物もあった[18]。こうして、人びとが日々紡いできた思い出の場所と共同体が、オリンピックを境に崩壊への道を辿ったのである。

　居場所を失ったのは、この地に根を下ろしていた公共住宅の住民だけではなかった。当時の市当局や警察が、ダウンタウンの荒廃の原因として、特に問題視していたのはホームレスの存在だった[19]。オリンピック記念公園の建設に伴い、テクウッド・パークにあったホームレス・シェルターは撤去され、約1000床が失われた[20]。またこの地区は、治安の改善を図るために警察

オリンピック公園中心部に位置する、1996年大会の記念施設

（筆者撮影、以下同様）

コカ・コーラ社のアトラクション施設と公民権・人権ナショナル・センター

17　Wikipedia (n.d.) "Centennial Olympic Park." https://en.wikipedia.org/wiki/Centennial_Olympic_Park.
18　Gustafson, op. cit., p. 207.
19　Ibid., p. 199.
20　Rutheiser, op. cit., p. 30.

による重点的な取り締まりの対象となった。

　2007年にホームレス支援に携わる運動家がまとめた報告書によれば、1995年から1996年にかけてアトランタ市では、具体的な理由もない状況下におけるホームレスの逮捕が9000件にのぼった。この報告書によれば、ホームレスにも住まいを確保する権利があるという論理ではなく、彼らは社会的に逸脱した存在、投獄に値する犯罪者であるという認識が、共有されるようになったという。同報告書は、人権や住宅問題に取り組む世界中の運動家たちが、オリンピックに起因したジェントリフィケーションによって、たくさんの家族が自宅を追われるプロセスを認識しており、オリンピックを怒りと苦々しい思いをもって記憶しているとも指摘している[21]。

　アトランタ市では、オリンピックを契機にホームレスにたいして厳しく対応する方向性が定まった。1995年以降に設置され、改訂が繰り返されてきたホームレス対策の条例の数々は、この動きを法的に支えてきた。条例では、公共空間での放尿、観光地での物乞い、野宿、歩道の占拠、ゴミあさり等が禁止されている。たとえば2009年から2017年にかけて、アトランタ市では公共の場での、排泄を理由とした逮捕件数が、6428件にのぼった[22]。逮捕されたうちの何人がホームレスであったかは不明であるが、トイレにアクセスがなければ路上で用を足す以外に選択肢はないのはあきらかで、生きるために必要な行為さえも犯罪視される状況は過酷だった。アトランタの貧困問題等に焦点を当ててきたオンライン・ニュースでは、ホームレスの男性ラリー・マックニールによる「法律違反をしなければ、人間でいること、ただ平穏に暮らすことはもうできないのです」という発言が紹介されている[23]。貧しいこと、もしくは住居の確保がままならないこと自体が犯罪とみなされる流れは、貧困問題と密につながる人種やジェンダーによる格差の拡大と、構造

21　Beaty, Anita（2007）"Atlanta's Olympic Legacy: Background Paper." Geneva: Centre on Housing Rights and Evictions, p. 4-6. http://www.ruig-gian.org/ressources/Atlanta_background_paper.pdf.

22　Tatum, Gloria（2018）"APD Enforcing Laws Criminalizing, Burdening Homeless People." *Atlanta Progressive News.* February 10. http://atlantaprogressivenews.com/2018/02/10/apd-enforcing-laws-criminalizing-burdening-homeless-people/.

23　Ibid.

的、制度的な差別構造の硬直化を招いた。

七　オリンピック公園の現在

　オリンピック公園は現在、アトランタの観光拠点の一つだ。コカ・コーラの歴史、広告、製造工程を紹介する巨大アトラクション施設であるワールド・オブ・コカ・コーラ、世界最大規模を誇るジョージア水族館、スタジオ・ツアーも楽しめるCNNセンターには、連日、多くの家族連れが集まる。コカ・コーラの施設に隣接する公民権・人権ナショナル・センターでは、公民権運動の歴史や世界各地の人権問題、さらにはアトランタ出身のマーティン・ルーサー・キング・ジュニア牧師について、充実した展示がなされている。

　公園の管理を行うジョージア・ワールド・コングレス・センターのホームページは、オリンピック公園の歴史地理を、ダウンタウンの再生として捉えている。同団体のホームページは、「20年少し前には、荒れ果て、何ブロックにもわたる目障りな場所が、現在ではアトランタのダウンタウンにおけるエンターテイメントとホスピタリティを示し、開発とアトラクションに囲まれた、王冠の宝石のような地区になった」と誇らかに説明している[24]。貧しく、深刻な治安問題を抱えつつも、人びとが生活し、コミュニティを築いて

閑散としたオリンピック公園の風景

24　Georgia World Congress Center（n.d.）"Olympic Legacy." https://www.gwcca.org/park/olympic-legacy/.

いたテクウッド住宅の空間を、荒れ果てた目障りな場所として決めつけ、グローバル化する資本主義を反映する現在の景観を、大げさな表現で持ち上げている。単純、かつ一方的な景観解釈と言えよう。

「王冠の宝石」とまで言われるオリンピック公園であるが、観光施設の周りや、イベントが開催されるときを除き、普段は週末の昼間でも閑散としている。遊歩道にも人影はあまりなく、無機質な景観が広がるのみだ。この場所を故郷として慈しみ、思い出を紡ぐ人びと、ここを拠点とするコミュニティが存在しているようには見えない。ちなみに、公民権・人権ナショナル・センターの展示には、オリンピックを理由に、この場所から追われた人びとの地元史を示す情報は含まれていない。センターを訪れる観光客が、この空間から消去された歴史について知る由もないのだ。

八　おわりに

オリンピック委員会、開催国、自治体、企業は、オリンピックによる持続可能な（再）開発をうたう。しかし、グローバル化が進む現代都市において、メガ・イベントは格差や差別の再生産の装置にもなってきた。本章では、主にアトランタ市の事例を振り返ることで、その経緯をあきらかにした。都市の空間構築において、人種や階級による社会的な弱者が周縁化される現象は、歴史的に繰り返されてきた。オリンピックの開催は、そのプロセスをさらに促す結果を導いた。

現在のアトランタ市は、1999年にジョージア工科大学の大学院生ライアン・グラベルが修士論文で示したアイディアをもとに、2005年以降進められてきた、廃線された鉄道線路跡を多目的トレイルに改造するベルトライン計画、2014年に操業を開始したアトランタ・ストリート・カーと呼ばれる路面電車の建設をきっかけに、さらに急激なジェントリフィケーションの途上にある。2018年10月23日付の『ガーディアン』によれば、アトランタ市は全米５位の進行度でジェントリフィケーションが進んでいる。2000年から2006年のあいだの白人人口増加の割合は、他のどの都市よりも高い。その裏側には、住み慣れた土地を後にせざるを得ない多くの黒人の存在がある。同記事

は、ジェントリフィケーションの結果、人種間や階級間の格差や、文化的な衝突の問題が深刻化していると報じている[25]。

　筆者が2017年3月に現場を訪れたとき、路面電車の利便性は際立ち、ダウンタウンの中心部の治安も比較的良好だった。オリンピックがなければ、いわゆる「貧困地区」が、旅行者に魅力的な観光地に生まれ変わることはなかっただろう。しかし、こぎれいで整然とした景観の背景には、貧困層の黒人やホームレスを対象とした排除の歴史が潜んでいる。生活権そのものを奪われた住民からすれば、持続可能性に関する謳い文句も空虚に響くのではないか。本来ならば、ホームレスを都市空間から排除する前に、住まいさえも確保できないほど深刻な、貧困を生み出さないような社会を模索すべきではなかったか。日常生活の息吹が感じられぬオリンピック公園の無機質な景観は、表面的なリップサービスとしての持続可能性の概念ではなく、社会正義の理念を取り入れた、革新的な都市環境の構築に向けた努力が必要なのではないか、と私たちに問いかけているように見える。

（石山徳子／地理学）

25　Lartey, Jamiles (2018) "Nowhere for People to Go: Who will Survive the Gentrification of Atlanta?" *The Guardian.* October 23. https://www.theguardian.com/cities/2018/oct/23/nowhere-for-people-to-go-who-will-survive-the-gentrification-of-atlanta.

■ 第11章

"復興五輪" としての東京2020
──エネルギー問題をめぐる国内植民地──

一　なぜ東京2020で "復興" なのか

■ 1　"復興五輪" としての東京2020

　東京都の前身にあたる東京府東京市は、1940年に第12回オリンピック大会を開催することになっていた。しかし1937年に日中戦争が勃発するなど当時の時世の影響を受け、日本政府は1938年に中止を決定した。この時の大会では、1923年に発生した関東大震災からの "復興" が謳われたという。

　東京でオリンピック大会を開くという夢は戦後の1964年にかなうことになる。東京都で開催された第18回オリンピック大会では、"戦後復興" を世界に示すことが大儀となった。

　こうした東京オリンピックと "復興" との親和的な関係は、2021年に東京都での開催が予定されている第32回オリンピック・パラリンピック大会（以下、東京2020）にも引き継がれている。このオリンピック大会への立候補申請は2011年5月に開始された。同年9月に立候補が締め切られ6都市が立候補を表明、それらの都市は2012年2月までに国際オリンピック委員会（IOC）に申請ファイルを提出し、その審査を経て同年5月のIOC理事会にてイスタンブール市、マドリード市、そして東京都の3都市が正式立候補都市になる。これら3都市は翌2013年1月に立候補ファイルを提出し、IOCによるそれらの書類審査と現地調査を経て、2013年9月にブエノスアイレスで開催されたIOC総会にて東京が開催都市に選ばれた。そしてこうした一連の大会招致手続きが始まる前の2011年3月に、東日本大震災が起こったのである。

　東京オリンピック・パラリンピック招致委員会（以下、招致委員会）は、オ

リンピック大会の招致活動において東日本大震災からの"復興"を提唱した。つまり東京2020を東日本大震災からの"復興五輪"と位置付ける言説は被災地側が求めたものではなく、東京2020招致側が必要としたものだったのである。なぜ招致側は"復興五輪"を持ち出さなければならなかったのか。それは東京で2回目のオリンピック大会を開催する意義を見出せないでいたからである。意義を感じられないオリンピック大会の開催に支持は集まらない。国際的に通用する開催意義と国内の支持率を高めるためのキャッチコピーとして、東日本大震災からの"復興"は魅力的だったのだろう。

■ 2　"復興五輪"言説に潜む包摂と排除

こうして湧き起こった招致側による"復興五輪"言説には、東日本大震災の被災地、とくに福島を包摂するメッセージだけではなく、それを排除するメッセージも含まれていた。例えば招致委員会が提出した申請ファイルには「東京電力株式会社は、都内に内燃力発電所など東京に電力を供給する主な自社発電所を15箇所所有しているが、原子力発電所はない」(p36)と明記されている。申請ファイルが提出される少し前の2011年12月、日本政府は「発電所の事故そのものは収束に至った」として原子炉の冷温停止を宣言したが、一方で当時の福島県知事は「事故は収束していない」と反発した。東京2020の招致活動が正式に始まり、そこで"復興五輪"が謳われ始めた当時、原発事故への対処はそのような状況だったのである。こうした情報はIOCの開催地決定権をもつ委員たちに不安を生じさせる可能性をもち、招致実現の障害にもなり得る。そこで、先に事故を起こしたような原子力発電所は少なくとも開催地である東京都内には存在しないことを強調しておく必要があったのだろう。こうした類のメッセージは、2013年9月のブエノスアイレスにおけるIOC総会中にも発信された。例えば当時の日本オリンピック委員会の竹田恆和会長は、現地で行われた記者会見において以下のような発言をしている。

　　「(東京と福島は) ほぼ250キロ、非常に、そういった意味では離れたところにありまして、皆さんが想像するような危険性は、東京には全くないということをはっきり申し上げたいと思います」(記者会見の映像からの書き起こし。カッコ内は筆者の

加筆）

　さらに IOC 総会における立候補都市の最終プレゼンテーションにおいて東京チームの代表として登壇した安倍晋三首相は、そのスピーチにおいて福島における原発事故の状況について以下のように言い切った。

"The situation is under control."
"It has never done and will never do any damage to Tokyo."
（スピーチ映像からの書き起こし）

　いずれも東京からの視点に立った発言であり、オリンピック大会の開催に立候補している東京都内の安全を強調する内容である。オリンピック大会の招致活動において被災地の復興支援を自ら打ち出しておきながら、東京は安全だ、福島とは十分な距離がある、といった被災地を切り離すようなメッセージを発する。なぜこのような相反するメッセージを発信したのだろうか。このことについて山田は、東京2020の招致過程において、まずはアピール力として「災害からの復興」が謳われ、さらに日本の長所としての「安全」を保障するために「原発事故の収束」が絶対条件であったと説明している[1]。

　すでに述べたように、東京都は 2 回目の開催となるオリンピック大会の招致に際して、その意義をなかなか見出せないでいた。そこで国内にとどまらず国際的なメッセージになり得る東日本大震災からの"復興"が、東京開催を後押しするアピール点として掲げられた。しかし同時にそこには、原発事故による放射能漏れを懸念されるというリスクも潜んでいる。他方、日本社会の治安は他の立候補都市よりも概して安定しており、こうした「安全」という長所は極力活かしたい。しかし復興を強調すれば放射能漏れの懸念が高まるリスクも増すことになり、それは「安全」という長所を打ち消すかもしれない。こうした状況分析の結果、先の各種メッセージにみられるように「復興支援」を謳いながら「東京の安全」を強調するというアンビバレントな状況が生じたのだと思われる。

1　山田健太「東日本大震災・オリンピック・メディア——国益と言論」マス・コミュニケーション研究86巻（2015）39-62.

■ 3　「やっぱり復興五輪にします」

　かくして一連の招致活動において"復興五輪"が提唱された。しかしその
過程を詳細にみると、招致委員会は2年4ヶ月にわたる招致活動において一
貫して"復興五輪"を強調していたわけではない。2013年8月9日付の朝日
新聞は「やっぱり復興五輪にします」という見出しの記事で以下のように説
明している。

> 「2020年五輪の開催都市が決まる9月のIOC総会に向けて、東京が招致活動で『震
> 災復興』を強調している。海外の放射能などへの不安から一時は看板を下ろした
> が、日本で開催する意義をより強くアピールするのが狙いだ。被災地では期待と疑
> 問の声が入り交じる。」

　つまり、二度目の招致の大義名分として一度は"復興五輪"を掲げたが、
心配していたように海外で放射能漏れへの懸念が高まってしまい、"復興五
輪"を強調する度合いを下げざるを得なくなった。しかし開催地が決まる
2013年9月のIOC総会に向けて、やはり東京で二度目の開催をする意義を
打ち出すことができず、最終的に再度"復興五輪"を強調することになった
という指摘である。

　一本の新聞記事におけるこうした指摘はどれほど的を射たものなのだろう
か。本章ではまず、招致委員会が"復興五輪"を強調する度合いがどのよう
に変化したのか、さらに招致委員会によるメッセージを受けて国内のメディ
アは"復興五輪"をどのように報道したのかについて検証する。その作業を
経て、"復興五輪"に関する語りが日本社会においてどのような意味をもっ
ているのかについて考えたい。

二　招致過程における"復興五輪"言説

■ 1　"申請""立候補"両ファイルにおける復興

　まずは東京2020招致委員会がIOCに提出した申請ファイルと立候補ファ
イル[2]のなかで、"復興五輪"がどの程度語られているかについて確認するこ
とにしよう。"復興五輪"に関わるキーワードとして「復興」「東日本大震

災」「福島」「放射（放射線・放射能）」「原子力」の五つを設定し、それぞれの
ファイルにおいて使用されている頻度を確認した（表1）。申請ファイルは
2012年2月、立候補ファイルは2013年1月にそれぞれIOCに提出されてお
り、表1からは招致委員会によるこの間の"復興五輪"の強調度合いがどの
程度変わったかをうかがい知ることができる。「復興」「東日本大震災」「福
島」「原子力」の4語は概して使用される頻度が減っている。唯一、使用頻
度が増えているのが「放射」であり、8回から13回に増加しているが、これ
は申請ファイルにはなかった「放射線や放射性物質」という並記が立候補
ファイルでは4箇所あることに影響を受けている。

　以上の結果から、東京2020を招致する側が"復興五輪"を強調する度合い
は、確かに申請ファイルが提出された2012年2月から立候補ファイルが提出
された2013年1月にかけて低調になっていることを確認できる。

表1　申請ファイルと立候補ファイルにみる「復興五輪」

語句	申請ファイル	立候補ファイル
復興	4	2
東日本大震災	7	4
福島	5	3
放射	8	13
原子力	7	5

　申請ファイルと立候補ファイルはそれぞれ英語版と日本語版が作られ、い
ずれも招致委員会のフェブサイトで公開されているので東京都民をはじめと
して一般の人々も閲覧することができる[3]。しかしこれらのファイルはそも
そもIOC委員を説得するために作られたものであり、都民や日本国民に対
するメッセージとして書かれたものではない。また日本国内でこれらのファ
イルを閲覧するのは競技団体やメディアの関係者、あるいは研究者や反対派

2　分析には日本語版のファイルを用いた。それぞれのファイルにおいて文字が書かれた頁数は
申請ファイル53頁、立候補ファイル65頁である。
3　2019年12月現在、立候補ファイルは東京2020組織委員会のホームページからダウンロードす
ることができるが、申請ファイルは公開されていない。

の人などごく一部の人々に限られると思われる。それでは東京2020招致過程において、都民や国民といったより一般の人々に対し、"復興五輪"のメッセージはどの程度発せられ、どのように語られたのだろうか。次に、国内の主要新聞に記載された"復興五輪"言説について検討する。

■ 2　主要全国三紙における "復興五輪" 言説
■（1）方　法

"復興五輪"言説の分析対象として朝日新聞、毎日新聞、読売新聞の3紙を選び、各紙のデータベースを用いて「復興五輪」をキーワードとする検索を行った。検索対象期間は次の3期に分けた：

> 第Ⅰ期：2011年3月（東日本大震災発生）～2012年2月（申請ファイル提出）
> 第Ⅱ期：2012年3月～2013年1月（立候補ファイル提出）
> 第Ⅲ期：2013年2月～2013年9月（IOC総会開催）

検索作業にて収集した記事はすべてテキスト化し、テキストマイニング用のフリーソフトである KH Coder を用いて頻出語を抽出、さらに関連語検索機能を用いて"復興五輪"を語るのに関わりの強い語を抽出した。

（2）結　果
（a）掲載記事数　　まずは主要全国三紙上において"復興五輪"という語

を使った記事数の変化を確認する。表2には朝日、毎日、読売各紙において検索語「復興五輪」を含む記事数を示した。検索期間全体を通じて、朝日新聞は24件、毎日新聞は43件、読売新聞は28件、3紙計95件の新聞記事において「復興五輪」という語が使用されていた。

第Ⅰ期から第Ⅲ期にかけての検索記事数の増減は、各紙で異なった傾向を示した。朝日新聞では第Ⅰ期から第Ⅱ期にかけて大幅に減り（14→1）、その後増加するが（1→9）、第3期の記事数は第Ⅰ期のそれには及ばない。毎日新聞でもやはり第Ⅰ期から第Ⅱ期にかけて大幅に減少するが（12→5）、第Ⅲ期にかけては大幅に増加し（5→26）、第Ⅲ期の記事数は第Ⅰ期のそれを大幅に超えている。読売新聞における記事数は第Ⅰ期から第Ⅱ期、さらには第Ⅲ

表2 主要全国3紙における「復興五輪」を含む記事数の推移

	第Ⅰ期	第Ⅱ期	第Ⅲ期	計
	2011年3月～ 2012年2月	2012年3月～ 2013年1月	2013年2月～ 2013年9月	
朝日新聞	14	1	9	24
毎日新聞	12	5	26	43
読売新聞	18	6	4	28
計	44	12	39	95

申請ファイル提出
2012年2月

立候補ファイル提出
2013年1月

期にかけて一貫して減少している。このように三紙において「復興五輪」が使われた記事数の変化は、第Ⅱ期から第Ⅲ期にかけて異なった傾向を示すが、その中でも第Ⅰ期から第Ⅱ期にかけてはいずれも減少するという共通した傾向を確認できる。そして3紙を合計した値としては、「復興五輪」について語った記事数は招致プロセスにおける節目となる申請ファイル提出を境にいったん減少し、立候補ファイル提出前後では増加するといったV字型の変化をした。別の言い方をすれば、「復興五輪」について語った記事の数は、申請ファイルを提出してから立候補ファイルを提出するまでの間は確かに減っており、この時期はその前後の時期と比べて日本国内においても"復興五輪"についてのメッセージは発信されなくなっていたことを確認できる。

　(b) 頻出語にみる"復興五輪"　　次に、「復興五輪」という語自体がどの程度使われたかについて確認する。表3には第Ⅰ期44記事、第Ⅱ期12記事、第Ⅲ期39記事、全期を通じた総計95記事において頻繁に用いられた語（頻出語）の上位10語をあげた。上位には「招致」「五輪」「東京」といった語が並び、こうした語によって東京2020の招致活動が語られたことがわかる。また例えば「招致」という語は第Ⅰ期に147回、第Ⅱ期に58回、第Ⅲ期に131回使用されており、それぞれの期の記事数の増減を反映していることもわかる。

　さて、「復興五輪」という語は第Ⅰ期に52回、第Ⅱ期には13回、第Ⅲ期に

表3　期別にみた頻出語

	第Ⅰ期		第Ⅱ期		第Ⅲ期	
	抽出語	出現回数	抽出語	出現回数	抽出語	出現回数
1	招致	147	招致	58	東京	157
2	五輪	74	東京	50	五輪	139
3	JOC	70	五輪	38	招致	131
4	東京	65	都市	36	復興	82
5	立候補	59	IOC	35	スポーツ	77
6	復興	55	支持	33	選手	77
7	スポーツ	53	開催	30	被災地	64
8	知事	53	国内	26	日本	62
9	復興五輪	52	計画	23	復興五輪	61
10	開催	50	五輪招致	21	開催	59
	⋮	⋮	⋮	⋮	⋮	⋮
			復興	15		
			復興五輪	13		

復興五輪＋復興	107	28	143
総記事数	44	12	39
記事あたりの使用回数	2.43	2.33	3.67

は61回用いられている。また大会の招致に関わって被災地の復興について言
及したであろう「復興」という語も第Ⅰ期55回、第Ⅱ期15回、第Ⅲ期82回使
われている。「復興五輪」と「復興」を合わせると、復興に関する語は第Ⅰ
期には107回、第Ⅱ期には28回、第Ⅲ期には143回使用されていることにな
る。これらの数字をそれぞれの期の記事数で除して単位記事あたりの「復興
五輪」「復興」の使用回数を求めると、第Ⅰ期2.43回、第Ⅱ期2.33回、第Ⅲ期
3.67回となる。先に第Ⅰ期から第Ⅲ期までの記事数の増減はⅤ字型を示すと
説明したが、「復興五輪」ならびに「復興」といった語の使用回数では、第
Ⅰ期から第Ⅱ期にかけては微減し、第Ⅲ期で大幅に増えている。

　以上の分析から、主要全国三紙における「復興五輪」に関する語りは、量
的な面においては確かに時期によって変化してきたことを確認できる。記事

数単位では第Ⅰ期から第Ⅱ期にかけて減少し、「復興五輪」や「復興」という語単位では第Ⅱ期から第Ⅲ期にかけて増加していた。こうしたことから、主要全国三紙を通じて国内に発信された"復興五輪"という情報自体も時期によって変化していると判断できる。さらにその変化は、先に紹介した朝日新聞の記事の指摘、つまり「二度目のオリンピック大会招致の大義名分として掲げられた"復興五輪"は、申請ファイルと立候補ファイルを提出する間の期間はあまり語られなくなったが、開催地を決定するIOC総会に向けて再度強調された」という指摘を裏付けるものである。

　(c)　"復興五輪"を特徴づける語　　表2と表3は"復興五輪"言説の量的な変化を示したものである。ところで"復興五輪"という語は各記事においてどのような文脈で使われたのだろうか。こうした質的な面について確認するために、"復興五輪"を特徴づける語[4]を関連が強い順にそれぞれ10語ずつ抽出した（表4）。

　表4に示した"復興五輪"の語られ方に関する主要全国3紙の3期にわたる動向を概観してみよう。まず第Ⅰ期では3紙ともに「掲げる」や「東日本大震災」が上位にあり、「東京」や「招致」あるいは「都知事」といった語が共通している。実際の記事を参照してみても、3紙いずれも東京都が2020年夏季大会の開催地に立候補し、その際に東日本大震災からの「復興五輪」をテーマに掲げたという事実を伝えている。朝日新聞は一歩踏み込んで、復興五輪というテーマがこの時点で国民の支持を得られていないと論評している。

　第Ⅱ期になると3紙とも第Ⅰ期よりも記事数を大幅に減らす。そのなかで朝日新聞は当時の都知事が被災地のイベントにて復興五輪を呼びかけたこと、読売新聞は東京都が一次選考を通過したことをそれぞれ出来事として伝えている。一方、毎日新聞は、復興五輪の強調は国内向けのものであり既定路線、ただし海外には別のビジョンを示す必要があるといった現場の声を紹介し、当時の状況を分析している。

4　KH Coderの機能としては「関連語検索」を用いた。表4の数値はJaccardの類似性測度（以下、類似性測度）である。この測度は0〜1までの値をとり1に近いほど関連が強いことを意味する（樋口耕一『社会調査のための軽量テキスト分析』（ナカニシヤ出版、2014、p39））。

表4　全国主要3紙において"復興五輪"を特徴づける語

朝日新聞

	第Ⅰ期		第Ⅱ期		第Ⅲ期	
1	掲げる	0.474	呼びかける	1.000	意義	0.143
2	東日本大震災	0.238	子ども	1.000	世界	0.133
3	都知事	0.177	招く	1.000	思う	0.118
4	支持	0.158	仙台	1.000	お願い	0.091
5	招致	0.136	猪瀬直樹	1.000	かけ声	0.091
6	国民	0.111	都知事	1.000	スローガン	0.091
7	今	0.095	12月	0.500	印象づける	0.091
8	石原慎太郎	0.091	イベント	0.500	押し出す	0.091
9	東京	0.077	被災	0.333	寄せる	0.091
10	大会	0.074	昨年	0.167	急増	0.091

毎日新聞

	第Ⅰ期		第Ⅱ期		第Ⅲ期	
1	掲げる	0.278	東日本大震災	0.500	掲げる	0.208
2	東日本大震災	0.250	既定路線	0.400	語る	0.127
3	復興	0.219	挑戦	0.400	委員	0.127
4	示す	0.211	日本オリンピック委員会	0.400	選手	0.120
5	被災	0.208	別のビジョン	0.400	訴える	0.115
6	開催	0.182	声	0.333	パラリンピック	0.113
7	競技	0.158	掲げる	0.286	津波	0.104
8	活動	0.150	国際的	0.286	運営	0.102
9	東京都	0.150	国内向け	0.286	佐藤	0.102
10	継続	0.143	示す	0.286	前面	0.100

読売新聞

	第Ⅰ期		第Ⅱ期		第Ⅲ期	
1	掲げる	0.500	理念	0.667	掲げる	0.333
2	東日本大震災	0.414	日本	0.571	7月	0.200
3	理念	0.250	掲げる	0.500	アイデア	0.200
4	示す	0.242	時間	0.429	アピール	0.200
5	石原知事	0.177	名乗り	0.429	テーマ	0.200
6	意向	0.172	上げる	0.375	リスク	0.200
7	東京都	0.152	順当	0.333	意識	0.200
8	石原慎太郎	0.133	選考	0.308	原発	0.200
9	立ち直る	0.120	通過	0.300	控える	0.200
10	招致	0.117	被災	0.300	在り方	0.200

数値はJaccardの類似性測度。この測度は0から1までの値をとり、関連が強いほど1に近づく。

　さらに第Ⅲ期になると、各紙の論調に特徴が出る。朝日新聞は先に挙げた2013年8月9日付の記事のように"復興五輪"が再び強調されていることを指摘し、「日本で開催する意義が不明瞭」や「意義をより強く打ち出してほしい」といった関係者の声、あるいは「世界からの支援に感謝のメッセージを発信したい」という被災地首長のコメントを伝えている。毎日新聞は"復興五輪"が震災復興に役立っていない状況把握を指摘しつつ、最終演説では「復興五輪」を再び前面に戻しそうなこと、加えて「財政力や運営能力」「安心、安全」「スポーツの力」が訴えられそうなことをやや批判的に伝える。読売新聞は、東京が"復興五輪"を表明した結果、IOC委員から震災や原発事故のリスクを心配する声があがったため、その後はアピールを控えてきたことを指摘しているが、その論調は必ずしも批判的ではない。

　以上みてきたように、第Ⅰ期において3紙は事実を中心に伝えており、ほぼ同じ論調だったといえよう。第Ⅱ期になると毎日新聞が組織委員会の主張に国内向けと海外向けがあると分析し、復興五輪はあくまでも国内向けのものであると説明している。さらに第Ⅲ期では、朝日新聞と毎日新聞は"復興五輪"が震災復興に役立っていないものの最終演説では「復興五輪」が再び前面に押し出されそうなことをやや批判的に伝える。読売新聞は、一時は強調された"復興五輪"がその後控えられた背景に、IOC委員の懸念があることを伝えている。

　主要全国3紙が"復興五輪"に言及した記事数はV字型の増減を示した。そうした量的な変化を背景に、主要全国3紙はいずれも、東京2020の招致過程において招致委員会が"復興五輪"を強調する度合いに変化があったことを伝えている。そのことはとくに、第Ⅲ期の各紙の記事において顕著である。

　以上、招致委員会がIOC向けに作成した"申請""立候補"ファイル、さらには国内の主要3紙の新聞記事について検討してきた。招致委員会による"復興五輪"に関するメッセージは新聞記事を介して国民に発せられた。招致委員会のメッセージに強弱があったことはつまり、東京にとって東日本大震災の被災地の復興は東京2020開催に伴って何よりも優先して取り組むべき

課題としてではなく、東京で開催するために活用できる大義名分でしかな
かったことになる。その場合、メリットがあれば活用するが、デメリットが
大きければあえて活用はしない。"復興五輪"のメリット／デメリットが招
致過程で大幅にゆらぎ、招致委員会はそれに合わせて強調の度合いを変えて
いったということである。

三　"復興五輪"言説がもつ国内的な意味

■　1　東京と福島のエネルギー供給関係

　かくして東京2020は"復興五輪"として開催されることになった。こうし
た経緯に対して佐伯は、復興五輪というコンセプトこそが東京2020招致活動
にオールジャパン体制をもたらし、そのオールジャパン体制によって東京
2020開催の意義は開催地東京都のみならず日本全国に共有されるものにな
り、招致反対派と不支持派が封じ込められたと批判している[5]。

　筆者も"復興五輪"に関するこうした批判には基本的には賛同する。しか
しこの批判には、東京と被災地、とくに福島との間の特殊な関係への視点が
欠けている。その関係とは、首都圏東京をめぐるエネルギー問題に関わって
いる。

　2011年3月12日以降に起こった一連の原発事故は、福島県双葉郡大熊町と
双葉町にある東京電力福島第一原子力発電所で起こった。福島の原子力発電
所で作られた電力は、福島県をはじめとする東北エリア内で使われるのでは
なく、東京をはじめとする関東エリア内[6]に送られ消費される。なぜ関東エ
リアで消費される電力が福島で作られ関東まで送られるのか。それは、その
電力が原子力によって発電されているからである。原子力発電には放射能漏
れのリスクが伴う。人口が密集し首都機能をもつ関東エリアには莫大な電力
が必要であり、その安定供給のためには原子力発電所も必要であるが、リス

　5　佐伯年詩雄「2020東京オリンピック競技会――レガシー戦略の虚像と実像――」スポーツ社
会学研究23巻2号（2015年）25-44.
　6　具体的には東京都、神奈川県、埼玉県、千葉県、栃木県、群馬県、茨城県、山梨県、静岡県
（富士川以東）である。

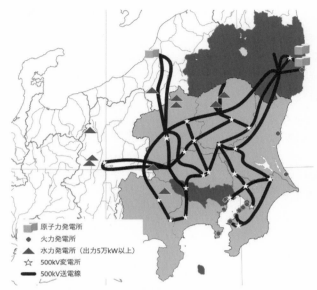

図1　東京電力の営業エリアと電力供給網（2011年3月10日現在）

クがある原子力発電所を関東エリアに建設することはできない。そこで関東
エリアを管轄とする東京電力の原子力発電所がエリア外の福島県内、あるい
は新潟県内に位置するのである（図1）。このことを認識すると、すでに述べ
た申請ファイルの「東京電力株式会社は、都内に内燃力発電所など東京に電
力を供給する主な自社発電所を15箇所所有しているが、原子力発電所はな
い」（p36）という文章が意味することの深さを改めて理解できるだろう。

2　"復興五輪" を通してみる国内植民地関係

　自然災害などの被災地の支援に際しては、支援する側／される側といった
構造が生じる。しかし "復興五輪" 言説の背後に見える東京と福島の関係
は、そうした災害時の支援をめぐる一般的な関係だけでは語り尽くすことが
できない。なぜならばそこには "エネルギーの需要と供給" という関係があ
り、その関係は原子力を介して成り立っており、さらにはリスクを与える／
受ける関係が重なるからである。この関係は中央／地方または中央／周縁と

書き換えることができる。あるいは支配／被支配、抑圧／被抑圧、加害／被害とも表現できよう。しかし開沼[7]は、こうした二項対立図式の理解では問題の核心を見誤ると指摘し、「より全体的なシステムとしての受益／受苦関係」として理解することを提案している。さらにこの図式にコロニアリズム（植民地主義）を重ね合わせ、次のように整理している。

　1895年に台湾総督府が設置されてから1945年に敗戦を迎えるまでは、領土の拡大というベクトルをもついわゆる植民地主義（外へのコロナイゼーション）であった。1945年に終焉をみたと思われた植民地主義は戦後、国内へとベクトルを変え、中央と地方との関係の中に生き残る（内へのコロナイゼーション）。そして1995年の地方分権推進法を一つの契機として新自由主義による競争原理がその関係に持ち込まれることによって、中央と地方の関係は「自動化・自発化されたコロナイゼーション」へと変化しているのである。

　そして開沼は、東京と福島の関係が「内へのコロナイゼーション」を経て「自動化・自発化されたコロナイゼーション」という状態にあることを詳細に描き出している。両者の間にはこのような関係があることを前提とすると、"復興五輪"はこれまでの論点、つまり東京で開催するオリンピックをめぐって被災地支援が謳われていること、その強弱が東京の都合によって変わってきたこととはまた違った意味合いを帯びる。

■ 3　"復興五輪"言説による国内植民地関係の紡ぎ直し

　東京と福島の関係を国内植民地[8]関係として捉えると、2011年3月12日に発生した東京電力福島第一原子力発電所の事故によって両者の国内植民地関係はいったん破綻しかけたことになる。東京と福島を引きちぎる力をなんとか緩めなければ、両者間の国内植民地関係は完全に破綻する（解消される）であろう。さらにこの破綻は東京と新潟、あるいは国内の主要都市と各原子力発電所所在地、つまり日本全国の電力供給関係にも飛び火する恐れがある。

7　開沼博「フクシマ論」（青土社, 2011）
8　西川長夫は「〈新〉植民地主義論」（平凡社、2006）のなかで、「植民地なき植民地主義」について考えるために「国内植民地」と「世界都市（グローバル・シティ）」を「相関連したつながりのあるものとして理解する」（p16）必要があると説明している。

東京2020開催都市の選考手続きはこのような状況下で始まっており、こうした状況下で "復興五輪" を唱道することは、綻びが生じた東京と福島との関係を紡ぎ直すという意味をもつのである。

　その後、福島第一原子力発電所と第二原子力発電所にある全10基の原子炉を廃炉することが決まった。これによって東京と福島を繋ぐ国内植民地関係の一部は解消されたことになる。しかし両者の関係は開沼が指摘するように「自動化・自発化」されており、原子力発電所の廃炉によって解決するという次元を超えてしまっている。廃炉作業の完成には今後40年を要するというが、原子力発電所の存在を前提に成立した福島の地域社会と産業をどのように立て直すかという大きな課題が残る。

▮ 4　SDGs 五輪と再生可能エネルギー

▮ このような状況下で東京2020が真摯に復興支援に向き合うのだとすると、一体何ができるのだろうか。一つは原子力発電に頼らない電力供給の検討だろう。これについては SDGs 五輪という名目における国連の開発目標 Sustainable Development Goals との関わりに見出すことができる。「持続可能性に配慮した運営計画第二版」では 5 つの主要テーマが設定されているが、そのうちの一つに「気候変動」があり、さらに「再生可能エネルギーの最大限の利用」という目標が掲げられている[9]。「気候変動」分野ではさらに12の目標が設定されているが、そのうち目標10に「恒久会場における再生可能エネルギー設備の導入」が、目標11に「再生可能エネルギーの最大限の利用」がある（表5）。さらに具体的には目標10に関しては「多様な再生可能エネルギー設備を導入」すること、目標11に関しては再生可能エネルギー電力を最大限活用することが述べられ、「競技会場、IBC/MPC[10]、選手村で使用する電力の再エネ電力の割合」を100％と設定している。このことはすでに2018年 6 月12日付けの朝日新聞で報道されていたが、その後、社会において注目

　9　公益財団法人東京オリンピック・パラリンピック競技大会組織委員会「持続可能性に配慮した運営計画第二版（概要版）」（2018年 6 月）
　　https://tokyo2020.org/jp/games/sustainability/sus-plan/（最終アクセス2019年12月11日）
　10　IBC は国際放送センター、MPC はメインプレスセンターを意味する。

表5　SDGs 五輪としての東京2020運営計画の5つの主要テーマと再生可能エネルギー
　　　の位置づけ

1．気候変動
CO$_2$排出回避
CO$_2$排出削減
削減策
再生可能エネルギー
目標10　恒久会場における再生可能エネルギー設備の導入
○恒久会場において、太陽光発電設備、太陽熱利用設備、地中熱利用設備等、多様な再生可能エネルギー設備を導入
目標11　再生可能エネルギーの最大限の利用
○大会運営で使用する電力は、再生可能エネルギーの比率を高めた電力契約による再エネ電力の直接的活用を最大限実施し、不足する部分についてはグリーン電力証書等を活用（競技会場、IBC／MPC、選手村で使用する電力の再エネ電力の割合：100％） 　　　○燃料についても、関係者との連携を図りつつ、再生可能エネルギーの活用の可能性を検討
相殺
2．資源管理
3．大気・水・緑・生物多様性等
4．人権・労働、公正な事業慣行等への配慮
5．協働、情報発信（エンゲージメント）

公益財団法人東京オリンピック・パラリンピック競技大会組織委員会「持続可能性に配慮した運営計画第二版（概要版）」より抜粋。

を集めることはほとんどなく、とくにこの施策が"復興五輪"との関わりで紹介されたり説明されることはない。

　被災地のなかでもとくに福島と東京との間に存在するエネルギー問題の観点からみると、SDGs 五輪運営計画における再生可能エネルギーに焦点を当てたいくつかの試みは非常に重要な意味をもつ。大会として復興五輪を謳うからには、この再生可能エネルギーに関する試みにより注力し、情報を発信すべきだろう。そして大会終了後には各プロジェクトを客観的に評価し、そこで得られた成果を将来の日本社会へとフィードバックする必要がある。

■ 5　被災地の産業再生

　東京2020開催期間中の競技場や選手村という限られた時空間において、限られた人数が生活するのに必要なエネルギーを再生可能エネルギーでまかなうという試みは、一種の社会実験である。ここでの成功は、必ずしも原子力発電に依存せずに人間が生活していくという将来像を日本社会にもたらしてくれるだろう。しかし東京と福島を繋ぐ国内植民地関係が「自動化・自発化」されている、つまり福島も原子力発電を望んでおり、それに依拠して地域社会が成り立っていたのであれば、福島の原子力発電所が廃炉になり無くなるだけでは問題は解決しない。原子力発電に代わる産業を福島に、そして被災地に再構築しなければならない。

　しかしその対策もすでにとられている。例えば復興大臣の下に立ち上げられた「産業復興の推進に関するタスクフォース」では、2014年6月に「東日本大震災被災地域の産業復興創造戦略」[11]という戦略を公表している。そこでは産業復興の五つの施策体系の一つとして「地域経済の将来の姿を想定し、企業立地を支えるエネルギー基盤、産業用地、研究開発拠点等の産業基盤を再構築する」があり、この項目のなかで再生可能エネルギーはその「一層の導入促進や、企業誘致・立地を促進するための産業用地の整備、地域の研究資源と産業の集積を活かした研究開発拠点の充実等を進め、被災地域の産業基盤を再構築する」（p21）とされている。

　東京と福島の間にエネルギー問題を見据え、それを前提として"復興五輪"を考えた時、東京2020を復興五輪として意味のあるものにするための種はすでに植えられているといえるだろう。しかし現状は各施策が散在しており、それについての情報発信も十分でなく、可視化されていない。それはおそらく、"復興五輪"を考える前提としてエネルギー問題を想定していないからだと思われる。

11　産業復興の推進に関するタスクフォース「東日本大震災被災地域の産業復興創造戦略」（平成26年6月10日）
　　https://www.reconstruction.go.jp/topics/main-cat1/sub-cat1-20/index.html（最終アクセス2019年12月11日）

■ 6　おわりに

1964年に開催された東京オリンピックから2020年まで56年が経った。この年数は、人間のライフサイクルとしては2世代が入れ替わる時間である。東京の風景も、人々の価値観やライフスタイルも様変わりした。もちろん、地域社会や産業も大きく変貌したといえるだろう。

50年後、東日本大震災の被災地に住む人々は東京2020をどのように振り返るだろうか。その当時、"復興五輪"が謳われていたことを覚えているだろうか。あのオリンピック・パラリンピックがあったからこそ被災地の復興が進み、地域社会や産業が再構築され、今の生活があると思えるだろうか。それとも原子力発電所の廃炉作業が終わったために失業者があふれているだろうか。多くの人々が被災地を離れたために生まれ育った自治体が消滅していないだろうか。

東京2020は、日本社会が衰退に陥る前の最後の花火になるのか、それとも持続可能な社会へと発展する足掛かりになるのか。東京2020における"復興五輪"への取り組みは、そうした課題への試金石でもある。

（高峰　修／スポーツ社会学）

第5部

オリンピックと文化

■第12章

オリンピックとジェンダー

一　はじめに――オリンピックのジェンダー史――

　オリンピックの歴史は、ジェンダーの歴史でもある。

　アメリカの著名なフェミニスト史家ジョーン・W・スコットは、ジェンダーとは「性差の社会的組織化」であるが、それは「ジェンダーが女と男のあいだにある固定的な自然な肉体的差異を反映しているとか、それを実行に移しているという意味」ではなく、ジェンダーとは「肉体的差異に意味を付与する知」なのだと述べている[1]。ジェンダーは固定された性差ではなく、社会的に構築された概念としての性差である。

　この考え方はえてして、自然な肉体的性差をセックス、社会的な性差をジェンダーと呼ぶことによって、むしろ男女の肉体的性差は自然な区分であるかのような印象を与える。だがそれは正しくない、とスコットは指摘する。「男性」「女性」という語やその関係について「何かあらかじめ定まっていたり、わかっていることがあるという考え方」をすべきではなく、「男性」「女性」とは「行動を規制し特定の方向に向けさせようとして設定された理念型であり、実際の人々を経験的に描いたものではない」と[2]。社会において男性・女性に期待される役割や〈男らしさ〉〈女らしさ〉といった価値が社会的に構築されたものであるのみならず、そもそも「男性」「女性」というカテゴリー自体が歴史の中で構築され、人びとに当てはめられていったものだということである。

1　ジョーン・W・スコット、荻野美穂訳『ジェンダーと歴史学』（増補新版、平凡社、2004年）、24頁。

2　前掲書、416-7頁。

　生物学的とされる性差そのものが自然ではなく、社会的に構築された差異であると言われれば、常識的な感覚からは納得しにくいかもしれない。しかし近代オリンピックの歴史を紐解けば、このスポーツ・メガイベントは規範的な〈男らしさ〉と〈女らしさ〉、そして「男性」「女性」とは何かということ自体を生産／再生産する舞台になってきたのである。男性性研究で知られるスポーツ社会学者のマイケル・メスナーは、スポーツとは文化や社会の外部で「男性性の本質」が表れる「自然の領域」ではなく、「その支配的形態において、男性によって男性のために創造された社会的制度である」と述べている[3]。他方、社会的制度は、常に争われ、その意味や機能が変化しうるものでもある。

　本章では、オリンピックが性差をいかに扱ってきたかを検討することで、このことを明らかにしたい。

二　男たちのためのオリンピック

　ピエール・ド・クーベルタンが提唱した近代オリンピックは、女性を排除し、特定の男性集団の〈男らしさ〉を称揚するイベントとして始まった。クーベルタンはオリンピックで発揮されるべき理念として「アスレティシズム（athleticism）」を掲げたが、彼のこの概念において女性は排除されなければならない存在であった。クーベルタンは、オリンピックに女性競技を導入することは「実際的ではなく、興味を惹かないものであり、見苦しく、そしてあえて言えば不適切だ」と述べ、「女性の栄光とは女性が産む子供の数と質」であり、女性がスポーツにおいて求められる「最も偉大なことは、息子に〔スポーツにおいて〕卓越することを促すことだ」と主張した[4]。彼は、アスレティシズムとは男性が獲得すべき理想であり、女性は「産む性」としての役割に自らを限定すべきだと考えていた。

3　Michael A. Messner, *Power at Play: Sports and the Problem of Masculinity* (Boston: Beacon Press, 1992), p.150.
4　Pierre du Coubertin, *Olympism: Selected Writings*, edited by Norbert Müller (Lausanne: International Olympic Committee, 2000), pp.583, 713.

　さらにクーベルタンは、アスレティシズムを習得し実践できる男性を、階級や人種によって限定していた。彼がオリンピック参加者の要件として主張したアマチュアリズムは極めて限定的であり、職業アスリートとして収入を得てはならないだけでなく、肉体労働により賃金を得ている者もプロとみなして肉体労働者を排除した。また、クーベルタンは白人を「優越人種」、その他を「劣等人種」とみなして植民地主義を正当化しながら、アフリカ人のオリンピック参加がかれらを「大人しく」して「秩序をもたらし、〔かれらの〕思考を明瞭化させる」効果を期待していた[5]。オリンピックを通じて被植民者を西洋に都合よく馴化する「文明化」である。

　そもそもオリンピックで競われることになる近代スポーツ自体、ヨーロッパでエリート男性の人格陶冶のために発達した身体活動であった[6]。忍耐力、競争精神、団結心、心身の自己規律、フェアプレーなどの精神を、利益を生まない競技のための競技を通じて涵養することが、エリート男性を育成し、彼らの社会的権威を正当化することであった。こうした考え方は、オリンピズムに共鳴した20世紀転換期の欧米エリート男性に共通していた。たとえばクーベルタンと親交があり、彼が提唱するオリンピズムを高く評価したアメリカ合衆国大統領セオドア・ローズヴェルトは、彼自身ハンティングやボクシングを嗜んでいたが、そうしたスポーツはアマチュアとしてなされるべきだと考えていた。ローズヴェルトは国立公園の設置を強力に推進した大統領として知られているが、それもエリート白人男性が自然の中でのハンティングを通じて、「文明化」した都市社会の中で喪失された（とみなされた）〈男らしさ〉を回復する場として考えており、職業的・商業的な、あるいは生活のための狩猟行為には嫌悪感を表明していた[7]。

5　Ibid., p.498.

6　來田享子「近代スポーツの発展とジェンダー」飯田貴子・井谷惠子編『スポーツ・ジェンダー学への招待』（明石書店、2009年）。

7　クーベルタンとローズヴェルトの関係については、Jules Boykoff, *Power Games: A Political History of the Olympics* (London: Verso, 2016), pp.12-13, 30. ローズヴェルトのスポーツに関する貴族主義的〈男らしさ〉理念については、Richard Slotkin, *Gunfighter Nation: Myth of the Frontier in the Twentieth Century America* (Norman, OK: University of Oklahoma Press, 1998), chapters 1-3; 拙稿「『男らしさ』の再編成：セオドア・ローズヴェルトと『男らしさ』の変容」『北大史学』第39号（1999年）。

　欧米の白人エリート男性たちがオリンピックに具現されるアスレティシズムを求めた理由、そして女性排除の論理がオリンピズムに組み込まれた歴史的背景は、20世紀転換期の欧米の社会状況にある。たとえばアメリカでは、大資本の企業が経済活動の中心的アクターとして登場し、他方では激しい労働運動が勃興し、また多数の移民が流入する時代であった。そして労働市場に参加する女性の比率は上昇し、中産階級女性を中心に英米で女性参政権運動が高まりつつあった。つまり活動領域を性別で厳格に分離しようとする理念も、旧来的エリート層が社会の自然な支配層であるという構図も、急速に揺らぎつつあった時代である。こうした時代において、エリート層の男性たちは変化する社会状況を「男らしさの危機」として語ったが、その「危機」の解決手段の一つと目されたのが近代スポーツであった。アメリカでは中・上流階級の男性が、それまで労働者階級の粗野な娯楽として蔑んでいたボクシングを、スパーリングと称して熱心におこなうようになった。ローズヴェルトもまたそうした男性たちの一人であった（彼らが、賞金等が絡まないスパーリングこそ〈男らしい〉行為であるみなしたことには注意）[8]。

　第1回オリンピックアテネ大会（1896年）に出場したヨーロッパ諸国の代表選手は男性のみで、その多くは上流階級出身であり、貴族の家系の者も多かった。アメリカ代表選手は主にプリンストン大学などの東部名門大学の男子学生であった。オリンピックは上流階級に限定された男性が発揮するアスレティシズムを〈男らしさ〉として称揚する場として始まったのである。

三　オリンピックへの女子選手の参加をめぐるポリティクス

■ 1　女子選手の参加のはじまり

クーベルタンは非エリート男子選手のオリンピック参加には徐々に容認的な態度を示すようになったが、女性の参加には否定的であり続けた。しかし

　8　Gail Bederman, *Manliness and Civilization: A Cultural History of Race and Gender in the United States, 1880-1917* (Chicago: University of Chicago Press, 1996); John Pettegrew, *Brutes in Suits: Male Sensibility in America, 1890-1920* (Baltimore: Johns Hopkins University Press, 2007). ボクシングについては、Elliott J. Gorn, *The Manly Art: Bare-Knuckle Prize Fighting in America*, updated edition (Ithaca: Cornell University Press, 2010).

1900年のパリ大会から、オリンピックは女子選手が参加する競技を設けるようになった。ただしオリンピックのどの競技に女性が参加できるのか、どのような女子選手を各国が派遣するかということは、女性たちの実情を反映させたというよりも、特定のあるべき女性像を擁護し、その女性像からの逸脱を防ぐための規制に則っていた。

　初期のオリンピックで女性選手が参加できる競技はごく限られていた。1900年パリ大会で女子選手が参加できたのはゴルフとテニスの2競技2種目（女子選手は全選手の2.2%）、1924年の2度目のパリ大会でも3競技10種目（女子選手は全体の4.4%）でのみであった。女性が参加できた競技の多くは、欧米の白人上流階級女性が嗜むものが多く、それゆえに中・上流階級的〈女らしさ〉とは矛盾しないものとしてオリンピックに導入された競技であった。これらの競技は、労働者階級の女性にとっておこなうことが困難であるという点も共通していた[9]。

　男性のアスレティシズムが「より速く、より高く、より強く」（1920年のアントワープ大会から導入されたモットー）を追求する競争を意味したのに対し、女性が身体能力の強さを競うことを至上目標とすることは忌避され、特に陸上競技は女性に門戸を閉ざし続けた。1928年アムステルダム大会では女子選手が陸上競技に出場できることになったが、800メートル走で一部の女性選手が競技中に倒れた。この様子は誇張して伝えられ、大会直後に「医学的」見地から女子800メートル走は廃止になった（1960年に復活）。この際、明確な「医学的」証拠が提示されたわけではなく、女性ステレオタイプを維持することを目的とした判断であったと考えられる[10]。

　IOCのみならず派遣国側においても、特定の女性像からの逸脱を規制する動きがみられた。第二次大戦以前のアメリカでは、「アマチュア運動連合（AAU）」の女子スポーツ部が、男女の領域は分離されるべきであり「競争」は女性には不適切であるというジェンダー観に基づいて、女子選手の指導は

9　Helen Jefferson Lenskyj, *Gender Politics and the Olympic Industry* (London: Palgrave Macmillan, 2013), pp.64-65, 70. 競技・種目数のデータは、International Olympic Committee, *Factsheet: Women in the Olympic Movement* (Lausanne: IOC, 2018) による。

10　Lenskyj, op. cit., p.69.

女性のみが担当すると定め、さらに学校間の女子学生選手の「試合」を禁止
し、「交流」のみを可とした。ロサンゼルス大会（1932年）の後は、オリン
ピックそのものへの出場を禁じ、白人の女子大学生選手はオリンピックに出
場できなくなった（代わりに労働者階級の社会人女子選手やAAUから排除されてい
た黒人大学の女子学生が出場する機会を得た）[11]。

　IOCや各国オリンピック委員会、各国際スポーツ組織のみならず、メ
ディアによる女子選手の表象もまた、女性のあるべき理想像を仮定し、理想
像から外れているとみなされた存在を周縁化する制度として機能した。1932
年ロサンゼルス五輪のアメリカ代表選手のひとり、ミルドレッド・ディドリ
クソンの描かれ方に、それは典型的に表れていた。彼女はやり投げと80メー
トル障害走で金メダルを獲得したが、メディアは彼女の高い競技能力に注目
すると同時に、彼女がいかに〈女らしさ〉を欠いているか、という点を強調
した。ディドリクソンはゴルファーとしても活躍したが、1947年の『ニュー
ヨークタイムズ』紙は、彼女を「アマゾン的な名声を有する、テキサス出身
のトムボーイ〔男の子っぽい少女〕」と呼び、「新しいドレスを買うことを見
送って新しいクラブセットを購入する」ような女性だ、と論じた。アマゾン
という言葉はこの当時、レズビアンであることを示唆する言葉としても用い
られた。記事は彼女のゴルファーとしての能力を称えつつ、同時にそれゆえ
に彼女が〈男性的〉であり、規範的な〈女らしさ〉からは逸脱していると強
調することで、男性とは違い女性の場合は優れたアスリートであることが正
しい〈女らしさ〉とは相入れないという言説を作り上げていた[12]。

2　壁を破ろうとする女性たちの試み

このような、女性に対して制約的なオリンピックその他の国際スポーツ大
会のあり方を変えるべく、20世紀前半には、当時のフェミニズム運動の高ま
りを背景に女性選手が参加可能な競技の拡大を要求する運動も勃興した。そ

11　Jaime Schultz, *Qualifying Times: Points of Change in U.S. Women's Sports* (Urbana: University of Illinois Press, 2014), pp.80-84.

12　"Buying Clubs Instead of Dress Sent Mrs. Zaharias to Golf Fame," *New York Times*, June 13, 1947; Lenskyj, op. cit., pp.71-72.

のような運動の代表として、フランスのフェミニスト、アリス・ミリアらによって結成された国際女性スポーツ連盟（FSFI）を挙げることができる。

　FSFI は1922年から1934年にかけて、オリンピック年の中間年に独自の「女子オリンピック」を開催した。このイベントは、IOC や国際陸上競技連盟（IAAF）に参加可能な女子競技・種目を拡大するよう訴えることを目的としていた。そして近年の研究では、これに加えて、女性スポーツ活動を男性による統制から自由な領域とすることで、女性のスポーツにおけるオートノミーを確立することも目指されていたことが指摘されている。

　これに対して IOC や IAAF は、FSFI に圧力をかけ続けた。IOC は FSFI に「オリンピック」の名称を使わないよう通告し、IAAF は男女別の陸上競技団体を認めないと宣言した。最終的に FSFI は、不況の中でフランス政府による助成を打ち切られ、1935年に解散することになった。だが、FSFI のロビーイングにより、アムステルダム大会では初めて女子の陸上競技が導入されるなど、一定の成果を産んだことは疑いない。また、FSFI が追求したもう一つの課題である、スポーツにおける女性のオートノミーは、今日においてもなお重要な争点であり続けている[13]。

四　冷戦下のオリンピックとジェンダーのパラドックス

　第二次大戦後、米ソが冷戦に突入すると、女性とオリンピックの関係をめぐる議論も冷戦という枠組の中で捉え直されるようになる。

■ 1　冷戦と反動的ジェンダー観

　一般に、冷戦はアメリカにおいて社会の保守化を促したとされる。主たる扶養者としての男性と専業主婦の女性と子どもからなる郊外核家族が「正しい」家族であり、共産主義の浸透に対抗するアメリカの道徳的防波堤である

13　FSFI については、以下を参照。岡尾恵市「近代女子陸上競技成立の過程：FSFI 設立を経て第 9 回アムステルダム五輪に女子陸上競技種目が登場するまで」『立命館文学』第536号（1994年）。來田亨子「アムステルダム大会への女子陸上競技採用決定直後の FSFI の主張：FSFI と IOC の往復書簡の検討から」『体育学研究』第43巻 2 号（1998年）。Lenskyj, op. cit., pp.67-70.

とみなされた。その過程で、アメリカ人男性から〈男らしさ〉、特に身体的な強さが損なわれているとする言説が流通し、政府がアメリカの少年の身体能力の強化を課題として挙げるようになった。またこのような時代には、異性愛主義的な家族再生産から逸脱するとみなされた同性愛者は、共産主義との親和性までも疑われ、連邦公務員職から追放されるなど、迫害の対象となった[14]。

　冷戦下のアメリカでは、米ソの女性の違いは体制の違いを体現するものとする言説がメディアに溢れたが、それは同時に反共主義による特定ジェンダー規範の強化をもたらすものでもあった。1959年のモスクワ万博を訪問したアメリカ人の雑誌記者は、「勤勉に働く」モスクワの女性は「西側の女性に見られるような身体的魅力をほとんどもたず」、自分の「外見には関心をほとんど払わない」女たちであると報じた[15]。外見の魅力を維持することに気を遣う専業主婦が正しい女性のあり方であり、そのような女性がアメリカの自由主義・資本主義体制の正しさの象徴なのだという構図である。

　このような状況下では、オリンピックの女性競技には批判がつきまとい続けた。近代五種・十種競技の元米国代表で、のちにIOC会長となるエイヴリー・ブランデイジは、IOC副会長であった1949年にこう述べていた。「私はいくつもの理由で、オリンピックの女性のためのイベントには乗り気ではない〔…〕。私は女子向けのイベントは女子に適切な競技、つまり水泳・テニス・フィギュアスケート・フェンシングに限られるべきであり、砲丸投げなどは含まれるべきではないと思う」。また、1953年に『ニューヨークタイムズ』紙に掲載されたスポーツコラムは、女子がスポーツに「全く不適合」

14　Elaine Tyler May, *Homeward Bound: American Families in the Cold War*, revised edition (New York: Basic Books, 2008). 少年の身体能力への注目は、Robert L. Griswold, "'The Flabby American,' the Body, and the Cold War," Laura McCall and Donald Yacovone, eds., *A Shared Experience: Men, Women, and the History of Gender* (New York: NYU Press, 1998). 冷戦期のアメリカ文化における男性性をめぐる不安については、K. A. Cuordileone, *Manhood and American Political Culture in the Cold War* (London: Routledge, 2004). 冷戦期、特に1950年代の同性愛者迫害については、David K. Johnson, *The Lavender Scare: The Cold War Persecution of Gays and Lesbians in the Federal Government* (Chicago: University of Chicago Press, 2006).

15　"Setting Russia Straight on Facts about the U.S.," *U.S. News and World Report*, August 3, 1959.

であり、女子選手には「何ら女性らしさも魅力もない」と述べ、オリンピックにおける女子種目の完全廃止さえ唱えた[16]。

■ 2　冷戦が広げる女子選手の機会

■しかし、冷戦という構造は、逆に女性のスポーツ参加と女子選手育成への積極的テコ入れを促す側面もあった。それは、オリンピックで獲得されるメダルが、性別に関わりなく所属国のメダルとして等価に数えられることによってであった。本来オリンピック憲章によればオリンピックは「国家間の競争ではない」（第1章6-1）と明記していたにもかかわらず、どの国がいくつのメダルを獲得したかということが冷戦下で政治的な重みを持つようになったため、オリンピックという舞台は、男女の差異を定義するための場でありつつ、差異を相対化する場にもなったのである。

　ソ連は1951年にオリンピックへの参加が認められ、1952年のヘルシンキ五輪では初出場でメダル数において2位となった。以後ソ連は継続的にオリンピックに出場し、メルボルン大会（1956年）およびローマ大会（1960年）ではメダル数1位となった。これらの大会では、ソ連および東側諸国の女子選手が多数のメダルを獲得した。女性選手のメダル獲得数は、ヘルシンキ大会ではアメリカの8個に対してソ連が21個、メルボルン大会では米の14個に対してソ連が19個、ローマ大会では米の10に対してソ連の28であった。スポーツにおける優劣が体制の優劣を示すという考え方が広まり、国際社会において合衆国ひいては自由主義・資本主義体制の優越性を証明するためにはオリンピックにおけるアメリカ代表女子選手の活躍が重要であるとみなされるようになった[17]。

　近年のアメリカ公民権運動史は、連邦政府が公民権改革を推進した動機を冷戦という歴史的文脈に位置づけ、ソ連とのグローバルな宣伝戦のための国

16　Avery Brundage, letter to Mr. E. J. Holt, quoted in Boykoff, *Power Games*, p.59; "Sports of the Times: More Deadly than the Male," *New York Times*, February 8, 1953.

17　Boykoff, *Power Games*, chapter 3; Schultz, *Qualifying Times*, pp.85-86; Heather J. Dahl, "Fearless and Fit: American Women of the Cold War"（M.A. thesis, University of New Mexico, 2010).

内人種問題の改善を必要としていたことを指摘しているが[18]、ジェンダーの領域においてもまた、冷戦が改革を後押ししたといえる。前述のように、アメリカの女子大学生選手は大学間試合さえも制限されていたが、1950 年代後半には冷戦政治上の要請から女子選手の強化をめぐる論争が活発化し、徐々に女性の競技スポーツへの参加に肯定的な見解が優勢になっていった。AAU 女子スポーツ部は女子大学生選手による大学間対抗戦を容認するようになる。メルボルン大会においてアメリカ代表がソ連代表にメダル数で敗れると、合衆国オリンピック委員会（USOC）理事会は育成委員会を設置し、AAU 女子スポーツ部や全米大学体育協会（NCAA）などの協力を得て、USOC 育成委員会のもとに「女性諮問会議（Women's Advisory Board）」を設置した。

　この諮問会議は、女性アスリート育成に必要な知識を有する指導者を育成すること、そしてより多くの優秀な女性選手を募るためにスポーツのイメージ向上を図ることを戦略とした。前者は、オリンピックに向けてエリート女性アスリートを養成するための「全米女子スポーツ講習会（National Institute on Girls' Sports）」に結実した。ただ、後者のイメージ向上とは、主に女性選手のユニフォームをより「女性的」なものへとデザイン変更することであった。このことは、女性選手の強化が男女間の差異を相対化する可能性を防ぐ必要があると見なされていたことを示している[19]。それは、オリンピックのアメリカ代表女子選手が、スポーツにおいて男女を同一に扱おうとする動きと、オリンピックを差異化の維持・再生産の制度たらしめようとする動きのせめぎあいの結果であった。

五　性差を定義する場としてのオリンピック

▌1　目視から染色体検査へ

オリンピックが冷戦下で米ソ間の対立の舞台となり、女性選手が注目を集

18　Mary Dudziak, *Cold War Civil Rights: Race and the Image of American Democracy* (Princeton: Princeton University Press, 2002).

19　Schultz, *Qualifying Times*, pp.86-101.

めるようになると、新たな争点が浮上した。それはソ連および東側陣営の女性選手が「強すぎる」のではないかという疑念であった。前述のように、共産国の女性を逸脱的だと語ることを通じて特定のアメリカ女性像を規範化する言説が普及していたが、そうした言説は東側の女子代表選手が〈女らしさ〉への否定的評価を超えて「女性である」こと自体を疑うことにもつながった。

　例えば1950年代後半から60年代にかけて活躍し、ローマ大会（1960年）と東京大会（1964年）で砲丸投げと円盤投げに出場して金・銀メダルを獲得したソ連代表のタマラ・プレスと、ローマ大会の80m ハードル走および東京大会の五種競技で金メダルを獲得したイリーナ・プレスの姉妹は、その立派な体格ゆえにステレオタイプ的〈女らしさ〉から逸脱しているとみなされ、男性ないしインターセックスでありながら女子に偽装して出場しているという噂が絶えなかった。

　そこで1960年代より、国際スポーツ大会は体系的な性別判定テストを導入していった。まず1966年に IAAF は全女性選手に対して性別判定テストの受診を義務づけた。このテストでは、女子選手が検査室で全裸になり、産婦人科の女性医師が目視によって性別を判定する方法をとった。最初に公式大会で性別判定テストが実施された際、5名の女性選手がテストを拒否したが、うち4名は東側諸国の選手であった。プレス姉妹は性別判定テストが導入された大会には出場しなくなったが、その理由は判明していない[20]。

　目視によるテストは屈辱的であるという批判が女子選手から相次いだ。そこで IAAF は翌67年に方法を改め、頬の内側をこすり組織を取って染色体検査により女性であるか否かを判定する方式を導入した。このテストでの染色体検査は、23対の染色体のうち最後の1対である性染色体が、男性なら XY、女性なら XX であるはずだという前提のもと、女性選手の性染色体が XX でない場合、その選手は「女性ではない」ので失格とするというものであった。だが、この染色体による性別判定は、人間の性別が必ず2種類に明確に分かれており、しかも社会において男性である人ならば XY 染色体、

20　Ibid., pp.107-108.

女性である人ならばXX染色体でなければならないという前提に基づいていた。そのため、身体的特徴が女性であると認められ、社会の中では女性として生活してきた選手が、性染色体がXXではなかったために失格になる事例が現れてきた。

　たとえばポーランド代表のエワ・クロブコフスカは東京大会の女子100メートルリレーの金メダリストであるが、1967年欧州選手権で実施された性別判定テストでは性染色体がXXではなかったために「女性ではない」と判定され、IAAFは東京五輪の金メダルを含む彼女の記録を全て抹消した。彼女の性染色体は実際にはXXY（染色体が1つ多い）であった。

　オリンピックでは、メキシコシティ大会（1968年）から全女性参加選手に対して染色体による性別判定テストが実施されることになった。この染色体検査では、46番目の染色体（バール小体）が女性の場合不活性であるとされることから、その存在を確認することによって性別が女性であると認定された。バール小体テストで46番目の染色体が不活性のX染色体でない場合には失格とされた（なお、クロブコフスカの46番目の染色体は不活性であり、このテストであれば失格にはならかなった）。

　だが、新しい染色体検査によっても、XX染色体以外の性染色体を有する女性が失格とされる事例が登場した。代表例は、100メートルハードル走のスペイン代表だったマリア・ホセ・マルティネス-パティーニョである。彼女は1983年の世界陸上選手権では女性と判定されたが、1985年のユニバーシアード日本大会での性別判定により彼女の染色体がXYであることが判明し、彼女は「男性」だと判定された。彼女は実際にはアンドロゲン不応症（AIS）であり、細胞がアンドロゲンを感知できないために男性へと分化しないという症状であった。そのため染色体を除けばそれまで身体的に女性であることを疑われることはなかったマルティネス-パティーニョは、資格停止処分を受けることになった（1988年に資格を回復）[21]。

21　Ibid., pp.109-113.

■ 2　染色体検査からテストステロン値へ

染色体によって性別を判定するという方法には、検査そのものの精度の問題だけでなく、そもそも「女性」は常に XX 染色体を有する（それ以外の性染色体をもたない）存在である、という仮定に問題があった。身体的（外見上）に女性であると認められ、女性として生活している人のなかには、上記のように XXY 染色体を有する者、XY だが AIS によって女性の身体となっている者、性染色体が X ひとつしかない者（ターナー症候群）など、さまざまなパターンが存在する。そのため、1970年代には、医学界では性染色体検査を性別判定の根拠とすることが疑問視されるようになった。

批判を受けて、IAAF は1990年および1992年にワークショップを行い、性別判定テストに関する検討を進めた。遺伝学や婦人科・小児科・生化学などの研究者や女性アスリートらからなる参加者は議論を重ねた結果、男性として養育され男性として生活しながら、女性選手であると偽装する者のみを排除すべきであること、女性選手への性別判定テストは異議申し立てがあった場合のみ行われるべきであるとする勧告がなされた。

しかし IOC はその後も性別判定テストを維持し、1992年には染色体検査自体は維持しながら、その方式を変更した。従来の方法が46番目の不活性 X 染色体の存在を確認するものであったのに対して、新方式は Y 染色体の有無を確認し、Y 染色体が発見された場合には女性を偽装した男性であると判定し、失格にするというものであった。しかしこの方式も、医学界からは批判が相次いだ。

1990年代には、スポーツにおけるジェンダー・バイアスの是正を求める国際的な女性運動の高まりを背景に、女子選手に一律に課される染色体検査を通じた性別判定に対する批判も強まった。IOC は2000年に全女性選手に対する一律の性別判定テストを廃止したが、「疑わしい」女性選手に対して個別に性別判定テストを課す権限は維持し続けた[22]。

22　Ibid., pp.116-118; L. J. Elsas et al., "Gender Verification of Female Athletes," *Genetics in Medicine* 2 (July-August 2000). 1990年代以降の国際的なスポーツに関する女性運動の概観は、來田亨子「女性スポーツをめぐる国際的なムーブメント」飯田・井谷編『スポーツ・ジェンダー学への招待』。

　性別判定テストは、南アフリカ共和国代表選手キャスター・セメンヤによ
る2009年世界陸上ベルリン大会の女子800メートル走での金メダルを獲得し
たことを契機に、再びその方法を変更された。セメンヤはそのパフォーマン
スの高さと急速な成績の向上も相まって、「女子選手ではない」という疑惑
を抱かれた。IAAFは彼女に性別判定テストを受診するよう要請し、検査の
結果は公式には発表されなかったが、一部メディアに流出し、彼女は卵巣が
ないなど、インターセックスであると取り沙汰された[23]。IAAFが結論を示
すまでのあいだ、セメンヤは世界中で好奇の目に晒され、彼女に対する侮辱
的な噂がインターネット上などで流通した。2010年7月、IAAFは医療専門
家たちの結論を受け入れ、セメンヤの女性選手としての資格を認めた。彼女
は2012年のオリンピックロンドン大会に出場して800メートル走で銀メダル
を獲得した。だが、セメンヤがホルモン治療によって男性から女性になった
のではないかという疑いを含め、激しい論争が再燃することになった。

　これに対してIAAFは新たな性別判定方法を提示し、この方法は2011年
にIOCによっても採用された。それは男性ホルモン（テストステロン）の量を
マーカーとして、女性枠での出場を規制するというものであった。具体的に
は、血清中のテストステロン量を測定し、女子選手として認められるために
は血清1リットル中テストステロンが10ナノモル未満である必要がある、
というものであった。もし当該選手のテストステロン量が10ナノモル以上で
あった場合、「高アンドロゲン症」であると見なされ、世界6ヶ所に設置さ
れた専門の治療センターにおいてテストステロン量が基準以下になるまで
「治療」を受けなければならない、というものであった[24]。

　セメンヤのリオデジャネイロ大会（2016年）への出場を可能にしたのは、
性別判定をめぐる別の論争によってであった。女子100メートル走インド代

23　"Caster Semenya, the Latest Female Athlete Suspected Being Biological Male," *Daily Tele-
graph*, December 13, 2009など。

24　Schultz, op. cit., pp.118-120. なお、IOCは2004年に性別変更を行った選手のオリンピック出場
を条件つきで許可する決定を行なったが、この時の条件の一つは、性別適合手術が行われてい
ること、適切なホルモン治療がなされていることであった。來田亨子「スポーツと『性別』の
境界：オリンピックにおける性カテゴリーの扱い」『スポーツ社会学研究』第18巻2号（2010
年）。

表のデュテ・チャンドは、2014年のコモンウェルス・ゲームズにおいて高ア
ンドロゲン症で失格とされたが、彼女はこれを不服とし、ローザンヌの国際
スポーツ仲裁裁判所（CAS）に異議申し立てを行った。同裁判所は2015年、
高エストロゲン症が競技において女性選手に明確な有利さを与えているとい
う「科学的」証明が 2 年以内になされない限り、テストステロン量を理由と
した選手資格の剥奪・停止は不当であり、IAAF の規定は停止されるとする
判決を下した。これによって、チャンドやセメンヤの出場は可能になった
[25]。

▌3　性別判定に翻弄されるセメンヤ

　だが、セメンヤの国際大会出場は再び妨げられることになる。2017年、イ
ギリスのスポーツ医学誌に掲載された論文は、高テストステロンの女子選手
が「普通」の女子選手に比して1.8〜4.5％の有利さを得ることになると主張
し、IAAF はこの論文に依拠してテストステロン量による女子種目への出場
規制の再導入を訴えた[26]。2018年 4 月には、同論文に加えていくつかの医学
論文に依拠し、IAAF は新たな性別分類規定を発表した。このルールは、セ
メンヤをはじめとして、法的には「女性」ないし「インターセックス」とさ
れている性分化疾患（DSD）の選手で、かつ血液中のテストステロン量が血
清 1 リットル中 5 ナノモル以上の者は、女子種目に出場するための条件とし
てホルモン治療等によりテストステロン量を 5 ナノモル未満にすることを義
務づけるものであった[27]。セメンヤと南アフリカ陸上連盟はこれを不服とし
CAS に提訴したが、2019年 5 月、CAS は 2 対 1 で IAAF の主張を認めると

25　Maria José Martinez-Patino, Eric Vilain, and Nereida Bueno-Guerra, "The Unfinished Race:
　30 Years of Gender Verification in Sport," *Lancet* 388（August 6, 2016）.
26　International Association of Athletic Federations, "Levelling the Playing Field in Female
　Sport: New Research Published in the British Journal of Sports Medicine," July 3, 2017,
　https://www.iaaf.org/news/press-release/hyperandrogenism-research. この記事で IAAF が
　典拠とした論文は、Stéphane Bermon and Pierre-Tves Garnier, "Serum Androgen Levels
　and Their Relation to Performance in Track and Field," *British Journal of Sports Medicine*
　51-17（2017）. 同論文は、400メートル走（ハードル含む）・800メートル走・ハンマー投げ・棒
　高跳びでは高テストステロンに有意のアドバンテージがあると結論づけている。
27　IAAF, "IAAF Introduces New Eligibility Regulations for Female Classification," April 26,
　2018, https://www.iaaf.org/news/press-release/eligibility-regulations-for-female-classifica

いう判決を下した。セメンヤ側はさらにスイスの最高裁判所に提訴し、同裁判所がIAAFの新規定への一時的な差し止めを命じたことで彼女は6月に米オレゴン州で開催されたプレフォンテイン・クラシックの800メートル走に出場できた[28]。だが7月に、スイス最高裁はIAAFの規定を支持する判決を下し、セメンヤは2019年秋のドーハの世界陸上への出場資格を失った[29]。このままでは、今後の五輪への出場も困難と予想されている。

六　むすびにかえて
──性差を意味づける制度としてのオリンピック──

■ 1　性差をつくりだす性別判定テスト

IAAFが2018年の新規定のために依拠した論文には、データの不自然さや明らかな誤りが多数指摘されている。特に、男女のテストステロン値は重ならないので女子種目出場資格の区分をテストステロン量の値とすることを正当とするという主張の根拠が疑わしいという批判がなされている[30]。これまでにも、IOCやIAAFは女子選手のみに対する性別判定テストの実施を重視し、新たな判定法を導入してはその科学的妥当性が批判を受け、新たなテストを導入することを繰り返してきた。いうまでもなく、ゲームの公平性を保証することは重要である。だが、たとえば遺伝子の突然変異により赤血球を飛び抜けて多く有する選手は、持久力を有する競技には圧倒的に有利であるが、赤血球量をコントロールするエリスロポエチンの量を抑制する治療を義務づけられることはない[31]。他の遺伝子上のアドバンテージは許容して、性染色体がXXでなかったりテストステロン量が5ナノモル以上であった

28　"Caster Semenya Won't Stop Fighting for Her Right to Run, Just As She Is," *TIME*, July 18, 2019.

29　"Caster Semenya Blocked from Competing at World Championship," *The Guardian*, July 30, 2019.

30　Roger Pielke, Jr., Ross Tucker, and Erik Boye, "Scientific Integrity and the IAAF Testosterone Regulations," *International Sports Law Journal* 19 (September 2019); Retraction Watch, "Paper Used to Support ban on Caster Semenya Competing Earns Massive Correction," August 20, 2019, https://retractionwatch.com/2019/08/20/paper-used-to-support-ban-on-caster-semenya-competing-earns-massive-correction/

31　"The Rise of Performance-Enhancing Genes," *The Guardian*, May 6, 2012.

りする「女性」を排除する理由は、何であろうか。

　IOCやIAAFの性別判定テストは、①人間は生物学的与件によって男性と女性の2種類に分類される、②性別の違いによって男女の能力は本質的に異なる、③女性の身体能力は男性に劣る、というジェンダー観を維持・再生産するための制度である。このジェンダー観は、生物学的与件により、女性は男性に身体能力で優越することはあり得ないことを意味する。したがって女性が男性に匹敵するかそれ以上の能力を発揮するときは、その女性は、本当は「女性ではない」のに女性を偽装しているか、生物学的に「女性ではない」本質的要素を有しているか、あるいは人為的で不当な方法（ドーピング）を用いて能力を得ている「はず」である、とみなされている。

　このような言説は、第一に、人間の身体の多様性という現実を積極的に否定するものである。出生時に「女性」として認識され、「女性」として生活する人の性染色体はXXとは限らず、テストステロン量も5ないし10ナノモル以下とは限らない。人間の身体を「女性」として認識し分類するのは、社会であり文化である。人間を 2 種類に分類するテストステロン量の客観的な基準が存在しているとはいいがたい。二元論的な性別判定テストの身体認識は、身体の違いを反映しているのではなく、身体を恣意的に分類することで、二元論的な性差を（再）創出しているのであり、ある研究者はこれを、フェアプレーの名のもとに「セックスにジェンダーを反映させようとする」非合理な試みだと指摘している[32]。

　第二に、生物学的な宿命によって女性は男性よりも身体能力が劣るはずであるという仮定を再生産することによって、性差の社会的次元を不可視化し、現実に存在する格差を自然で宿命的なものであるかのように正当化する言説である。現状の男女の身体能力の平均値や、オリンピック等における男女の世界記録のあいだに格差があることは事実である。だが性別判定テストは、パフォーマンスが男性より劣っていると仮定される女性に期待されるレベルを超越した時に、彼女が男女間の本質的優劣という観念を相対化する存在として解釈される可能性を否定する制度となっている。実際にはそうした

32　Kathryn Henne, "The 'Science' of Fair Play in Sport: Gender and the Politics of Testing," *Signs* 39 (Spring 2014), p.808.

格差は、性別による生物学的宿命ではなく、社会内の支配的ジェンダー規範の圧力によって女性がスポーツでの卓越を目指す意志をくじいている可能性や、エリート選手の育成のための資源が男子選手に偏って分配されている状況を反映しているかもしれないのに、である[33]。

　マラソンの世界記録における男女間格差の変遷は、現状における男女の平均的身体能力の格差が生物学的な本質的相違に規定されているという仮定に疑義を突きつけるものである。マラソンの世界記録を男女別に見ると、

	男性	女性
1926年	2：29.01	3：40.22
1963年	2：14.43	3：37.07
2019年現在	2：01.39	2：14.04

となっている。男女の記録の格差は、1926年には32%、1963年には38%だが、現在は10% である。男女の身体能力の格差が動かしがたい生物学的与件であるならば、格差がこれほど縮小することがあるだろうか。近年におけるこの格差の縮小は、あきらかに女子選手をとりまくこの数十年間の社会的変化がもたらしたものであろう。残る男女間の格差は、生物学的に詰めようのない本質的格差なのか、それとも社会制度にいまだ男女不平等が残存するからなのか。前者の立場をとることは、これ以上の政治的・社会的努力によって男女不平等を是正する必要性を否定するという政治的立場をとることである。

▎2　疑われる女子選手を決める、ジェンダー以外の要素

　最後に、この性別判定テストは、特に1999年以降、IOC が特に性別偽装を疑われた場合のみにテストを行うようになってから顕著になったが、特定の属性を有する女子選手を不利にするという側面がある。それは IOC や IAAF において有力な西欧や北米の支配的な規範から外れると仮定された女子選手が、標的にされる傾向である。たとえば合衆国等では、オリンピック

33　Myron Genel, Joe Leigh Simpson, and Albert de la Chapelle, "The Olympic Games and Athletic Sex Assignment," *Journal of American Medical Association* 316（October 4 , 2016）.

における女子選手に偽装した男性の歴史はナチス政権下のドイツ代表に始まり、共産圏の選手に連なると一般的には記憶されているが、実際に最初に疑惑の対象になったのはイギリス代表と（共産化以前の）チェコ代表であり、最初に失格になったのはアメリカ代表選手である[34]。

　近年、より深刻なのは人種主義や植民地主義が性別偽装スキャンダルに投影されているという問題である。前述のセメンヤの経験に話を戻そう。2003年のロンドンマラソンにおいて女子世界記録を樹立したイギリスの白人女性選手ポーラ・ラドクリフは、2012年にBBCラジオに出演し、もしセメンヤがロンドン五輪に出場できるのであれば、それは「もはやスポーツではない」とし、セメンヤの出場を非難した。だが、ラドクリフが当時保持していた女子マラソン世界記録は2:15.25であり、当時の男子世界記録は2:02.57であった。男子世界記録とラドクリフの世界記録の差は10％である。これに対して、セメンヤの2009年の記録は1:55.45であり、男子の世界記録は1:40.91で、その差は12％である。その点ではラドクリフの記録の方がより「男性」に近く、もし男性に近い／同等／男性以上であることを女性として「異常」であると仮定するならば、セメンヤよりも性別偽装が疑われるべきであった記録である[35]。さらに、セメンヤの個人最高記録は世界記録ではなく、彼女の記録は女子800メートル走の歴代10位以内にも入っていない。しかし彼女より好記録だった選手は、性別偽装を疑われていない。

　セメンヤが性別偽装を疑われた理由は彼女の記録の卓越性ではなく、彼女の人種的属性が規範的な女性性から逸脱しているとみなされたからであり、その規範的女性性とは白人女性であることを仮定しているのである[36]。ゆえにラドクリフはセメンヤ以上に「異常」な記録でありながら、その女性性を疑われることなく、セメンヤの「異常」性をあげつらうことができたのであ

34　Vanessa Heggie, "Testing Sex and Gender in Sports: Reinventing, Reimagining and Reconstructing Histories," *Endeavor* 34 (December 2010). 以下も参照。小坂美保「スポーツにおける『性別問題』：『女性』アスリートに向けられるまなざし」『女性学評論』第32号（2018年）。來田「スポーツと『性別』の境界」。

35　Jeré Longman, "Understanding the Controversy over Caster Semenya," *New York Times,* August 18, 2016.

36　Katrina Karkazis, "The Ignorance Aimed at Caster Semenya Flies in the Face of the Olympic Spirit," *The Guardian,* August 23, 2016.

る。スポーツにおける規範的女性性は、ジェンダー以外の要因によっても構築されてきたという点を見逃すべきではない。

　オリンピックは、男女間の生物学的な本質的差異、さらにいえば優劣が反映される場であるというよりも、現実の複雑さに対して特定の二元化された性差観を維持・再生産する制度として、機能してきた歴史がある。

　だが同時に、オリンピックの歴史は、FSFI や多くの女性アスリートが異議を申し立てた対象であり、そして最近のセメンヤたちの闘いにいたるまで、このような性差の固定化に抗う場としての歴史でもあった。そして冷戦下の米ソ間メダル数競争にみられるように、オリンピックは必然的に男女の格差を生産するだけの場であるとは限らない。スポーツ・メガイベントがその外部に広がるジェンダー関係に対して持ちうる意味は、常に争われ、変革に開かれているのである。

（兼子　歩／ジェンダー史）

第**13**章

オリンピックとイスラーム世界
──宗教とジェンダーの国際力学──

一　はじめに

　本稿では、イスラーム教徒（以下、男女・単数複数を問わず「ムスリム」と記す）のオリンピック参加の諸相を、2016年に開催された夏季オリンピック・リオデジャネイロ大会を例として概観し、さらに女性ムスリム・アスリートの例を踏まえてジェンダー平等のあり方について考察を加えることとする。

二　ムスリム・アスリートを通してみえてくる国際社会

■ 1　ムスリム人口

　世界のムスリム人口については諸説あるが、どの説をとっても、イスラームが世界で2番目に信徒の多い宗教であるとされており、世界人口の2割以上を占めると考えられている。最もムスリム人口が多い国は、インドネシアで約2億人、それにパキスタン、バングラデッシュが続く。ヒンドゥの国とされるインドも1億人以上のムスリム人口を誇り、アフリカのサハラ以南に位置するナイジェリアもその人口の約半数（7〜8000万人）がムスリムだとされる。イスラーム発祥の地であるアラビア半島は人口が少ないので、ムスリム全体からするとアラブ人は多数派ではない。

■ 2　イスラーム協力機構加盟国からのオリンピック・リオデジャネイロ大会参加

　「イスラーム世界」なるものが存在するかどうかについては識者のあいだでさまざまな見解があるのだが、ムスリム人口の多い56か国とオブザーバー

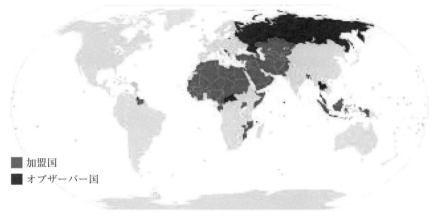

■ 加盟国
■ オブザーバー国

図1　イスラーム諸国機構の加盟国とオブザーバー国

国から構成される「イスラーム協力機構 Organization of Islamic Coopera-
tion」は、世界におけるムスリムの諸問題を協議する代表的な機関であると
されている。図1は世界地図でイスラーム諸国機構の加盟国とオブザーバー
を示したものである。そこでまずは図1で示した国々を「イスラーム世界」
と想定して考察してみよう。

　イスラーム協力機構加盟国と、オブザーバーであるボスニア・ヘルツェゴ
ヴィナ、加盟希望地域のコソボ、そして「独立オリンピック選手団 Inde-
pendent Olympic Athletes」から、夏季オリンピック・リオデジャネイロ大
会に参加した選手数を表にしたものが表1である[1]。後述するような諸事情

1　参加者数は各国の報道では齟齬があることが多く、インターネット上のオリンピック・サイ
　トが閉鎖されたため、Wikipedia の関連サイトを参照した。イスラーム諸国機構オブザーバー
　国には、ロシア、タイ、中央アフリカ共和国も入るが、ムスリム・アスリートの数がきわめて
　限られていると思われるので表1には加えていない。シリアは政治的な理由でイスラーム協力
　機構の会議に参加できなくなっているが、元来の加盟国なので、表1に加えている。イスラー
　ム協力機構は北キプロス・トルコ共和国を国家として認めているが、国際オリンピック委員会
　はこれを国家として認めていないので、代表団はいない。また、クウェートが国際オリンピッ
　ク委員会からオリンピック参加を差し止められていた事情でクウェート人アスリートはリオデ
　ジャネイロ・オリンピックに独立オリンピック選手団（IOA）の選手として参加したことか
　ら、IOA も表1に加えることとした。

表1　イスラーム協力機構国のリオデジャネイロオリンピック参加

	参加人数	女性の比率	メダル獲得数 金	銀	銅	女性メダリスト
アゼルバイジャン	56	25%	1	7	10	☆
アフガニスタン	3	33%	0	0	0	
アラブ首長国連邦	13	31%	0	0	1	
アルジェリア	68	15%	0	2	0	☆
アルバニア	6	50%	0	0	0	
イエメン	3	33%	0	0	0	
イラク	26	0%	0	0	0	
イラン	64	14%	3	1	4	☆
インドネシア	28	39%	1	2	0	☆
ウガンダ	21	33%	0	0	0	
ウズベキスタン	70	33%	4	2	7	
エジプト	122	30%	0	0	3	☆
オマーン	4	50%	0	0	0	
ガイアナ	6	50%	0	0	0	
カザフスタン	104	46%	3	5	9	☆
カタル	39	5%	0	1	0	
ガボン	6	33%	0	0	0	
カメルーン	24	79%	0	0	0	
ガンビア	4	25%	0	0	0	
ギニア	5	60%	0	0	0	
ギニアビサウ	5	40%	0	0	0	
キルギス	19	37%	0	0	0	
クウェート⇒IOA						
コートジボワール	12	58%	1	0	1	☆
コモロ	4	50%	0	0	0	
サウジアラビア	11	36%	0	0	0	
シエラレオネ	4	50%	0	0	0	
ジブチ	7	14%	0	0	0	
シリア	7	43%	0	0	0	
スーダン	6	33%	0	0	0	
スリナム	6	33%	0	0	0	
セネガル	22	73%	0	0	0	
ソマリア	2	50%	0	0	0	
タジキスタン	7	29%	1	0	0	
チャド	2	50%	0	0	0	
チュニジア	61	33%	0	0	3	☆
トーゴ	5	60%	0	0	0	
トルクメニスタン	9	56%	0	0	0	
トルコ	103	47%	1	3	4	☆
ナイジェリア	78	33%	0		1	
ニジェール	6	33%	0	0	0	
パキスタン	7	43%	0	0	0	
バーレーン	34	41%	1	1	0	☆
パレスティナ	6	33%	0	0	0	
バングラデシュ	7	43%	0	0	0	
ブルキナファソ	5	40%	0	0	0	
ブルネイ	3	33%	0	0	0	
ベナン	6	33%	0	0	0	
マリ	6	33%	0	0	0	
マレーシア	32	47%	0	4	1	☆
モーリタニア	2	50%	0	0	0	
モザンビーク	6	17%	0	0	0	
モルディブ	4	50%	0	0	0	
モロッコ	13	39%	0	0	1	
ヨルダン	8	12%	1	0	0	
リビア	7	14%	0	0	0	
レバノン	9	56%	0	0	0	
＊ボスニア&ヘルツェゴヴィナ	11	36%	0	0	0	
＊コソボ	8	62%	1	0	0	☆
独立参加選手団IOA	9	11%	0	1	0	

はさておいて単純な足し算をすると、イスラーム協力機構＋αから参加した選手の総数は1231名となる。リオデジャネイロ大会（28競技306種目）の参加選手総数は11237名と発表されているので、イスラーム諸国機構の構成国から参加した選手は概ね全体の1割強とみることができるだろう。世界のムスリム人口が世界人口の2割以上はいるということを勘案すると、ムスリム選手のオリンピック参加は、非ムスリムに比べてより困難な状況にあると考えてよいだろう。

　なお、オリンピズムの基本原則の6は、「このオリンピック憲章の定める権利および自由は人種、肌の色、性別、性的指向、言語、宗教、政治的またはその他の意見、国あるいは社会のルーツ、財産、出自やその他の身分などの理由による、いかなる種類の差別も受けることなく、確実に享受されなければならない」と謳っており、ムスリムであるとの理由で差別されてはならない、という原則があるということはおさえておきたい。

　表1に戻って、イスラーム協力機構加盟国の、リオデジャネイロ大会におけるパフォーマンスを、選手団の人数からみてみよう。最も多人数の選手団を送り込んだのは、エジプトの122人、2番目がカザフスタンの104人、3番目がトルコの103人である。逆に、選手団が10名未満なのは35もの国と地域にのぼる。母数となる人口が各国で違うので選手数の多寡について軽々に結論づけることは避けるべきであろうが、イスラーム協力機構加盟国の過半数が10名以上の選手をリオデジャネイロに送ることができなかった、という事実は深刻に受けとめるべきだろう。10名未満の国と地域の中には、国情に不安の大きいアフガニスタン、イエメン、シリア、スーダン、パレスティナなどが含まれている。他方で、約2億人の人口を誇るパキスタンからの選手団が7名しかいないことは、政情不安というよりもこの国にさらなるスポーツ振興が必要であることを示しているように思われる[2]。

　次にイスラーム協力機構加盟国のリオデジャネイロ大会でのパフォーマンスを、メダル獲得数からみてみよう。金メダルを3ポイント、銀メダルを2ポイント、銅メダルを1ポイントとして、各国のポイント総数を計算した上

2　なお、パキスタンはクリケットの盛んな国で、クリケットのワールドカップでは常勝組に入る。しかしリオデジャネイロ大会ではクリケットは公式競技に入っていない。

表2　イスラーム諸国機構からのメダル獲得ポイン
　　　ト上位10か国

国名	メダル	ポイント
カザフスタン	金3、銀5、銅9	33
アゼルバイジャン	金1、銀7、銅10	27
ウズベキスタン	金4、銀2、銅7	25
イラン	金3、銀1、銅4	18
トルコ	金1、銀3、銅4	13
マレーシア	金0、銀4、銅1	9
インドネシア	金1、銀2、銅0	7
バーレーン	金1、銀1、銅0	5
コートジボワール	金1、銀0、銅1	4
アルジェリア	金0、銀2、銅0	4

位10か国が表2である。カザフスタンが33ポイントで1位、アゼルバイジャ
ンが27ポイントで2位、ウズベキスタンが25ポイントで3位となっている。
このポイント積算法による国別順位では、カザフスタンはジャマイカよりも
高ポイントで世界15位になる。金メダル3個を勝ち取ったイランは、同じく
金メダル3個を獲得したアルゼンチンやギリシアよりも、銀メダル・銅メダ
ルの数で勝っている。リオデジャネイロ大会には205もの国と地域が参加し
ていることを考えれば、上述の国々は、かなり上位の成績と存在感を示し
た、と評価することができよう。
　イスラーム諸国機構からのメダル獲得ポイントが高い上位3か国が旧ソビ
エト連邦の構成国であることは、ソ連時代のスポーツ・インフラが今日に至
るまで好影響を遺していると推察されて興味深い。他方で4位以下は、中
東、東南アジア、アフリカ、と大陸に限定されない活躍ぶりで、オリンピッ
ク・ムーブメントが全世界的に展開していることの証とみてよいだろう。

3　ムスリム・アスリートはどこにいる？

　二節2では、とりあえずイスラーム協力機構の加盟国からの参加選手を

「イスラーム世界」からの選手と想定したが、ムスリム・アスリート（イスラーム教徒のスポーツ選手）を厳密に数えようとすると、難しい問題に当面する。心の中の信仰は外からみえないし、選手一人一人が自分の信仰について特に言明する機会があるわけでもないので、誰がムスリム・アスリートなのかわからない場合が多いのだ。イスラーム諸国機構の加盟国の選手でも、その名前などから到底ムスリムだとは思われない選手も相当数いるし、他方でイスラーム諸国機構には加盟していない国々からムスリムとしてのアイデンティティを明らかにしているアスリートが参加していることもある。その代表的な例として、女子フェンシングのアメリカ合衆国代表、イブティハジ・ムハンマドを挙げることができるだろう。

　彼女はヒジャーブ（ムスリム女性が頭髪や身体を露わにしないよう身につけるベール）着用を貫き、アメリカにおけるアフリカ系ムスリム女性アスリートとして有名である。リオデジャネイロ大会では、フェンシングのサーブル団体という種目でアメリカ・チームの一員として試合に臨み銅メダルに輝いた。授賞式にも彼女はヒジャーブ姿で現れ、試合後のインタビューではアメリカ代表としての誇り、さらには彼女が過去にコーチやチームメートから受けた「いじめ」についても語っている[3]。

　彼女以外にもイスラーム協力機構加盟国でない国々からリオデジャネイロ大会に出場し「ウンマ・スポーツ」というウェブサイトでムスリム・アスリートとしてとりあげられている選手がいる[4]。そこから興味深い選手を紹介しよう。

　英国代表で男子トラック競技のモ・ファラー選手は、ソマリア生まれ、元来のムスリム名はムハンマドだという。2012年のロンドン大会に引き続き、リオデジャネイロ大会でも五千メートルと一万メートルで金メダルを獲得、2大会連続で金メダルを2つずつ、計4個の金メダルを獲得するという快挙を成し遂げた。彼は次の東京大会にマラソン代表として出場したいとの意思

3　https://www.nytimes.com/2018/07/24/books/ibtihaj-muhammad-fencing-hijab-olympics.html［最終アクセス2020年3月20日］
4　ウンマとはイスラーム共同体の意味。サイバー空間には20世紀末から、「ウンマ」の名を冠してムスリムの間で情報交換をするウェブサイトが数多く現れている。

を表明しており、三大会連続メダル獲得が期待されている。

　同じく英国代表男子テコンドーのマーハーマー・チョー選手（コートジボワール生まれ、フランス代表だったこともある）は、2013年の世界テコンドー・グランプリの優勝者だったが、リオデジャネイロでは準決勝敗退となった。彼は、イブティハジ・ムハンマド選手と同様、スポーツを通じてイスラームの良さを知ってもらいたいと言明している。

　自転車競技（マウンテンバイク）のルワンダ代表アドリアン・ニヨンシュティ選手は、きょうだい6人を1994年のジェノサイド（大虐殺）で失う、という厳しい状況を生き抜いてオリンピアンになった敬虔なムスリムである。彼はロンドン大会に引き続きリオデジャネイロでの開会式でもルワンダ選手団の旗手をつとめた。競技では残念ながら完走できなかったが、その後も南アフリカのプロチームに所属しながら故郷でサイクリング・アカデミーを設立するなど、活躍を続けている。

　アメリカ代表女子400メートル・ハードルで金メダルを獲得したダリラ・ムハンマド選手は、ニューヨークのクイーンズ地区で敬虔ながらもリベラルな両親のもとで育ち、「自らの宗教の表現にはいろいろな方法がある」として、頭髪も手足も露出度の高い姿（ヒジャーブをしない）で試合に出ている。彼女は、リオデジャネイロ大会後にも世界記録をうちたてるなどめざましい活躍ぶりであるのだが、ムハンマドという名前のためにアメリカ国籍であっても国際試合に出場するための移動が難しくなっていることをスポンサーが懸念している、と語る[5]。

　アメリカ合衆国と英国は、リオデジャネイロ大会における金メダル獲得数の第1位と第2位であるが、それらの輝かしい成績にムスリム・アスリートが貢献していることを無視してはならない。

■ 4　行く人、来る人——移民選手
　アメリカや英国のムスリム・アスリートの背景に、過去何百年・何十年の人々の移動の歴史をみることができるが、他方、一人のアスリートがそのス

─────────

　5　https://www.theguardian.com/sport/2017/feb/13/life-as-a-muslim-american-olympic-champion-travel-has-become-a-worry［最終アクセス2020年3月20日］

ポーツ・キャリアにおいて違う国籍で国際試合に参加していることもある。近年のグローバル化の進展と、各地における社会・政治的な諸問題から、イスラーム諸国機構加盟国の出身であっても、他国や新たに設けられた「難民チーム」に入る場合が目を引く[6]。

　イラン代表女子砲丸投げのレイラー・ラジャビー選手は、ベラルーシ出身、タチアナ・イリュシュチャンカという名前で競技に出ていたが、イラン人のペイマーン・ラジャビー選手と結婚、イスラームに改宗して、名前も国籍も変えている。（なお彼女は、リオデジャネイロ大会後ナショナルチームからの引退を表明した。）他方、イラン出身の女子テコンドー選手ラーヘレ・アーセマーニーは、2010年のアジア競技大会ではイラン代表として銀メダルを獲得したが、オリンピック・ロンドン大会の代表選考に残ることができず、国外での選手活動を希望していた。リオデジャネイロ大会にむけて、難民チームの一員に入る資格を得たが、ぎりぎり間に合うタイミングでベルギー国籍を取得し、ベルギー代表として出場した（準々決勝敗退）。このようにイラン一国を見ても、外国から移籍して来る選手もいれば、外国籍となって出て行く選手もいるのは興味深い。

　ヨーロッパや北アメリカで活躍しているアスリートのなかにアジア・アフリカからの移民とその子孫たちがいることは上述したが、欧米の社会＝政治的風潮をみると、近年とみに移民を問題視する傾向が強まっている。そうしたなかで視点を GCC 諸国（湾岸協力会議、ペルシア湾に面するアラブ産油国6か国）に移すと、世界には移民をめぐって少し違う様相の国々があることがわかる。GCC 諸国では膨大な石油収入を自国の産業に充てるに際して、国籍保持者だけでは、技術者も労働者も全然足りない実情があり、外国人／移民を非常に大勢受け入れている。観光地として日本でも知られるようになってき

6　難民チームで参加した中東出身の選手としては、女子水泳バタフライ100メートルに出場したシリア出身のユスラー・マールディーニー選手がいる。彼女はダマスカスから船で逃れてヨーロッパに渡ったといわれており、2017年には国連難民高等弁務官事務所の親善大使となっている。なお、シリアでマールディーニーという姓にはキリスト教徒が多いとのことで、シリア人であってもムスリムでない可能性が高い。

7　http://worldpopulationreview.com/world-cities/dubai-population/［最終アクセス2019年11月29日］

たドバイ（アラブ首長国連邦 UAE を構成する首長国の一つ）などは住民の85パーセントが外国人だとの報告がある[7]。

　イスラーム協力機構諸国のなかでも特にオリンピック選手団に移民の多い例として、バーレーン代表チームがあげられるだろう。バーレーンはペルシア湾に位置し、面積は765.3平方キロ、人口131万6千人（2010年の国勢調査による数値）の小さな島国である。日本で例えるならば、京都市の面積より少し小さい島に京都市と似たような数の住民がいる、といった規模である。また上記でいう人口のうち、バーレーン国籍を保有している者は半分に満たず、住民の半分以上が外国からの移民・外国人労働者と推測される[8]。この小さな国が、リオデジャネイロ大会に34名の選手団（うち女子が14名、アラブ諸国のなかでは珍しく女子アスリートが多い構成）を送り、1個の金メダルと1個の銀メダルを獲得している。

　銀メダルを獲得したのは、日本でもよく知られている女子マラソンのユニス・J・キルワ選手で、ケニア出身、2013年にバーレーン国籍を取得している[9]。金メダルを獲得したのも女子選手で、陸上300メートル障害のルース・ジェベト選手。彼女もケニア出身、リオデジャネイロ大会には19歳で参加した。つぶさにみると、バーレーン選手団の女子はほとんどがアフリカ（ケニア、ナイジェリア、エチオピア）出身の陸上選手であることがわかる。女子400メートル・ハードルのケミ・アデコヤ選手は2014年にバーレーン国籍となってリオデジャネイロ大会に出場、2016年の世界屋内競技大会（アメリカ合衆国ポートランドで開催）と、2018年のアジア競技大会（インドネシアで開催）でたてつづけにチャンピオンとなったが、残念なことにドーピング検査で陽性と判断され、メダルははく奪され、出場停止を命じられた[10]。

　バーレーンにアフリカ出身の女子陸上選手が多い背景には、湾岸産油国に

8　2019年時点でバーレーン住民は166万5158人、うちバーレーン人は56万8千人、外国人（non national）は66万6千人と推計されている。http://worldpopulationreview.com/countries/bahrain-population/ ［最終アクセス2020年3月20日］

9　ちなみに、キルワは今日のタンザニアにある島の名前で、10〜15世紀にインド洋交易で栄えアフリカ東海岸の一大勢力となったスルタン国の中心であった。

10　https://www.insidethegames.biz/articles/1074227/former-world-indoor-champion-adekoya-suspended-after-failing-drugs-test ［最終アクセス2020年3月20日］

共有される移民事情、そして国籍保持者でオリンピックの出場基準にかなう女子選手が極めて少ないなかで、オリンピックで自国のプレゼンスを示す政策をとろうとしている、という政治＝社会的な意図もあると考えてよいだろう。

5 二節のまとめ

日本は、歴史的にムスリムとのかかわり合いが少なく、国内のムスリム人口も少ないため、イスラームといえば遠い西アジア・中東の特殊な宗教だと思われがちである。しかし、イスラームは普遍宗教で、人種や民族・国籍を問わないので、その信徒は狭い国や地域の枠にしばられていない。さらに16世紀以降の、おびただしい数の労働力移動（奴隷）の歴史、二十世紀に入ってからヨーロッパ諸国や産油国が労働力を必要として移民をいれた事情、近年のグローバル化の進展による移民の急速な増加などの影響を、リオデジャネイロ大会に参加したムスリム・アスリートたちにも見て取ることができる。

また、詳細については割愛するが、20世紀に入ってアジア・アフリカ各地でひきおこされた地域紛争や虐殺、2001年からの「テロとの戦争」以降のムスリム諸社会の政情不安、2011年のいわゆる「アラブの春」以降さらに各国の事情が複雑になり国際問題化していることが、ムスリム・アスリートの活躍に影を投げかけていることも、容易に想像される。西欧や北米で比較的恵まれた条件で育成された選手もいるが、アメリカにおけるトランプ大統領の言動やヨーロッパで右傾化する政治状況が、そうした選手たちの懸念となっていることも、インタビュー記事などから読み取ることができる。

三 ムスリムの女性アスリートを通してみえてくるジェンダー平等の問題

1 スポーツとジェンダーの落とし穴

現代のオリンピックは「近代スポーツ」の祭典である。私たちはそこに凝縮された近代的価値観と身体観をみることができる。すなわち、スポーツのルールは明確なもので、階級や貧富の差に関係なくすべての人が等しく従わ

なくてはいけないという規範と平等性の原則、ルールは恣意的であってはならず「国際的」な機関で決められ国と民族を超えて共有されること、身体能力をすべて数値化する合理性、また身体は個人の意思で鍛錬されるものであること（神託のよりしろや共同体の共有物ではない）といった考え方である。近代以前には、例えば「王」の身体は聖なるものと考えられたりしていたし、相撲のような競技は神事であったりして、近代スポーツの前身とされる競技やゲームは、個人の自由意志や平等主義とはかけ離れたものだった。

　二節の2で述べたように、オリンピックは差別があってはならないという原則に立ち、国際オリンピック委員会で人種差別の撤廃を唱導したり、スポーツを途上国の女子のエンパワーメントとして役立てるプロジェクトに予算をつけたりして男女差別も解消すべく努力している。

　しかし別の角度から見ると、現在組織的に行われているスポーツのほとんどは、女と男をきっぱり二分する原則に基づいていることがわかる。何百もあるオリンピック競技種目で、男女が一緒に試合をするものは極めて少なく、男女がペアで競技に臨むものを除くと、男女の別なく個人の力を競うのは馬術ぐらいしかない。体操などは男女で競技内容が異なったりしている。

　女と男には身体能力の差があるのだから当然だ、と多くの人は思っているだろう。ジェンダー学の見解からすると、そこに落とし穴がある、ということになる。近代医学・生理学では、男女は遺伝子レベルで異なるとされる。しかし、男性と女性をどこで分けるか、ということになると実は難しい問題が存在する。一般に、性ホルモンの分泌によって、男女それぞれに典型的な性腺や性器が形作られるのだが、その性ホルモンのバランスには個人差があり、少数ながら非典型的に中間の性器を持ったり両性の性器を併せ持ったりする人がいるのである。男女は完全に二分されるというよりも、典型的な男性、より女性に近い男性、どちらともいえるインターセックス、より男性に近い女性、典型的な女性、という具合にゆるーく地続きになっている、というイメージで理解する方が適切だと思われる。

　国際オリンピック委員会は2011年に選手のテストステロンのレベルによって女子アスリートの競技に参加できるかどうかを決めている。その後、レベル数値の見直しやトランスジェンダーについての規定が加えられたりしてい

るが、テストステロンを最終的な指標とする方針が維持されてきた。近年こ
れに異議を申し立てたのは、南アフリカのキャスター・セメンヤ選手で、彼
女はリオデジャネイロ大会の女子陸上800メートルで金メダルを獲得。競技
後、テストステロンのレベルが高いとして、国際陸連から今後の競技への参
加自粛、あるいはテストステロンのレベルを下げる投薬を受けるようにとの
勧告があった。彼女は、生まれつきの身体（natural body）で競技に出たいと
主張してスポーツ仲裁裁判所に訴えた。現時点（2020年3月）では彼女がリオ
デジャネイロ大会で獲得したメダルは認められているが、今後どこまで競技
参加が認められるかはまだ不明である。テストステロンの検査が男女別を決
めるのに適切であるかどうか医学的見地から疑念を持つ専門家もいるし[11]、
男性アスリートの間のテストステロンのレベルの差が競技に際して問題視さ
れないことを考えれば、その扱いが平等でない、と主張することもできよ
う。何が男女の平等を意味するかを議論することは、すなわち、社会的性差
（ジェンダー）を作り出すことに他ならない。

　近代スポーツにおけるジェンダー観は歴史的に説明されることもある。近
代スポーツは、19世紀半ばから西洋でみられた男性エリートのための運動競
技中心主義（athleticism）から展開したもので、そこにあったジェンダー秩序
（男性優位）を内包したまま今日に至っている、という[12]。スポーツは、筋力
の差を際立たせて性差を固定化しようとするプロジェクトであり、常に男性
が女性よりも強い（優位にある）とみせる仕掛けである、との議論もある[13]。
第12章でも述べられているようにオリンピックの父といわれるクーベルタン
は、女性の競技参加に消極的であった。

　こうした歴史的経緯もあって、現代のオリンピックは一見合理的な、しか
し根拠が盤石とはいえない医学・生理学の知識を援用して、アスリートを女
と男という二つの枠に振り分け続ける、巨大なジェンダー・プロジェクトと
なっているのだ。

11　https://blogs.scientificamerican.com/observations/4-myths-about-testosterone/［最終アク
　　セス2020年3月20日］
12　來田享子「近代スポーツの発展とジェンダー」、飯田貴子、井谷恵子編著『スポーツ・ジェン
　　ダー学への招待』（明石書店、2004年）、33-41頁。
13　井谷恵子「スポーツにおけるジェンダー構造の現状を見る」上掲書、20-24頁。

■ 2　イスラームとジェンダー

　繰り返しになるが、イスラームは普遍宗教であり、西暦七世紀に現れた、人間の平等と解放を説く教えがその根本にある。コーラン（正則アラビア語ではクルアーン）では、男性という言葉と女性という言葉は同じ回数ふれられているとのことで、その16章97節には「誰であれ善い行いをし、（真の）信仰者ならば、男でも女でもわれらは幸せな生活を送らせるであろう」とあり、信仰を行う者への報酬に男女差がないことが説かれている。とはいえ、4章34節には「男は女の擁護者である。それはアッラーが、一方を他方よりも強くなされ、かれらが自分の財産から（扶養するため）、経費を出すためである」ともあり、こうした章句はその後のムスリム諸社会における家父長制を支えることになった。そして千年以上にわたって、「男は家の外で働いて家族を養う、女は家で家族の世話をする」という男女分業、そして男女のスペースを基本的に分ける男女隔離のシステムがムスリムのあいだで正当なものとされてきたのである。こうした男女隔離の原則と、女性は家族以外の前ではセクシーな姿をさらしてはいけないという倫理規定が、前述のヒジャーブ（頭髪や身体を覆うベールなど）の文化を根付かせてきたと考えられる。

■ 3　ムスリム女性アスリートとリオデジャネイロ大会

　そうした原則をおさえたうえで、リオデジャネイロ大会での女子ムスリム・アスリートのパフォーマンスを見直してみよう。表1に示したように、国際オリンピック委員会の努力もあり、イスラーム協力機構に加盟している国々は、イラクをのぞいてすべて、女性の選手をリオデジャネイロ大会に送っている[14]。また、そのうち11か国では女性選手がメダルを獲得している。興味深いことに、女性選手がメダルを獲得している国はどこも十名以上の選手団を組織していて、やはり女性選手の活躍の可能性はその国でのスポーツのすそ野の広さによって大きくなるのだと推測される。国ではなく地域として参加しているコソボは、選手団の数は大きくはないが、8名の選手

14　イラクからの女子選手の参加がなかったのは、女子アスリートが育成されていないというよりも、国内の政情不安により女子選手を選考するための安全が確保できなかったためではないかと推察される。

団のうち5名が女性であり、その一人である女子柔道52キロ級マィリンダ・ケルミンディ選手が（準決勝で日本の中村美里選手を下して）金メダルを獲得している。女性選手がメダルを獲得している11か国の選手団のなかでの女性選手の比率は、14パーセントから58パーセントとかなりばらつきがあり、女性が多ければメダルの確率が高いとまではいえない。

　イスラーム協力機構加盟国の選手団で女子が過半数なのは、カメルーン（79パーセント）、セネガル（73パーセント）、コートジボワール（58パーセント）、とすべてアフリカの国で、カメルーンとセネガルはバレーボールとバスケットボールといった集団競技の選手が入っているために、比率が高くなっていると思われる。なおコートジボワール代表女子テコンドー67キロ級で銅メダルを獲得したグバグビ選手は、フルネームが Ruth Marie Christelle Gbagbi となっているので、キリスト教徒と考えるのが妥当だろう。

　二節でも述べたように、イスラーム諸国機構加盟国の半分以上は10名未満の選手団で、その少数の選手団のなかに一握りの女性アスリートがいるというのが、全体からみたムスリム女性アスリートの大勢であって、10名以上の選手団を送って女性がメダリストになっているのは、やはり全体から見ると恵まれた少数派と考えるのが適切だろう。なお、オリンピック選手団の組織化はその時の政治状況に左右される場合が少なくないと思われるので、それぞれの国における女性スポーツへの日常的な取り組みについてはオリンピック参加状況とは別にさらなる詳しい調査が必要である。

　もともと十数億人（ムスリム総人口）の状況を十把一絡げにして論じようというのは無理な話で、ムスリム女性がどれほどスポーツに関われるかについても、地域差、階級差、地政学的な諸問題を反映して千差万別であろうと想像される。スポーツ・インフラに恵まれない女性たちが億人単位でいると推量される一方で、スポーツに親しむことのできる女性たちも、急速に億人単位に増えてきているものと思われる。ムスリム女性たちはスポーツの分野で静かな革命を起こしつつある、と言われている[15]。

　女子アスリートの育成をこれまで阻んでいた大きな要因としては、「近代

15　https://journals.sagepub.com/doi/pdf/10.1177/1536504211427874［最終アクセス2020年3月20日］

スポーツ」の普及に費用と時間がかかること、そして「女子は繊細で保護すべき存在」という社会通念であったろうと思われる。この通念は、伝統的でイスラーム的であると思われがちであるが、コーラン（クルアーン）には女性がスポーツをしてはならないとは述べられていない[16]。

■ 4　ヒジャーブ問題

■1980年代から世界的に顕著となってきたイスラーム主義（欧米メディアでは「イスラム原理主義と」もいわれる）の台頭の一つの現象として、ヒジャーブ姿の女性が増えていることが着目されてきた。イスラーム主義は復古主義と誤解されることが多いが、ムスリム諸社会における近代化とともに展開してきた新しい政治＝社会の風潮であると理解すべきである。1970年代まで中東の大都市で欧米の人々の見えるところを闊歩できた女性は、西洋化された女性だったので洋服を着ていることが多かった。ところが、都市化の波で地方から都市に流入する者が飛躍的に増え、特権的な西洋化や欧米への留学とは縁のない層が都市部で分厚くなり、若年人口も着実に増えた。そうした中流や中下層の女性たちにとって、ヒジャーブはごく一般的な服装である。そして大都市に住む第2-3世代の若い女性たちが、自分たちにとってなじみがあって好ましい服装で通学やショッピングなどのために街中に出ることが増えてきて、欧米のメディアでとりあげられるようになったのである（年配の女性たちには、大都市の街頭に女性同士で出かける機会は少なかった）。ヒジャーブ姿が目を引くようになったのには以上のような、必ずしも「恐るべきイスラム原理主義、時代錯誤」とはいえない社会背景があると理解すべきである。そしてその延長線上に、ヒジャーブ姿のムスリム女子アスリートが国際試合に登場するようになった。ところが西欧を中心とする国際スポーツ機関は一時期彼女らの活躍を阻んでいた。

16　ちなみに、女性が教育を受けてはいけない、家の外で働いてはいけない、統治者になってはいけない、という考えはコーランからは正当化できない。イスラームを興した預言者ムハンマドの糟糠の妻はキャラバンを組織して遠隔地商業をしていた、今日でいう商社の女社長であったし、コーランにはビルキース（シバの女王、アラビア半島の西南部に栄えた国の女王と伝えられていて、イスラエル王国の王ソロモンの妻になったとされている）の記述もあって、賢明な女性として描かれている。

　西洋では、いわゆる植民地主義の時代から、ヒジャーブ／ベールはムスリム女性が抑圧されていることを示すシンボルと受けとめられてきて、文明化（多くの場合西洋化）の進展は世俗化（脱イスラーム）を伴うものであるとされ、女性の解放＝ベールをとること＝近代化、と信じられてきた。そうした西洋的な考えを持つ人々のあいだでは、ヒジャーブ姿の女性がより顕著にみられることになる現象は理解に苦しむものであり、折しものイスラーム主義の広がりとともに、危険な兆候と受けとめられる場合が少なくない。こうした考え方を政治＝社会的政策に具現化したものが、フランスにおける公共空間におけるベールの禁止である[17]。（あれだけ服装の自由を説くフランスで、なぜベールを身につける自由が制限されなくてはいけないのか、本稿筆者は実のところ納得がいっていない。）

　夏季オリンピックにおいてヒジャーブ姿の女性選手が最初に参加したのは、北京大会の陸上競技であった。しかし、ヒジャーブ・ユニフォーム（英語では headscarf の着用として議論されている）を認めるかどうかは、各競技の国際連盟の判断するところで、2007〜2013年、国際サッカー連盟（FIFA）はヒジャーブ・ユニフォームを禁じていたので2012年のロンドン大会予選ではイランの女子サッカー・チームが試合放棄を余儀なくされた。さらに2014年に仁川で開催されたアジア競技大会では、カタール代表女子バスケットボールチームも、ヒジャーブ・ユニフォームをとがめられて退場している。（国際バスケットボール連盟 FIBA がヒジャーブ着用を認めたのは2017年に入ってからで他の競技よりも遅かった。）

　フランスやオーストラリアにおける「ブルキニ」（［ブルカ］＋［ビキニ］の造語、頭から足まで体全体を覆うムスリム女性のための水着）への反発のような、イスラームの規定をキットに反映させた女性スポーツに対して、局地的に反対・非難する言説や運動は後を絶たないし、そうした運動や言説が SNS などを利用して一時的に加熱することもある。しかしアジア・アフリカのムスリム諸社会で女子スポーツの進展への努力は続いており、自らのムスリムとして

　17　フランスでは2004年に成立した宗教シンボル着用禁止法により、公立学校にムスリム女子生徒がスカーフを着用して通学すると退学を命じられる事態となった。さらに2011年には全身を覆うブルカや目以外の顔や頭を覆うニカーブを公共空間で着用することも禁止された。

のアイデンティティをヒジャーブという姿で示そうとする流れが止まるとも思われないので、オリンピックを含めた世界的スポーツの場では、さらにヒジャーブ・ユニフォームを着用して試合に出る女子選手が増えるであろうことが予想される。また、そうした時勢を反映して、大手スポーツ用品メーカーはヒジャーブ・ユニフォームやブルキニを売り出している。

■ 5　ジェンダー平等への異なる道のり

　1979年にイスラーム共和政を宣言したイランにおける女子スポーツの発展をみていると、ジェンダー平等について、いろいろ考えさせられる。イラン・イスラーム共和国基本法（憲法にあたる）では、男女平等という言葉は使われておらず、21条では「政府はあらゆる側面において、イスラームの諸基準と適合する範囲で女性の権利を確保しなくてはならない」と述べている（この「イスラームの諸基準」というのが曲者である）。イスラーム共和政の下での男女隔離の徹底、ヒジャーブの事実上の義務化などの施策により、欧米の観測筋はイランの女性の社会進出については悲観的となっていた。しかし女子の識字率の飛躍的向上や、文学・映画製作などの分野での女性のめざましい活躍が1990年代に入って顕著であることがわかる。21世紀に入ると「コンクール」とよばれる全国的な大学入試において女子学生が上位成績者の多数派を占め、テヘラン大学（イランで最も権威を認められている）では女子学生が過半数となった。しかも、医学やコンピュータ・サイエンスなど、日本でいう理系でも決して少数派ではない。識者はこれをイランのパラドクス（逆説）という。男女隔離を徹底したことで、地方で女児の就学率が高まり、男性に頼らずに女性のための仕事を女性が成し遂げる必要が生じ、そのマネージメントをする女性が育成されたのである。

　イランにおける近年の女性スポーツのめざましい発展は、上記のような女性の社会的な「底上げ」を反映しており、さらにスポーツがもともと男女別を前提としている、という点が有利にはたらいて展開してきたと考えられる。

　もともとイランでは20世紀から「健康な母親は家族にとって大切」という主張に基づいて女子生徒の学校体育が導入されており、石油収入の増加とと

もにその数を増した中間層は、近代的な保健体育の概念と価値観を広く受け入れていた。イスラーム革命からイラン・イラク戦争の動乱期（1980年代）がおさまると、女性のコーチの下で女性同士で練習を重ね女子チームを編成することは、さまざまな方面から促進されるようになった。ことに、1996年に女性国会議員となったファーイェゼ・ハーシェミーの強いリーダーシップで、「イスラーム諸国女性スポーツ大会」が開催されたことは、イランの女性スポーツ進展に大きく寄与したと考えられる。しかしながら、欧州議会は1996年、スポーツにおける性差別の撤廃とオリンピックへのさらなる女性アスリートの参加を求める決議文1092において、イスラーム諸国女性スポーツ大会への支援停止を求めている。

　欧米で一般にイスラームに対する偏見が幅をきかせていることはさておき、ここにはより根源的なジェンダー問題が存在する。実は欧州には、1921年に「国際女性スポーツ連盟 Federation Sportive Feminine International」という組織を創設し、4回にわたって（1922年、26年、30年、34年）「国際女子競技大会」を開催したという過去がある。この組織は、女性アスリートのオリンピック参加に当時さまざまな制約をつけていた国際オリンピック委員会と国際陸上競技連盟に対して、女性アスリートの存在を主張する役割を果たしたが1934年に解散している。

　イスラーム諸国女性スポーツ大会とかつての国際女子競技大会は、(a) 女性と男性は別々の試合をしているのだから、女性だけの大会で交流を深め能力を高めることに意義がある、という考えに基づくものである。しかし近年、(b) 女性と男性を混合させる競技編成を考えるべきである、として男女混合のスポーツ教育を試みているグループもある。欧州議会の決議は (c) とにかくオリンピックに全世界から女性も男性も参加するよう促そうという意思を示していると理解できる。(a) は現存のジェンダー秩序を前提とした考えと施策、(b) は現存のジェンダー秩序を根本から改めようとする考えと施策、(c) は現存のジェンダー秩序を全面的には肯定も否定もせずに大枠での現状維持を図る考えと施策、と分析することができるだろう。

　三節の1で述べたように、近代スポーツは巨大なジェンダー・プロジェクトである。(a) は女性アスリートと女性のスポーツ・マネージメント専門家

の育成が緒に就いたばかりのところでは有効だと思われる。（b）による建設的な試みも興味深い。（c）のように無難な範囲で小規模な改革を加える方法も否定されるべきではないだろう。ジェンダー平等のために、どのような道をとるべきなのか、結論は出ていない。

四　結びにかえて

　私たちがオリンピックの大会で見ることができるムスリム・アスリートの多くは、社会的・経済的・政治的に厳しい条件のなかでなんとか自らの道を切り拓くことのできた者たちだ。さまざまな意味で長い道のりを経てオリンピック競技場に到達した彼女ら／彼らは、あえていうならば、現代世界を映す鏡の役割を果たしてくれている、といっても過言ではないだろう。私たちはつい、自国の選手の活躍や好みの種目に集中してオリンピックを観る傾向があるが、世界中からアスリートの集まる大会は、従前とは違った見方で世界を見る機会を与えてくれる可能性があることに注意を喚起したい。また、ヒジャーブ・ユニフォームで参加している女性アスリートは、ジェンダー・フリー（男女の別にこだわらない）という考え方が広まりを見せつつある世界で、スポーツとジェンダー秩序のあり方について、さらなる議論の機会を提供してくれている、ということができるだろう。

（山岸智子／中東地域研究）

第14章

中華人民共和国における
GANEFO への道程

一　はじめに

　1949年に成立した中華人民共和国が、海外での国際スポーツイベントに参加したのは、1952年のヘルシンキ夏季五輪が最初である。しかし、国際オリンピック委員会（IOC）による中国の国内オリンピック委員会（NOC）としての承認をめぐり、首都を北京に定めた中華人民共和国側（北京側）と、国共内戦に敗れ台北に逃れた蒋介石率いる中国国民党側（台北側）とで対立した結果、選手団の出発は遅れ、試合に参加できたのは水泳選手1名のみにとどまった。承認問題はその後も北京－台北間につきまとい、北京側がヘルシンキ夏季五輪（1952）の次に選手団を派遣したのはレークプラシッド冬季五輪（1980）であった。

　そんななか、1963年にインドネシアで開催された新興国競技大会（The Games of the New Emerging Forces, 略称「GANEFO」）は、中国が初めて海外に大規模選手団を送り出すことに成功した国際スポーツイベントとなった。GANEFO 開催の発端は、1962年アジア大会で開催国インドネシアが台北政権とイスラエルを、反帝・反植民地主義の立場から招請を拒否したことにさかのぼる。アジア大会の「政治利用」に反発した IOC は、この大会を不承認とすることで応じるが、インドネシアもまた IOC を脱退してしまう。そして、中国やアラブ諸国など戦闘的な第三世界諸国を味方につけて開催にこぎつけたのが GANEFO である。

　GANEFO で掲げられたのは、帝国主義と植民地主義の打倒であった。西側のメディアがインドネシアや中国による「スポーツの政治利用」について軒並み批判を繰り返すさなかに、インドネシア大統領スカルノは1963年4月

27日での新興国競技連盟設立準備会でこう言っている。

> オリンピックは帝国主義者、植民地主義者の手先に使われている。われわれはこんなオリンピックには参加できない。オリンピック憲章は友情と平和の大会とうたっており、スポーツと政治は別だともいっているが、彼らこそ政治目的にスポーツを使っている。彼らは中共、北ベトナムを加盟させることを拒んでいる。われわれは友情と平和の理想社会をつくるための手段としてスポーツを利用しているだけだ。[1]

　1952年から1980年までの中国の五輪不参加の「28年間」と、1949年の人民共和国成立から1978年の米中国交樹立までの「29年間」が並行しているのは偶然ではない。今や選手としてもスポンサーとしても、国際スポーツイベントに中国は欠かせない。そして、そうしたスポーツ・ポリティクスの頂点にあるのが IOC（そして国際サッカー連盟）である。だが、ここで紹介したように、中国はまたインドネシアなどとともに、IOC のスポーツ・ポリティクスの「外部」にスポーツを――オリンピックの「外部」にスポーツを――設定しようと模索した経験も有している。「商業五輪」が結局もたらしたものとは、「原発ムラ」ならぬ「五輪ムラ」であったことを告発するコロナウイルス問題を前に、オリンピックの「外部」への想像力がかくも試されている時代もなかなかないだろう。

　1984年のロサンゼルス五輪は「商業五輪の成功」などと今なお持て囃されることがある。だが、その内実は、レーガン政権とサッチャー政権による新自由主義の「協調体制」の下での、オリンピックの一種の公共性に対する市場化による溶解であったのは言を俟たない。イデオロギーではなく資本――資本への「信仰」そのものはイデオロギーの亜種にすぎないのだが――の従属関数となったその後の「商業五輪」においては、もはや「外部」と呼べる空間は窒息寸前の状態である。結果として逆に、ごく少数の超一流選手の職業選手としての選手生命――つまり、競技能力を商品化しうる期間――を極大化させることが、ケガ防止という「科学」の言説と合流しつつ、「アス

　1　「設立準備会開く　新興国競技連盟」、『朝日新聞』、1963年 4 月28日、12頁。

リート・ファースト」として美化されて久しい。職業選手となるに足る競技水準に達していない圧倒的大多数のスポーツ・プレイヤーにとっての「スポーツ」の意義は、この「アスリート・ファースト」概念の後景に隠れてしまっており、競技水準と選手生命を重視しないスポーツの楽しみ方はともすれば、時代遅れの精神論として唾棄されやすいのが昨今である。

　ところで、1949年10月1日の中華人民共和国成立以降の中国スポーツ界をリードした人物の一人に、新民主主義青年団中央委員会書記の馮文彬（ふうぶんひん）という人物がいる。人民共和国成立直前の8月28日に、馮はこんなことを言っている。

　　　中国の体育運動はこの三十年来進展も成果もあった。しかしなお、欠点と誤りが存在している。まず、わずかな人びとの、ひどい時には数人の専門家の運動であって、人民大衆の体育運動ではなかったことである。しかも、体育を社会の装飾品と見なし、わずかな人びとの観賞のために存在した、一般大衆の実際の必要からはかけ離れた、体育のための体育だったのである。次に、体育界には勝利至上主義の思想が存在した。互いに摩擦や闘争を仕掛け、自己本位的かつ個人主義的だったのは、えてして自分が試合に勝って優勝記念品を得るためであり、遠慮することなくわざと反則を犯し、ひどいときには相手の体を傷つけることもあった。[2]

　スポーツが「わずかな人びと」のためのものか、「一般大衆」のためのものかについて、少なくとも馮は、前者が後者を代表しうる立場にあるとは全く考えていない。これは、「アスリート・ファースト」概念を媒介として、超一流選手が一般大衆を代弁しうると錯覚しているかのような昨今のスポーツ理念を相対化するうえで、一種の貴重な思想資源にもなっている。本論考では以下、馮の如上の発言を可能にした中国の同時代の情況にスポットを当てつつ、GANEFO に至るまでの中国でスポーツそして身体がどう考えられていったのかを考えてみたい。

───────────

　2　「体育的新方向」、『人民日報』、1949年10月22日。

二　「人民」の「革命」と身体

　中華人民共和国の体育政策については一般に、1949年9月29日制定の「中国人民政治協商会議共同綱領」（以下「共同綱領」とする）第48条に明記された「国民体育を提唱する」を出発点として論じる場合が多い[3]。この文言は、これに先立つ3年前の1946年1月31日に「政治協商会議」で採択された「平和建国綱領」（中国語名：和平建国綱領）第7条第6項に謳われた「積極的に国民体育を提唱する」を継承したものである[4]。この政治協商会議とは、のちの「中国人民政治協商会議」（現在も存在）とは異なり、1945年10月10日に蒋介石（国民政府）と毛沢東（中国共産党）とのあいだで内戦停止をめぐり結ばれた「双十協定」において設置が決められた会議体である。そして、双十協定では政治協商会議の設置だけでなく、「平和建国案」（中国語名：和平建国方案）の議論もまた決められた[5]。まとめると、双十協定にもとづき、政治協商会議にて「平和建国案」が議論された末に「平和建国綱領」が採択され、これが最終的には共同綱領に継承されていった、という流れになる。

　共同綱領第48条での「国民体育を提唱する」（原文：提唱国民体育）の文言は、中国語にしてわずか六文字にすぎない。ただし、その発表後まもない同年10月22日付『人民日報』において、「『国民体育を提唱する』とある第四十八条は、我が国人民の生産の発展と人民の国防建設のいずれにとっても、不可欠の重要な条項である」と、生産と軍事つまり国家建設の観点から「国民体育」の重要性が強調されている。ここでいささか腑に落ちないのは、「国民体育」の条項が、共同綱領でも平和建国綱領でもなぜか、教育・文化に関

3　「中国人民政治協商会議共同綱領」、中共中央文献研究室編『建国以来重要文献選編』（第一冊）、中央文献出版社（北京）、1992年5月、第11頁。なお、第48条全文は以下の通り。「国民体育を提唱する。衛生医薬事業を推進し、母親と嬰児、児童の健康を注意保護する。」

4　「和平建国綱領」、重慶市政協文史資料研究委員会・中共重慶市委党校編『政治協商会議紀実』（上）、重慶出版社（重慶）、1989年10月、第478頁。なお、第7条第6項全文は以下の通り。「児童の保育事業を奨励し、公共衛生設備を普及させ、積極的に国民体育を提唱し、以て国民の健康を増進する。」

5　「政府与中共代表会談紀要（双十協定）」、中央档案館編『中共中央文献選集』（第15冊）、中央中央党校出版社（北京）、1991年9月、326頁。

連する章で扱われていることである[6]。民国時代、体育思想をめぐっては、「体育の教育化」を主張する米国経由の自然主義的立場と、「体育の軍事化」を主張するドイツ経由の民族主義的立場とが論争を展開していた[7]。上述の二つの綱領での体育への扱いは、前者の自然主義的な体育思想を反映させたものであるようにしぜん思えるのだが、そうだとすれば、生産と軍事の観点（国家建設の観点）から共同綱領の「国民体育」を説明した上述の『人民日報』の叙述は、ボタンをかけ違えた印象を抱かせてしまうのである。

　生産・軍事と体育との関係については、1942年9月9日付『新華日報』に発表された、中央青年工作委員会軍事体育部部長・馮文彬による「体育運動に対する若干の意見」における、「体育運動は生産労働と関係せねばならず、軍事と関係しなければならない」との記述に遡行することができる[8]。同月2日付『解放日報』では朱徳が、日本軍に体力で劣ることを引き合いに出しつつ、軍民の体力増強を目指した体育運動と衛生保健知識の普及の必要を訴えている[9]。抗日戦争勝利という軍事的目標――もちろんそれは生産をも含む総力戦という形式になる――のなかに、この時点での民族主義的な体育概念も透けて見えなくもない[10]。

　さて、馮文彬は上述の「体育運動に対する若干の意見」において初めて、「新民主主義の体育」という概念にも言及する。新民主主義とは、1939年12月に毛沢東が「中国革命と中国共産党」のなかで初めて発表し、1940年1月の「新民主主義論」において詳述した国家構想である。毛沢東は、階級矛盾の激化が生ずるほどの資本主義的発展を遂げていない「中国及び全ての植民地と反植民地の国家」における革命運動として、いわゆる二段階革命論の立

6　平和建国綱領では「七、教育及文化」に、共同綱領では「第五章　文化教育政策」に収められている。
7　何叙『中国近現代体育思想的伝承与演変』、人民出版社（北京）、2013年8月、255-334頁。
8　『新華日報』、1942年9月9日。
9　朱徳『朱徳軍事文選』、解放軍出版社（北京）、1997年8月、第445-446頁。なお、葉剣英もまた1942年9月9日に、「体育を盛んに唱え、体力を強化することは、我々が革命幹部を養成するのに不可分の仕事に自然なっている」と説いている（葉剣英「加強体力」、同『葉剣英選集』、人民出版社（北京）、1996年3月、73頁。）
10　1939年3月には周恩来がすでに、新四軍の幹部を前に行った講演で、「〔日本軍との〕ゲリラ戦においては私たちは体育運動を提唱しなければならない」と述べている（『周恩来選集』（上巻）、人民出版社（北京）、1980年12月、106頁）。

場から、一足飛びのプロレタリアート社会主義革命を目指すことを明確に否定し、「新式の特殊なブルジョア民主主義」（新民主主義）を目指す革命として中国革命を規定した。それは、具体的には一方で大資本の国有化や寄生地主制の解体を進めつつ、一方で私有財産や資本主義的生産を容認するものであった。そして、政治体制としては、反帝反封建の各革命階級による連合独裁という、欧米型のブルジョア独裁ともソ連型のプロレタリアート独裁とも異なるものが構想されたのである。この構想は最終的に、共同綱領における「中華人民共和国は新民主主義すなわち人民民主主義の国家であり、労働者階級が指導し、労農同盟を基礎とし、各民主階級と国内各民族を団結させる人民民主独裁を実行する」[11]において実を結ぶ。

　「体育運動に対する若干の意見」では馮文彬自身は、「新民主主義の体育運動の方向と具体的内容について〔今後〕提起するつもりである」と述べるにとどまった。馮は「新民主主義の体育」について、後に以下のように解説している。

　　　新しい体育方針とは、新民主主義の体育方針である。つまり、体育とは民族の、科学の、大衆の体育であるべきなのである。我々は体育活動と一般的な新民主主義建設を結合させ、体育のための体育が実際を離れ、人民の思想と方法を離れることに反対しなければならない。
　　　人民の健康、新民主主義の建設、人民の国防のために体育を発展させる——これが我々のスローガンなのだ。[12]

　実はこの文章が書かれた1949年10月27日までに、「平和統一綱領」から「共同綱領」へと受け継がれた「体育」への自然主義的な解釈には、一種の刷新が行われている。それは実のところ、自然主義（教育化）から民族主義（軍事化）へと転換されたということではない。重要なのは「国民」が「人民」へと読み替えられている点なのである。そこで、共同綱領での「人民」という用語について政務院総理（政務院はのちの国務院）・周恩来が施した説明を以下見てみよう。

11　「中国人民政治協商会議共同綱領」、中共中央文献研究室編『建国以来重要文献選編』（第一冊）、中央文献出版社（北京）、1992年5月、2頁。
12　「新民主主義的国民体育」、『人民日報』、1949年10月27日。

　「人民」は、プロレタリアート階級と農民階級、プチブルジョワジー階級、民族ブルジョワジー階級、そして反動階級が自覚したことで転じた愛国民主分子を指す。官僚ブルジョワジー階級に対してはその財産が没収され、地主階級に対してはその土地が分配された後、消極的なこととしては、彼らのあいだの反動活動を厳しく鎮圧し、積極的なこととしては、彼らに労働を強制して、彼らを新人としてより多く改造するのである。改造前の彼らは人民の範囲には属していないが、依然として中国の一国民ではあるため、人民としての権利をしばらくは享受させない一方で、国民の義務は順守させねばならない。これこそが、人民民主独裁なのである。[13]

　この引用部分では「国民」と「人民」は明確に使い分けられており、「人民」は「国民」の部分集合のような位置づけが与えられている。「国民」から、「官僚ブルジョワジー階級」や「地主階級」などの「反動階級」の要素を減じたものが「人民」である。その文脈上に、「反動階級を抱え込んだ集団」としての「国民党」が、そして、そうした「反動階級」を排除した「人民による独裁」の国家である「中華人民共和国」が示唆されているのはいうまでもない。

　ここでもう一度、平和建国綱領と共同綱領に立ち返ろう。自然主義的な体育思想を背景に抱えた「国民体育の提唱」は、「新民主主義の体育」概念が注入されることによって、新民主主義の革命主体である「人民」に奉仕する体育としての位置づけが与えられており、自然主義的立場と民族主義的立場の一種の止揚が「人民」において可能となっている。

　そうした精神の具現化として実現させようとしたのが、首都人民体育大会（1949年10月22～24日）であった。集団的活動への重視と個人英雄主義的選手制度への反対を掲げたこの体育大会では[14]、選手は国民体育普及の基礎の上に育成されるものであり、必然的にその健康な身体によって生産労働や学習な

13　周恩来「人民政協共同綱領草案的特点」、中共中央文献研究室編『建国以来重要文献選編』（第一冊）、中央文献出版社（北京）、1992年5月、14-19頁。
14　「人民体育大会節目部公布表演項目原則及分組弁法」、『人民日報』、1949年9月21日。なお、この体育大会のプログラムとしては、「着装及び武装競走」や「手榴弾投げ」「銃剣術」などの軍事的色彩の強いものや、「毛沢東を守れ」「世界の民主と平和を守れ」などの政治的なものが見られ、ソ連からの強い影響が垣間見える（「北京市人民体育大会節目」、『人民日報』、1949年10月22日）。

どに従事する民衆の模範としての役割が期待されるものとされた[15]。大会前日には中国新民主主義青年団中央委員会と中華全国学生聯合会が会議を開催、「個人から出発したかつての体育の観点と"体育のための体育"という超階級思想」[16]を痛烈に批判している。新民主主義国家の建設と関連づけた体育概念については、大会主席聶栄臻（北京市長）も「新しい体育と新民主主義の工業建設や国防建設は不可分のものである」[17]と述べており、さらに24日の閉幕式には周恩来（総理）、郭沫若（副総理）、薄一波（財政経済委員会副主任）、馬叙倫（教育部長）、彭真（中国共産党北京市党委書記）など錚々たる顔ぶれが並ぶなか、彭真が以下のように述べている。

> 　我々の体育は個人主義が現れるものではなく、集団主義かつ人民大衆の体育運動である。我々の体育運動は生産のため、革命のため、国防のために奉仕するものである。我々みなに必要なのは、強壮な身体を持ち、それによって我々の工業と農業の生産を発展させ、農業国を工業国に変えることであり、また人民の体格の方面から、我々が強大な陸軍、空軍、海軍を建設して、我々の国防を強固にしうるよう保証することである。[18]

「人民」が（社会主義というより）新民主主義の革命主体としての人民であることを想起すると、ここで掲げられている生産と国防に奉仕する体育の意義についてもまた、後の大躍進や文化大革命などのイメージに引きずられた「極左」の文脈において解釈することは適切ではない。さらにその後、10月26日から27日にかけて、体育における新民主主義革命を意図した全国組織としての「中華全国体育総会」の準備会議〔中国語名：中華全国体育総会籌備会議〕が開かれ、「新民主主義の体育のために奮闘する[19]」ことが決められる。朝鮮戦争への事実上の参戦によって冷戦に決定的に巻き込まれる以前の段階での「体育」は、以上のような文脈における「人民」の「革命」に奉仕

15　「提倡新民主主義的国民体育」、『人民日報』、1949年10月22日。
16　「研討新体育方向 青年団中央曁全国学聯邀請各地体育代表座談」、『人民日報』、1949年10月22日。
17　「体育大会開幕典礼上 聶栄臻市長講演詞」、『人民日報』、1949年10月23日。
18　「標誌着人民体育的新方向 京体育大会勝利閉幕 周総理西蒙諾夫等昨到場参観 教育部馬叙倫部長出席講話 彭真致閉幕詞並対優勝者授奨」、『人民日報』、1949年10月25日。
19　「全国体育総会籌備会閉幕 通過籌備会章程選出籌備委員」、『人民日報』、1949年10月28日。

するものであった。

三　分断状況の固定化とオリンピック参加問題

「人民」そして「革命」の意味が大きく変容する分岐点となったのが1950年6月に勃発した朝鮮戦争である。

米国は1949年10月に成立したばかりの北京政府に対して不承認と貿易制限で臨み、対する北京政府も1950年2月にソ連とのあいだに中ソ友好同盟相互援助条約を締結、さらにソ連からの借款獲得にも成功していた。建国直後の北京政府にとり国連代表権問題の解決は重要な外交課題であった。中華人民共和国の存在という現実は誰の目にも明らかであったが、米仏両国が手続き上の不備を理由に中華人民共和国招聘のソ連決議案に対して反対に回った結果、議論は膠着してしまい、ソ連は安保理をボイコットするようになる。

朝鮮戦争はまさにそのさなかに起こったことであった。6月25日の開戦からわずか二日後には、対韓援助を国連加盟国に提案する安保理決議案第38号がソ連欠席のなかで可決され、さらに7月7日には安保理決議案第84号も同様に可決、（派兵も含めた）対韓援助を米国が主導する総司令部の指揮下に置くこと、米国が総司令部の司令官を選出すること、国連旗の使用権限を総司令部に与えることが決められた。これが米軍をはじめとする多国籍の対韓支援軍が「国連軍」と自称する所以ともなった。

朝鮮戦争の勃発は中国問題にも飛び火し、同年1月5日に台湾問題不介入を宣言していたトルーマンは[20]、6月27日の声明で態度を翻し、必至の趨勢となっていた人民解放軍による「台湾解放」について、「現状では、共産主義者（コミュニスト）による台湾（フォルモサ）占領は太平洋地域の安全にとり、そして当該地域で合法的で必要な役割を果たしている合衆国の軍隊にとり直接的威嚇となる[21]」と述べ、台湾の将来的地位は棚上げされることとなり、国共両党の軍事行動を禁じるための第七艦隊が台湾海峡に派遣されてしまう。これが中国共

20　The President's News Conference of January 5, 1950, *Public Papers of The Presidents of The Unitede States, Harry S. Truman, January 1 to Dexenmber 31, 1950, 1950*, United States Government Printing Office: Washington, 1965, pp.11-12.

産党では、「分断の固定化」を狙っているものとして激しい反発を引き起こすこととなり、翌日には周恩来が抗議声明を発表する[22]。まさにこの流れにおいて、中華人民共和国の安保理招聘というソ連決議案が1950年8月3日に、賛成5、反対5、棄権1の僅差で否決されてしまうのである[23]。

　7月以降、「国連軍」は朝鮮戦争に介入、その後9月15日に始まる仁川上陸が奏功し、形成の優劣がこれを境に逆転する。勢いづいた「国連軍」が、「帝国主義者が隣人を好き勝手に侵略するのを放置することはできない[24]」との周恩来の警告を無視して38度線を北進して鴨緑江まで迫った結果、10月に「中国人民志願軍」が参戦する。これに対して12月に米国が全面的な対中禁輸に踏み切る。中華人民共和国はこうして、国家建設への支援を社会主義陣営に仰ぐ以外に選択肢を失っていく。中国をめぐる冷戦状況は固定化されることとなった。

　こうした世界状況は中国の五輪参加をめぐる状況にも直接的な影響を与えることとなる。いまだ朝鮮戦争中の1952年、IOC 内部では、IOC 公認済みの「中華全国体育協進会」（台北政府側）と未公認の「中国全国体育総会」（北京政府側）のいずれを中国の NOC として承認すべきかという問題が浮上していた。

　IOC 理事会はこの問題が解決していない手前、北京・台北双方のオリンピック参加をともに認めないという提案を行う。また、それとは別に、①中国全国体育総会を承認済みの国際競技連盟が複数ある事実を理由として北京・台北双方のオリンピック委員会（OC）を承認すべきという主張と、②IOC にすでに承認されている唯一の OC として台北側の中華全国体育協進会を中国の NOC として承認すべきという主張も現れていた。IOC 会長エド

21　Statement by the President on the Situation in Korea. June 27, 1950, *Public Papers of The Presidents of The Unitede States, Harry S. Truman, January 1 to Dexenmber 31, 1950, 1950*, United States Government Printing Office: Washington, 1965, p.492.

22　周恩来「関於美国武双侵略中国領土台湾的声明」、中華人民共和国外交部・中共中央文献研究室編『周恩来外交文選』、中央文献出版社（北京）、1990年5月、18-19頁。

23　*Yearbook of The United Nations*, 1950, Columbia University Press: New York, December 1951, p.425.

24　周恩来「中華人民共和国的外交政策」、中華人民共和国外交部・中共中央文献研究室編『周恩来外交文選』、中央文献出版社（北京）、1990年5月、24頁。

ストロームの立場としては、北京・台北双方を承認か、双方とも不承認かの
いずれかであり、その結論を下すために双方の代表者が IOC に呼ばれるこ
ととなった[25]。

　台北側の郝更生は、中華全国体育協進会が IOC にすでに承認された唯一
の団体であり、ヘルシンキ五輪への参加は論争の余地もないと主張、あわせ
て中国本土を離れた中国のオリンピック委員会委員25名のうち19名が台湾に
移り住んだ点も、自説の正当性の根拠とした。一方、北京側の董守義の代理
として現れたストックホルム公使館勤務の盛之白は、中国全国体育総会こそ
が中国を代表する組織であり、さらにはサッカー・水泳・バスケットボール
の国際競技連盟にも承認されていることから、IOC が承認を与えるべきだ
と求めた[26]。

　その後、エドストロームによる提案——ヘルシンキ五輪への北京・台北の
双方の参加とも承認するか、ともに不承認とするかの二択——に基づく投票
が行われ、29対22で双方の参加を承認することとなった。次に、理事会の提
案により、Pietri 案（競技ごとに国際競技連盟が承認した側の「中国」代表のみ参加
を認める）と北京・台北の双方の参加を認めないのいずれかをめぐり投票し
た結果、33対20で Pietri 案が過半数を得る[27]。

　最終的に北京側の選手団としてヘルシンキ五輪に送られたのは Pietri 案に
したがい、すでに競技別の国際競技連盟に加盟していた水泳、サッカー、バ
スケットボールの代表選手であり、実際に試合に出場できたのは試合前に到
着できた水泳選手わずか１名であった[28]。しかしながら、人民共和国成立直
後の北京政府にとっては、対外的な承認を受けることが急務であり、周恩来
がヘルシンキに急行する中国選手団と接見したときもまた、「〔ヘルシンキ
に〕行かねばならないのだ！当地で五星紅旗を掲揚すれば勝利、ましてや選

25　*Extract of the minutes of the 47th Session—Helsinki 1952* (Palais de la Noblesse), Bulletin
　　du Comité International Olympique (Olympic Review), 34-35, The International Olympic
　　Committee, September 1952, p.23.
26　同上。
27　同上。
28　栄高棠「新的開端」、栄高棠『栄高棠体育文論選』、華東師範大学出版社（上海）、1992年10
　　月、5頁。

手団派遣ともなればなおさらだ[29]」と激励していた。結果としてヘルシンキ五輪の「中国」選手団は北京側から送られた一方、台北側はそれを理由にボイコットすることになった。

　中国 NOC 承認問題はその後も IOC を悩ませ続けた。1954年5月に開かれた IOC 総会（アテネ）では、北京側の中国全国体育総会を承認するか否かの投票がついに行われ、23対21の僅差で承認されることとなる[30]。この決定が、「一国家一 NOC」を謳った IOC 憲章に違反するとして、台北側は同年12月、ヘルシンキ大会に続いてメルボルン大会もボイコットする声明を発表するに至る[31]。ところが、1955年に入った頃から雲行きが変わり始め、北京と台北の双方で、「相手側が参加の場合はボイコット」という「一つの中国」をめぐる争いが激化する。1956年11月の開幕直前まで続いた北京 - 台北間の非難の応酬は最終的に、1956年10月29日に生じた「国旗掲揚事件」[32]によって猛反発した北京側が、「IOC は二つの中国を認めることによって内政干渉を行っている」としてボイコット声明を出すに至る[33]。メルボルン大会には台北側が「Formosa China」として参加するに終わった。以後も、台北側に「中国代表」を名乗らせないままの大会参加と、台北側の参加それ自体に不服の北京側のボイコットという状態が続いていった。

　台湾と大陸中国との分裂状況は、自然発生的なものでもなければ、勢力均衡によるものでもない。それは朝鮮戦争勃発による米海軍の台湾海峡封鎖に起因するものでしかない——昨今の朝鮮戦争終結宣言をめぐる米朝間の交渉が当然台湾海峡の現状にも関係してくることは、日本ではほとんど知られていない——。そして、この分裂状況は、台北政府がアメリカと結んだ「米華相互防衛条約」（1954年）なる軍事同盟条約により一層強化された。台湾海峡

29　中共中央文献研究室編『周恩来年譜（1949-1976）』（上巻）、中央文献出版社（北京）、1997年5月、250頁。

30　*Extract of the 49th Session of the International Olympic Committee.*, Bulletin du Comité International Olympique（Olympic Review）, 46, The International Olympic Committee, June-July 1954, p.55.

31　「中共の五輪大会　参加取消し要求」、『毎日新聞』（朝刊）、1954年12月23日。

32　選手村開会式で青天白日旗（中華民国旗）を揚げるべきところで五星紅旗（中華人民共和国旗）を揚げてしまい、さらに青天白日旗を揚げ直した事件。

33　「中共は五輪不参加　国府の参加を理由に」、『朝日新聞』（朝刊）、1956年11月7日。

の著しい軍事的緊張状態をもたらしたこの条約は中米国交正常化が実現する1979年まで続いた。米国と敵対する側から見れば、分裂状況の固定化によって、対米開戦のリスクも考慮した戦時体制の固定化を強いられたのは、今の朝鮮民主主義人民共和国においても同様である。

四　戦時体制のなかの「人民」

　戦時体制の固定化によって中国は、軍需に応えられる重工業優先の早急な経済建設が強いられることになる。しかし、人口の八・九割が農民という小農経済中心の経済構造において、農民の日常生活の需要から乖離した重工業を成長させようにも、農村における僅かもない蓄積では、都市で製造された重工業産品の供給を引き受けることもできず、まして余剰労働力をいくらも投入しうる農村ではそもそも農業の機械化は需要されなかった。都市における重工業を支えるには、外国からの対外援助か、そうでなければ経済領域への国家の全面的関与（分配の独占）によって重工業への重点的な資本移転を政治的に図るほかない。前者は「向ソ一辺倒」として現象し、後者は「統一購入・統一販売」（統購統銷。農産品を配給制としたこと。農村は市場経済から計画経済の領域に編入された）として現象することになった。

　民間経済の自生的成長を重視した新民主主義的経済路線は、戦時体制構築の必要から農業集団化と市場経済消滅によって国内の蓄積を重工業に計画的に資本転化していくスターリン主義的な経済政策へと変更されることになる。ここにイデオロギー上の「左旋回」の理由があった。いまだ戦時中の1953年6月、中国共産党中央政治局は「過渡期の総路線」を打ち出す。毛沢東は「党の過渡期の総任務は、三回の五カ年計画を経て社会主義工業化と農業・手工業・資本主義商工業に対する社会主義改造を基本的に完成させようというものである[34]」と1953年6月に述べており、三回の五カ年計画つまり1967年までの十五年という期間を通じて、「そのとき中国は偉大な社会主義

34　「青年団的工作要照顧青年的特点」、『毛沢東文集』（第六巻）、人民出版社（北京）、1999年6月、276-281頁。
35　「革命的転変和党在過渡時期的総路線」、同上書、315-317頁。

国家としての建設が基本的にできている[35]」と考えるようになっていた（文化大革命勃発は1967年）。社会主義改造とは生産手段の集団化あるいは公有化を指しており、新民主主義から社会主義への急転回は1954年制定の憲法にも書き込まれ、戦時体制に対応しうる経済建設が、ソ連の指導の下急ピッチで進んでいった。二段階革命論においてしばらく続くはずであった新民主主義段階は、「左旋回」への需要によって、次なる社会主義段階への過渡期にあるとの現状認識に取って代わられたのである。

　「向ソ一辺倒」で展開する第一次五カ年計画（1953-1957）の期間に、「人民」の身体にもまた変化が生まれていく。象徴的であるのが、ソ連の体力検定制度であったΓＴＯ（ゲーテーオー）を「労衛制」（「準備労働与衛国」体育制度；「労働と祖国防衛に備える」体育制度）と名付けて段階的に導入していったことである。「労衛制」が政務院政務会議で承認された1954年2月11日、周恩来もまた、「過渡期の総路線の実現と社会主義建設のためには人民の体質の強化が必要である」「「労衛制」運動は単に身体の健康のみならず、祖国防衛や社会主義建設を目的としたものであり、これは政治的任務なのである[36]」と述べている。表面上は生産・国防という従来の新民主主義的な体育概念の繰り返しにも見えるのだが、社会主義や共産主義、あるいはそのための過渡期という新しい概念が挿入されることによって、生産・国防に尽くすための身体は、社会主義（共産主義）に尽くすための身体へと横滑りを始めていた。周恩来のかかる変化は、翌年10月2日に開催された第一回全国労働者体育運動大会に記した題詞である「労働者の体育運動を展開し、社会主義建設事業を推進しよう」にも見てとれる[37]。

　「人民」が、二段階革命論における社会主義革命の主体として立ち現れるようになると、新民主主義においては容認されていたプチブルジョワジー階

36　「為祖国鍛錬身体」、『周恩来選集』（下）、人民出版社（北京）、1984年11月、第129-131頁。

37　同じ日同じ場所にて毛沢東や周恩来が臨席するなか、体育関連事業の責任者である賀竜もまた、「我が国が社会主義建設を進めるなかで、プロレタリアート階級には高度な階級的自覚が必要なだけではなく、さらには強壮な身体も必要なのである」「体育運動は広大な大衆に生産のために奉仕させるよう動員する重要な手段とならなければならず、労働人民に向かって共産主義教育を行う重要な手段の一つとならねばならない」（『賀竜年譜』、1955年10月2日）と発言し、「人民」の内容をより明確に「社会主義・共産主義を実現する人民」へと上書きしている。

級が自作農ともども集団化や公有化のなかに必然的に解消されていかざるを
えない。この問題に言及したのが毛沢東のあまりに有名な論文「人民内部の
矛盾を正しく処理する問題について」（1957年2月27日）であった。ソ連共産
党第20回大会におけるフルシチョフのスターリン批判（1955年）や、その影
響の下での東欧での一連の政治的混乱など、社会主義陣営が動揺する中で発
表されたこの論文では、社会主義への過渡期における所有制の改造が基本的
に完成しているとされた状況において、社会の基本的矛盾は階級矛盾から人
民内部の矛盾へと移っていると論じられている。毛沢東はここで「人民とは
何か」と問いかけ、こう答える。

　　　人民という概念は国家や時代によって内容も異なる。我が国の情況を使っていえ
　　ば、抗日戦争の時期は、一切の抗日的な階級や階層、社会集団がすべて人民の範囲
　　に属していた。日本帝国主義、漢奸、親日派がすべて人民の敵であった。解放戦争
　　〔日本敗北後の国共内戦〕の時期、アメリカ帝国主義とその走狗たる官僚ブルジョワ
　　ジー階級、地主階級、これらの階級を代表する国民党反動派がすべて人民の敵で
　　あった。これらの敵に反対する全ての階級や階層、社会集団がみな人民の範囲に属
　　していた。現段階つまり社会主義建設の時期においては、社会主義建設事業への賛
　　成や擁護、参加に加わる全ての階級や階層、社会集団がすべて人民の範囲に属す
　　る。社会主義革命に反抗し、社会主義建設を敵視したり破壊したりする社会勢力や
　　社会集団はみな人民の敵なのである。[38]

　生産手段の所有をめぐる社会主義改造を果たした以上は、民族ブルジョワ
ジー階級やプチブルジョワジー階級、自作農階級も固有の意味では存在しえ
ない。「人民」の中から、資本主義的要素を持った階級は消滅してしまう。
したがって、次の経済建設として見えてくるのは、さらなる「左旋回」を遂
げた「社会主義建設」であるのはいうまでもない。第8回全国代表大会第2
回会議において「社会主義建設事業の大躍進」を劉少奇が謳うことになるの
は、こうした経緯によるものであった[39]。

38　「関於正確処理人民内部矛盾的問題」、『毛沢東文集』（第七巻）、人民出版社（北京）、204-244頁。
39　劉少奇「中国共産党中央委員会向第八届全国代表大会第二次会議的工作報告」、中共中央文献
　　研究室編『建国以来重要文献選編』（第十一冊）、中央文献出版社（北京）、1995年1月、285-
　　325頁。

五　GANEFO に内包されるもの──まとめにかえて──

　「過渡期の総路線」から「大躍進」へのさらなる「左旋回」を国際環境において支えたのは、北京－台湾間の対立激化であった。1958年8月には、対米全面開戦の危険をも内包した国共間の激しい軍事衝突が金門島（福建省）で発生する。厳しい対立関係はスポーツ界にも波及し、北京側は同年6月8日には国際サッカー連盟を、8月19日には IOC 及び国際競技連盟（水泳・陸上・バスケットボール・重量挙げ・射撃・レスリング・自転車など[40]）を脱退する。脱退理由はいずれも、中華全国体育協進会（台湾側）への承認は「二つの中国」を作る陰謀にほかならない、というものであった。IOC や国際競技連盟が承認しない国家の選手が出した世界記録は公認されることがなく、また、こうした国家の代表チームと試合を行った国家の代表チームは試合の停止など処分を受けることになっていた。圧倒的多数の国々の NOC が IOC に加盟している以上、一連の脱退が意味しているのはスポーツにおける中国の深刻な国際的孤立であった。

　さらに中国は、米国との平和共存路線を選択したソ連との対立を1950年代後半に深めていき、1962年に中ソ対立が世界中に公然化する。急進的な社会主義革命を目指した「大躍進」は人口統計上も千万人規模の人口減少を招く失敗に終わり、毛沢東は1959年4月の盧山会議で国家主席を引責辞任していた（中央軍事委員会主席と党主席については辞任せず）。米ソ両国との対立によって孤立感を深めた中国は1960年代になると、ソ連の援助がまだ本格化していない一方で革命運動が急進化しているサハラ以南の国々との国交に活路を見出そうとしていた。

　中国の新興国への接近は、社会主義の総路線（大躍進）の失敗もあって、規範的な社会主義の強調から中国自身にも距離をとらせることになった。「アフリカの年」とも言われた1960年以降、アフリカで独立国家の樹立が相次いでおり、中国は「社会主義国家」から「反帝国主義・反植民地主義の第

40　「中共、オリンピック委脱退　八団体からも脱退」、『朝日新聞』（朝刊）、1958年8月21日。

三世界国家」としての自己定位を進めていった。①不足する民族資本と②過剰な農民人口は、旧植民地に属する第三世界経済の典型的特徴であり、スターリン主義的なソ連化を目指した急進的社会主義革命が座礁した中国もまた、「中国及び全ての植民地と反植民地の国家」における革命運動の独自性にいま一度回帰しうる状況にあった。

　旧植民地の多い新興国に共通していたのは、帝国主義と植民地主義、そして近代化の問題であり、それは中国自身が直面してきた問題ばかりであったのは言うまでもない。これはソ連や東欧諸国にはない中国独自の条件であった。アメリカ化もソ連化も図れない中国が向かったのは、かかる条件の独自性に拠ることであった。当時中国が良好な関係を構築した国々にはなるほど、セク・トゥーレ（ギニア）、ケイタ（マリ）、ホッジャ（アルバニア）、金日成（朝鮮民主主義人民共和国）などソ連型社会主義とは異なる独自の社会主義を模索した指導者が多かった。そして、そのうちの一人こそ、のちに北京―ジャカルタ枢軸とまで言われるほどの蜜月関係を60年代前半に築いたインドネシアであった。大統領スカルノは以下のように書いている。

　　　いったい新興国とは何か。新興国とは、民族間の友好関係を深くし、平和と福祉
　　　に満ち、帝国主義、植民地主義、搾取主義のない新世界を建設しようとする進歩的
　　　民族をひとつの力にまとめたものである。[41]

　毛沢東は1963年頃から、米ソ両大国以外の諸国を指す独自の「中間地帯」概念について、さらにそれを二つの地域つまり① AALA 諸国と②ヨーロッパやカナダ、オセアニア、日本とに分けて構想した[42]。そして、この「中間地帯」を「第三世界」とも言いかえたうえで、やはり「中間地帯」と同様に「第一の第三世界」として AALA 諸国を、「第二の第三世界」として西欧を主とする先進資本主義国を挙げている[43]。「毛沢東の第三世界論」といえば一般的には前者を指すので、これを「狭義の第三世界」と名付けるならば、いうまでもなく、スカルノの「新興国」はその同義語ということになる。こ

　41　スカルノ「インドネシア革命の鐘は鳴る」、同（日本インドネシア協会訳編）『インドネシア
　　　革命の歩み　スカルノ大統領演説集』、日本インドネシア協会、1965年、427頁。
　42　「両個中間地帯」、『毛沢東文集』（第八巻）、人民出版社（北京）、1999年6月、343-346頁。
　43　「赫魯暁夫的日子不好過」、同上書、356-360頁。

こに至り、GANEFO（新興国競技大会）にはそういう含意が込められていることは指摘しておかねばなるまい。

　冒頭に議論した「外部」について言及するならば、インドネシア—中国の関係に「外部」を準備できたのは米ソ双方に対して激しく対立したからになるだろう。それはつまるところ、ある種の「冷戦」の「外部」であるということにもなる。日本では、中国が社会主義陣営にいたかに見えるが、中ソ対立が激化した時点で、中国はすでにそこから抜け出していた。「外部」の発見は、「狭義の第三世界」（＝新興国）という一見最も後れているかに見える空間を経由することでのみ可能となった。だが、こうした地域がそもそも主体的能動的に「冷戦」に参与した瞬間などあったのであろうか。すべては戦争により外部から強要された「冷戦」ではなかったのか。

　現代に目を転ずれば、「商業五輪」には「外部」があるのだろうか。つまり、「資本」にとって「一見最も後れているかに見える空間」とはどこになのだろう。「冷戦」の「外部」が「冷戦」の「内部」（＝米ソ対立）から割れ出てきたのだとすれば、「資本」の「内部」にはいかなる裂け目を見出すことができるのか。本論考では紙幅の都合もあり十分に論じきれなかったが、「第三世界論」が盛んに主張された60年代における「体育」「スポーツ」は表面的には「社会主義に奉仕する身体」を前提としたものであり続けるのだが、如上の文脈を踏まえれば、その「身体」とは同時に脱冷戦的な反植民地主義・反帝国主義の身体であったことが容易に予想される。これについての議論は別の機会に譲りたい。

（羽根次郎／中国近現代史）

執筆者紹介

川 島 高 峰（かわしま たかね）　政治学
最終学歴：明治大学大学院政治経済学研究科　博士（政治学）
現　　職：明治大学情報コミュニケーション学部准教授
主要著作：
「高度成長　日本を駆け抜けた7000日」ベトナム国家大学ハノイ外国語大学編『国際人材
　育成戦略における日本語・日本語教育及び日本学の研究』（2013年）124-132頁
「戦後の在外邦人及び在日外国人の出入国をめぐる政治及び人道問題の研究」『明治大学社
　会科学研究所紀要』第49巻第2号（2011年）31-45頁
『流言・投書の太平洋戦争』（講談社学術文庫，2004年）

後 藤 光 将（ごとう みつまさ）　体育・スポーツ史、スポーツ人類学、オリン
　ピック教育
最終学歴：筑波大学大学院体育科学研究科単位取得退学 博士（体育科学）
現　　職：明治大学政治経済学部教授
主要著作：
『オリンピック・パラリンピックを学ぶ』岩波書店（編著，2020年）
「スポーツの技術、戦術、ルールの変遷」新井博ほか『新版スポーツの歴史と文化』（道和
　書院，2019年）84-94頁
「軟式と硬式の社会思想」体育の科学67巻9号（2017年）598-602頁

重 田 園 江（おもだ そのえ）　現代思想、政治社会思想史
最終学歴：東京大学大学院総合文化研究科相関社会科学専攻博士課程単位取得退学
現　　職：明治大学政治経済学部教授
主要著作：
『フーコーの穴──統計学と統治の現在』（木鐸社，2003年）
『社会契約論──ホッブズ、ヒューム、ルソー、ロールズ』（ちくま新書，2013年）
『フーコーの風向き──近代国家の系譜学』（青土社，2020年）

水 戸 部 由 枝（みとべ よしえ）　ドイツ近現代史

最終学歴：明治大学大学院政治経済学研究科　博士（政治学）

現　　職：明治大学政治経済学部准教授

主要著作：

「ナショナリズムから戦争へ」田野大輔・柳原伸洋編『教養のドイツ現代史』（ミネルヴァ
　　書房，2016年）37-56頁

「1960-70年代，性規範の多様化に揺らぐ西ドイツ社会：『性の図解書』論争にみる公権力
　　側の対応」辻英史・川越修編『歴史のなかの社会国家：20世紀ドイツの経験』（山川出
　　版社，2016年）249-280頁

木 寺　　元（きでら はじめ）　政治学、日本政治研究

最終学歴：東京大学大学院総合文化研究科　博士（学術）

現　　職：明治大学政治経済学部教授

主要著作：

『政治学入門（第二版）』（編著）（弘文堂，2020年）

「消費税制と官僚制：税制をめぐる財務官僚のキャリアパスはどう変わったか？」公共選
　　択　第73号（2020年）120-142頁

「グラフ理論と QCA に基づく人事システム分析」季刊行政管理研究 167号（2019年）
　　22-35頁

西 村　　弥（にしむら わたる）　行政学

最終学歴：明治大学大学院政治経済学研究科博士後期課程修了　博士（政治学）

現　　職：明治大学政治経済学部教授

主要著作：

「特殊法人等整理合理化計画以降における『民営化』に関する考察」『季刊行政管理研究』
　　163号（2018年）19-32頁

「被災自治体職員が抱える課題」市川宏雄・中邨章編著『災害発生時における自治体組織
　　と人のマネジメント』（第一法規，2018年）43-63頁

「文化芸術分野における公民連携の現状」大杉覚ら著『都市自治体の文化芸術ガバナンス
　　と公民連携』（（一財）日本都市センター，2018年）43-68頁

高　峰　　修（たかみね　おさむ）　スポーツ社会学、スポーツとジェンダー研究
最終学歴：中京大学大学院体育学研究科　博士（体育学）
現　　　職：明治大学政治経済学部教授
主要著作：
「東京2020オリンピック開催に向けたスポーツ政策における女性アスリートの身体：『女性
　　特有の課題』としての生殖機能の保護と管理」日本スポーツ社会学会編集企画委員会編
　　『2020東京オリンピック・パラリンピックを社会学する』（創文企画，2020年）111-129頁
「ハラスメントの受容：なぜスポーツの場でハラスメントが起こるのか？」現代思想41巻
　　15号（2013年）157-165頁

飯　田　泰　之（いいだ　やすゆき）　マクロ経済学、日本経済論
最終学歴：東京大学経済学研究科博士課程単位取得退学
現　　　職：明治大学政治経済学部准教授
主要著作：
『日本史に学ぶマネーの論理』（PHP 研究所，2019年）
『これからの地域再生』（編著，晶文社，2018年）
『マクロ経済学の核心』（光文社，2017年）

加　藤　久　和（かとう　ひさかず）　人口経済学、財政・社会保障論、計量経済学
最終学歴：筑波大学大学院経営・政策科学研究科　博士（経済学）（中央大学）
現　　　職：明治大学政治経済学部教授
主要著作：
『8000万人社会の衝撃』（祥伝社新書，2016年）
『世代間格差──人口減少社会を問いなおす』（筑摩新書，2011年）
『人口経済学入門』（日本評論社，2001年）

石　山　徳　子（いしやま　のりこ）　地理学、地域研究（アメリカ合衆国）
最終学歴：ラトガース大学大学院地理学研究科　Ph.D.（地理学）
現　　　職：明治大学政治経済学部教授
主要著作：
『「犠牲区域」のアメリカ　核開発と先住民族』（岩波書店，2020年）
『米国先住民族と核廃棄物　環境正義をめぐる闘争』（明石書店，2004年）

兼　子　　歩（かねこ　あゆむ）　ジェンダー史、アメリカ社会史

最終学歴：北海道大学大学院文学研究科博士後期課程単位習得退学　修士（西洋史）

現　　　職：明治大学政治経済学部専任講師

主要著作：

「価値観の分断線がゆらぐとき：ニューヨークのデパート女性従業員と女性覆面調査員
　（1913年）」樋口映美編『歴史のなかの人びと：出会い・喚起・共感』（彩流社，2020年）
　153-165頁

「インターセクショナリティの時代？：「女性のワシントン大行進」にみるジェンダーと人
　種」『アメリカ史研究』第42号（2019年）130-143頁

"The Same-Sex Marriage Campaign in the Age of Neoliberalism," Japanese Journal of
　American Studies 26（2015）163-191頁

山　岸　智　子（やまぎし　ともこ）　中東地域研究、文化論

最終学歴：東京大学大学院総合文化研究科　博士（学術）

現　　　職：明治大学政治経済学部、明治大学大学院教養デザイン研究科　教授

主要著作：

『現代イランの社会と政治—つながる人びとと国家の挑戦』（編著，明石書店，2018年）

「《うなじ》をめぐる政治的対立—イラン女子サッカーチームのユニフォーム問題につい
　て」『スポーツ社会学研究』18巻2号（2010年）53-66頁

「女子アスリートのイメージと現実」月刊アラブ no. 163（2018年）21-23頁

羽　根　次　郎（はね　じろう）　中国近現代史、現代中国論

最終学歴：一橋大学大学院言語社会研究科博士課程修了　博士（学術）

現　　　職：明治大学政治経済学部准教授

主要著作：

『物的中国論——歴史と物質から見る「大国」』（青土社，2020年）

「東亜之外的中国——関於認同政治的若干問題」（東アジアではない中国——アイデンティ
　ティ・ポリティクスに関する若干の問題について）『区域』6（社会科学文献出版社
　（北京），2016年）117-140頁

夢と欲望のオリンピック　その多様な姿

2020年10月1日　初版第1刷発行

編 著 者	高　峰　　　修
発 行 者	阿　部　成　一

〒162-0041　東京都新宿区早稲田鶴巻町514番地

発 行 所　　株式会社　成 文 堂

電話　03(3203)9201(代表)　Fax　03(3203)9206
http://www.seibundoh.co.jp

製版・印刷・製本　藤原印刷　　　　　　　　　検印省略

定価(本体3200円＋税)